田晋跃 主编

汽车液压、液力与气动技术

附习题详解

QICHE

YEYA YELI YU QIDONG JISHU

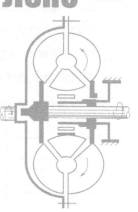

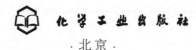

化学工业出版社

·北京·

本书对目前汽车上出现的各种形式的液压、气压与液力传动的结构及工作原理作了介绍，并涉及汽车液压、气压与液力传动系统的设计方法。

本书主要内容包括流体传动基础；典型汽车液压、气压与液力传动元件；液压、气动传动基本回路和汽车液压、气压与液力传动系统设计方法。重点介绍了汽车液压、气压与液力传动元件的组成、工作原理、结构特点，并介绍了汽车液压、气压传动回路的工作原理和液力变矩器与发动机的匹配原则等。

本书内容深入浅出，图文并茂，结合实际，每章的最后有一定量的习题，便于对主要内容的理解和巩固，同时注意引导读者进行后续的深化学习。

本书可作为车辆工程等院校本科生和研究生专业教学参考书，也可供科研单位一线有关工程技术人员参考使用。

图书在版编目（CIP）数据

汽车液压、液力与气动技术：附习题详解/田晋跃主编．—北京：化学工业出版社，2019.8（2025.2重印）
ISBN 978-7-122-34371-0

Ⅰ.①汽⋯　Ⅱ.①田⋯　Ⅲ.①汽车-液压传动②汽车-液力传动③汽车-气压传动　Ⅳ.①U463.2

中国版本图书馆 CIP 数据核字（2019）第 078834 号

责任编辑：黄　滢　　　　　　　　　文字编辑：张燕文
责任校对：王　静　　　　　　　　　装帧设计：刘丽华

出版发行：化学工业出版社（北京市东城区青年湖南街 13 号　邮政编码 100011）
印　　装：北京天宇星印刷厂
787mm×1092mm　1/16　印张 13½　字数 311 千字　2025 年 2 月北京第 1 版第 2 次印刷

购书咨询：010-64518888　　　　　　　　　售后服务：010-64518899
网　　址：http://www.cip.com.cn
凡购买本书，如有缺损质量问题，本社销售中心负责调换。

定　　价：49.00 元　　　　　　　　　　　　　　　　　版权所有　违者必究

前言

本书是为满足我国高等院校车辆工程及相关专业方向的本科生及研究生专业学习以及从事汽车液压、气压与液力传动系统和传动元件设计等行业的人员使用需求而编写的。

汽车液压、气压与液力传动课程的目的是使学生掌握流体传动的基本工作原理、控制元件的结构及在流体传动回路中采用的基本知识,获得设计汽车液压、气压与液力传动系统、分析传动系统的初步能力,为专业课及从事专业技术工作打下坚实的理论基础。通过学习,要求学生能分析和初步设计汽车液压、气压与液力传动系统。

本书主要结合理论教学,从实际运用这一角度出发,加入了工程实例,结合作者多年来在汽车液压、气压与液力传动上的实践和教学上的经验与体会,帮助读者掌握和运用汽车液压、气压与液力传动的基本理论。

本书第 1 章主要介绍汽车液压、气压与液力传动的概念及特点、工作原理和系统组成。第 2 章主要介绍流体静力学、流体动力学基本原理以及流体传动的介质。第 3 章至第 5 章主要介绍流体传动基本元件的结构、工作原理以及元件的选用计算方法。第 6 章主要介绍液压传动辅助元件的结构、工作原理。第 7 章主要介绍压力控制回路、速度控制回路以及方向控制回路,便于读者熟练掌握液压基本回路,从而对解决复杂的汽车液压、气压传动系统问题有帮助。第 8 章主要介绍典型汽车液压、气压与液力传动系统的分析、设计和计算方法。第 9 章主要介绍液力变矩器的结构以及工作原理,并分析车辆系统发动机与液力传动装置的参数匹配方法。

本书为体现实践性和应用性,提供了形式多样的习题,以便读者巩固、运用流体元件的相关知识。本书紧密结合教学基本要求,内容完整系统、重点突出,所用资料力求能够更新、更准确地解读问题点。本书在注重汽车液压、气压与液力传动技术知识的同时,将实例内容与之结合在一起,强调知识的应用性,具有较强的针对性。

本书作者长期从事车辆工程传动的实用技术研究,书中内容新颖、实用。希望本书的出版能推动汽车液压、气压与液力传动技术的进步,并对广大读者有所帮助。

本书由田晋跃主编,韩江义、李臣旭参编。在本书写作过程中,参考了相关的国内外文献资料,在此,谨向文献的作者表示深深的谢意。

编者

目录

第 1 章　绪论 1
　1.1　流体传动的概念及特点 1
　1.2　流体传动的工作原理、系统组成及图形符号 6
　习题 10

第 2 章　流体传动基础理论 11
　2.1　流体力学基础 11
　2.2　液体流动中的压力损失 20
　2.3　液体流经小孔和缝隙的流量计算 26
　2.4　气动元件的通流能力及气罐的充放气 29
　2.5　液压冲击与空穴现象 32
　2.6　流体传动介质 36
　习题 42

第 3 章　液压、气压传动基本元件——泵和马达 45
　3.1　泵（空气压缩机）与马达的基本特性 45
　3.2　齿轮泵 48
　3.3　叶片泵 52
　3.4　柱塞泵 57
　3.5　液压马达 59
　习题 64

第 4 章　液压、气压传动基本元件——阀 67
　4.1　控制阀的基本特性 67
　4.2　压力控制阀 68

4.3 方向控制阀 ………………………………………………………………… 78
4.4 流量控制阀 ………………………………………………………………… 85
4.5 多路换向阀 ………………………………………………………………… 89
4.6 比例阀 ……………………………………………………………………… 91
习题 ……………………………………………………………………………… 94

第 5 章 液压、气压传动基本元件——缸 ………………………………… 97
5.1 常用动力缸 ………………………………………………………………… 97
5.2 动力缸的结构组成 ………………………………………………………… 100
习题 ……………………………………………………………………………… 105

第 6 章 辅助元件 …………………………………………………………… 107
6.1 液压系统的主要辅助元件 ………………………………………………… 107
6.2 气动系统的主要辅助元件 ………………………………………………… 111
6.3 储能元件与管件和密封 …………………………………………………… 114
习题 ……………………………………………………………………………… 119

第 7 章 液压、气压传动基本回路 ………………………………………… 120
7.1 压力控制回路 ……………………………………………………………… 121
7.2 速度控制回路 ……………………………………………………………… 125
7.3 方向控制回路 ……………………………………………………………… 137
7.4 气动基本回路 ……………………………………………………………… 139
习题 ……………………………………………………………………………… 141

第 8 章 汽车液压、气动系统及设计 ……………………………………… 145
8.1 典型汽车液压、气动系统 ………………………………………………… 145
8.2 汽车液压系统设计 ………………………………………………………… 158
习题 ……………………………………………………………………………… 164

第 9 章 液力传动结构及原理 ……………………………………………… 168
9.1 液力偶合器 ………………………………………………………………… 168
9.2 液力变矩器结构与工作原理 ……………………………………………… 170
9.3 液力变矩器的补偿及冷却系统 …………………………………………… 178
9.4 液力变矩器的特性 ………………………………………………………… 179

  9.5 液力变矩器与整车的匹配 …………………………………………… 182
  9.6 液力变矩器性能参数设计方法简介 ………………………………… 188
  习题 ……………………………………………………………………………… 191
习题详解 ………………………………………………………………………………… 193
参考文献 ………………………………………………………………………………… 210

第1章 绪论

1.1 流体传动的概念及特点

"流体传动"这一学科名称,直到最近十几年才被诠释为"液压、液力与气动"。目前液压工业界也已普遍认同了"流体传动"的这一内涵。在流体传动中保留了"液压"一词,以区别于"机械式"或"电气式"传动。

流体的"液压"部分,适用的是液体流体力学的传动规律,压力或能源,或简单的信号,都通过液体压力的形式来传递,对应于液压静力学(静止液体的力学)和液压动力学(流动液体的力学)的基本定律。

同样,流体的"气动"部分,适用的是气体流体力学的传动规律,压力或能源,或简单的信号,也对应于静止气体的力学和流动气体的力学的基本定律。

汽车如同一台机器,一台完整的机器由原动机、传动机构和控制系统、工作机(含辅助装置)组成。原动机包括电动机、内燃机等。工作机即完成该机器工作任务的直接工作部分。由于原动机的功率和转速变化范围有限,为了适应工作机的工作力和工作速度变化范围及性能的要求,在原动机和工作机之间设置了传动机构,其作用是把原动机输出的功率经过变换后传递给工作机。一切机械都有其相应的传动机构和控制系统,借助于它达到对动力传递和控制的目的。

传动机构是车辆重要的组成部分。如图1-1所示,以角标"D"来标记原动机的机械功率 N_D、力 F_D、速度 v_D、力矩 M_D 和角速度 ω_D,故有 $N_D = F_D v_D$ 或 $N_D = M_D \omega_D$。工作机是车辆实现工作目的的环节,它总是接受从原动机传输过来的机械能,克服车辆工作阻力,来驱动工作对象运动。工作机对负载施加的驱动力因素为 F_Z 或 M_Z;运动因素是工作机和负载的共同状态,为 v_Z 或 ω_Z。这里"Z"是标记工作机的物理量的角标。

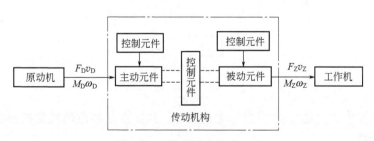

图1-1 流体的功率传递示意

传动机构通常分为机械传动机构、电力传动机构和流体传动机构。功率传递的类型及其特点见表 1-1。

表 1-1 功率传递的类型及其特点

项目	液压与液力传动	气动	电力传动	机械传动
能量来源 （驱动）	电机 内燃机 液压蓄能器	电机 内燃机 空气压缩机	电力 电池	电机 内燃机 重力、弹性力（弹簧）
功率 传递元件	金属管道、软管 叶轮、泵、阀	金属管道、软管	电缆 电磁场	机械零部件、 杠杆、传动轴等
功率 传递介质	液体	气体	电气元件	刚性、弹性体
力密度 （功率密度）	力密度大、压力高、出力大、尺寸小	力密度较小、压力较低	力密度小，电机功率质量比只有液压马达的 10%	力密度大，选型和布置成所需尺寸的易操作性不如液压
无级可控性 （加速、减速制动）	非常好（通过压力和流量，或动量矩）	好（通过压力和流量）	非常好，开环、闭环控制	好
输出动力类型	可通过液压缸、液压马达或涡轮，方便实现直线或旋转运动	可通过气缸或气马达，方便实现直线或旋转运动	通过电磁铁、直线电动机完成直线运动、旋转运动	直线和旋转运动

流体是液体和气体的总称，流体传动就相应地有液体传动和气体传动之分。流体传动是以流体为工作介质进行能量转换、传递和控制的传动。它包括液压传动、液力传动和气压传动。液体传动又分成液压传动和液力传动两种。

流体传动的机构总有一个主动元件，接受原动机的机械功率 $F_D v_D$ 或 $M_D \omega_D$，然后把它变换成某种能量；而另外总有一个被动元件，把这种介质的能量变换成工作机所需的机械能 F_Z 或 M_Z。有时其原动机力和运动性能与工作机需要之间的矛盾，不是只具有主动元件和被动元件的简单传动机构就可以协调的，还需要在传动机构内部对主动元件和被动元件施加"控制"，即用一种控制元件加以协调，所以传动机构还有"控制"功能。

流体传动机构的组成如图 1-2 所示。

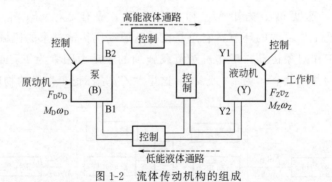

图 1-2 流体传动机构的组成

有一种元件称为"泵"，它可以作主动元件，其原理是将原动机的机械功率用来提高流体介质的能量。

在流体传动中，忽略泵上的机械摩擦，可将原动机力矩和力的角标 D 改为 By，即"泵（B）对液体（y）作用"的意思，这样就将原动机的作用，转化为泵对液体的作用，即 $M_D = M_{By}$，$F_D = F_{By}$。将原动机角速度和速度的角标 D 改为 B，即"泵"的运动参数。因此 $\omega_D = \omega_B$，$v_D = v_B$。相应地，原动机功率 $N_D = N_{By}$。在定量计算时，$M_D > M_B$，$F_D > F_{By}$，$N_D > N_{By}$。但运动参数 $\omega_D = \omega_B$，$v_D = v_B$，今后一般只出现 ω_B 和 v_D 的符号。

液压、气压传动与液力传动的区别在于，液压、气压系统利用液压、气压泵将原动机的机械能转换为流体的压力能，通过流体压力能的变化来传递能量，经过各种控制阀和管路的传递，借助于液压、气压传动的执行元件（液压、气压缸或马达）把流体压力能转换为机械能，从而驱动工作机构，实现直线往复运动或回转运动，即

$$\left.\begin{array}{r} F_D v_D \\ M_D \omega_D \end{array}\right\} = Q_B (p_{B2} - p_{B1}) \\ Q_Y (p_{Y1} - p_{Y2}) = \left\{\begin{array}{l} F_Z v_Y \\ M_Z \omega_Y \end{array}\right. \right\} \tag{1-1}$$

式中　　Q_B——泵的体积流量；

p_{B1}，p_{B2}——过流断面 B1 和过流断面 B2 上的压力；

Q_Y——通过液动机的流量；

p_{Y1}，p_{Y2}——过流断面 Y1 和过流断面 Y2 上的压力；

角标 B1，B2——标明流体在原动机的进口处和出口处的各种物理量；

角标 Y1，Y2——标明流体在液动机的进口处和出口处的各种物理量。

液力传动是以液体为工作介质，既利用压力能变化，又利用其动量矩的变化进行能量传递的，即

$$\left.\begin{array}{l} M_{By} \omega_B = Q(p_{B2} - p_{B1}) + \rho Q_B \dfrac{v_{B2}^2 - v_{B1}^2}{2} \\ Q_Y (p_{Y1} - p_{Y2}) + \rho Q_Y \dfrac{v_{Y1}^2 - v_{Y2}^2}{2} = M_Y \omega_Y \end{array}\right\} \tag{1-2}$$

式中　ρ——传动液体介质的密度。

正因为有以上能量变换原理上的差别，液压、气压传动中的泵和液动机（分液压、气压马达和液压、气压缸两类）与液力传动中的泵（泵轮）和液动机（涡轮），在原理和结构上有着根本的区别，理解、分析、研究和设计的基础理论和应用学科知识也大相径庭，甚至它们的具体应用的覆盖面也只有很少部分相同。一般来讲，液压、气压传动的应用范围要比液力传动广泛得多。

大体上可以对液压、气压传动与液力传动的功能作如下的分析比较。

液力传动比液压、气压传动的能容（传动装置单位重量所传递的机械能）大得多，所以在传递同样大功率时，液力传动轻得多，体积也小得多。目前，液力传动传递的最大功率至几千千瓦，而液压、气压传动一般只能达到 $200 \sim 300 \mathrm{kW}$。

液力传动内部没有摩擦副，所以寿命比液压、气压传动长。液力传动内部压力不高，密封条件要求低，而且对液体介质清洁度和黏温特性要求都远低于液压传动，因此在运行、维护和制造成本等方面显示出优越性。液压、气压传动及液力传动的分析对比见表 1-2。

表 1-2 液压、气压传动及液力传动的分析对比

液压传动	①同等功率情况下,液压装置容量大,体积小,重量轻。例如,输出同样功率,液压马达重量是电动机重量的10%～20%,而且还能传递较大的力或转矩
	②易于实现大传动比[(100:1)～(2000:1)]传动,调速范围较大,能方便地在运行中实现无级调速,低速性能好
	③易于实现回转、往复直线运动,结构简化,系统便于布置
	④系统的控制、调节比较简单,与电气控制配合使用能实现复杂的顺序动作和远程控制,易于实现自动化
	⑤操作简单、省力,工作比较平稳,反应快、冲击小,易于频繁、快速换向和启动。液压传动装置的换向频率高,回转运动可达 500 次/min,往复直线运动可达 400～1000 次/min
	⑥工作安全可靠,系统超载时,油液可以经安全阀(溢流阀)回油箱,易于实现过载保护
	⑦液压传动以油液为工作介质,元件可自行润滑,保养方便;功率损失产生的热量由流动着的油液带走,避免局部温升,所以液压元件寿命较长;同时可避免机械自身产生过度温升
气压传动	①气压传动系统工作介质是空气,来源方便,无成本;使用后直接排入大气而无污染,不需要设置专门的处理设备
	②空气黏度小,在管路中流动时压力损失小、效率高,可以集中供气及远距离输送
	③气动元件动作迅速、反应快、维护简单、调节方便,系统故障容易排除
	④工作环境适应性好,气压传动特别适合在易燃、易爆、潮湿、多尘、强磁、振动及辐射等恶劣条件下工作,在食品、医药、轻工、纺织、精密检测等行业中应用更具优势
	⑤系统成本低,具有过载保护功能
液力传动	①液力传动过载保护性好,具有良好的自动适应性能。外载荷增大时,液力传动系统可以使机器自动增大牵引力,速度降低;外载荷减小时,机器又能自动减小牵引力,提高速度。这样,既保证了发动机能经常在额定工况下工作,避免发动机因外载荷突然增大而熄火,又能满足车辆牵引工况和运输速度的要求
	②液力传动可以提高机械使用寿命。液体作为工作轮间的工作介质,传动系统零件没有直接接触,减少了刚性冲击,能吸收并减少来自发动机和外载荷的振动、冲击,提高机械使用寿命。甚至在输出轴卡住时,动力机仍能运转而不受损伤,带载荷启动容易。以重型载重汽车为例,使用液力传动后,发动机寿命可增加 47%,变速器寿命增加 400%;液力传动在经常处于恶劣环境工作、载荷变化剧烈的工程机械上应用,效果更为显著
	③能提高车辆舒适性。采用液力传动使车辆起步平稳,并在较大的速度范围内无级变速,吸收振动、冲击,提高了车辆舒适性
	④简化车辆的操纵。液力变矩器本身就是无级自动变速器,扩大了发动机动力范围,因此可以减小变速器的挡数。使换挡操纵简便,大大降低了驾驶员的劳动强度

但是,液力传动的最高效率和高效率工作范围内的平均效率不及液压、气压传动,而且液压、气压传动有很强的变换功能和控制功能,这是液力传动无法比拟的。正因为如此,在大多数场合,液力传动无法取代液压、气压传动,例如,在工程车辆上,有许多作业机构,它们对传动的要求相差悬殊,只能采用液压传动,往往只有行走机构是用液力传动的。

液压、气压传动是根据 17 世纪帕斯卡提出的液体静压力传动原理而发展起来的一门技术,是工农业生产中广为应用的一门技术。液压传动系统适用于大功率、高精度控制的场合,其应用范围从机器人、宇航飞行器等精密控制系统到锻压轧钢设备、车辆、工程机械和机床等工业领域,其位置精度可达 0.1mm。图 1-3 所示为汽车 CVT(无级变速器)液压控制系统的应用,图 1-4 所示为汽车制动气压控制系统的应用。

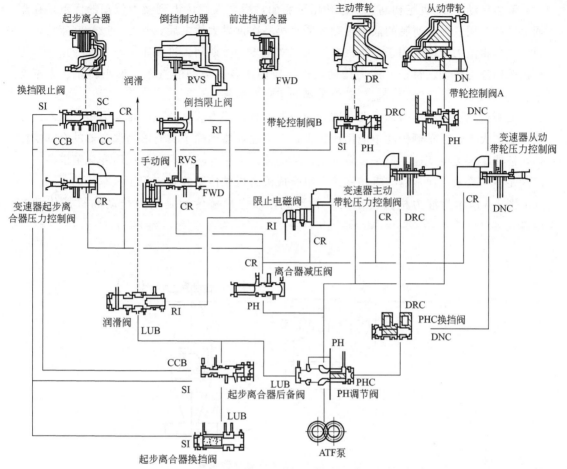

图 1-3 汽车 CVT（无级变速器）液压控制系统示意

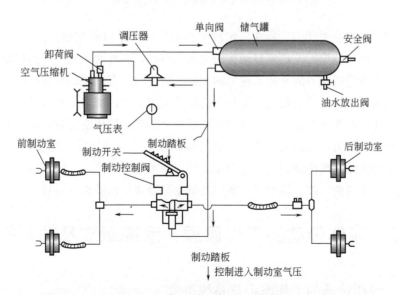

图 1-4 汽车气压制动控制系统示意

液力传动于20世纪初问世，最初用于船舶，后来人们认识到液力传动的优点，在车辆上开始应用。最初研制的液力传动车辆是第一次世界大战之后，到20世纪30年代，英国、美国将液力传动应用于公共汽车，第二次世界大战期间，许多军用车辆和专用汽车也开始采用液力传动，目前，液力传动已广泛应用于各种类型的汽车，如小轿车、小型客车、公共汽车、军用车辆、重型矿山车辆和工程车辆等。

液力传动装置有液力偶合器和液力变矩器两种，液力偶合器只能传递力矩，而不能改变力矩的大小，在车辆传动中应用比较少，液力变矩器则除了具有液力偶合器的全部功能外，还能实现无级变速，但是，液力变矩器的输出力矩与输入力矩的比值变化范围还不足以满足使用需求，通常需与机械变速器组合成液力机械传动装置应用于汽车传动。

图1-5所示为液力机械传动的一种形式，液力机械传动是液力传动和机械传动的组合。

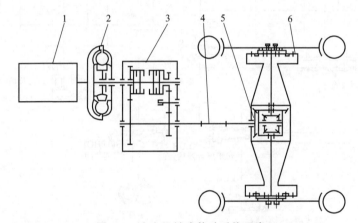

图1-5 液力机械式传动系统示意
1—发动机；2—液力变矩器；3—机械变速器；4—万向传动轴；5—驱动桥；6—轮辋

液力机械传动的主要优点：能在一定范围内根据行驶阻力的变化，自动进行无级变速，因此能防止发动机过载熄火，提高发动机的能量利用率，而且大大减少了换挡频率；液力变换器利用液体作为传递动力的介质，输出轴和输入轴之间没有刚性的机械连接，大大降低了发动机及传动系零件的冲击负载，提高了机件的使用寿命；液力变矩器具有一定的变速能力，因此对于相同的变速范围，可以减少变速器的挡位数，简化变速器结构；液力变矩器具有自动无级变速的能力，因而起步平稳，并可得到较低的行驶速度，增加了车辆行驶能力；液力变矩器采用液体介质传递动力；液力变矩器冷却系统中的油泵、滤油器、冷却器等液压组件除完成液体介质的冷却，同时用于换挡机械变速器液压操纵系统信号传递。

1.2 流体传动的工作原理、系统组成及图形符号

1.2.1 液压传动的工作原理及系统组成

以液压千斤顶为例，其工作原理如图1-6所示。扳动手柄小活塞1上下移动，当小活

塞向上移动时，活塞下腔容积增大，形成真空，在大气压力作用下油液经管道、单向阀 4 进入油缸下腔；当压下手柄时，小活塞下移，密封腔内的油液受到挤压，则下腔的油液经管道、单向阀 3 输入大油缸 7 的下腔（因受油压的作用，单向阀 4 关闭，与油箱的油液隔断）迫使大活塞 8 向上移动。反复扳动、压下动手柄，油液就不断地输入大油缸的下腔，推动大活塞缓慢上升，顶起重物。如果将图 1-6 简化为图 1-7 的密闭连通器，可以清楚地分析其动力传递过程。

$$大活塞 5 上的压力 = \frac{W}{F_2}$$

$$小活塞 1 上的压力 = \frac{P}{F_1}$$

式中　F_2——大活塞的面积；
　　　F_1——小活塞的面积。

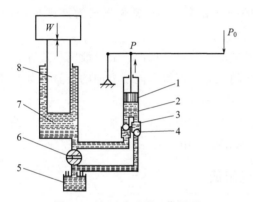

图 1-6　液压千斤顶工作原理
1—小活塞；2—小油缸；3,4—单向阀；
5—油箱；6—放油阀；7—大油缸；8—大活塞

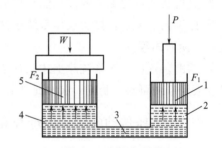

图 1-7　密闭连通器
1—小活塞；2—小油缸；3—管路；
4—大油缸；5—大活塞

根据密闭容器中压力处处相等的原则，有

$$\frac{W}{F_2} = \frac{P}{F_1} = p$$

这样，大活塞上很大的负载可用较小的力平衡，即

$$W = \frac{F_2}{F_1} P \tag{1-3}$$

由此可知，在液压传动中，力不但可以传递，而且通过作用面积（$F_2 > F_1$）的不同，力可以放大。千斤顶之所以能够用较小的力，顶起较重的负载，原因就在这里。

由上述可知，液压传动实际上是一种能量转换装置，它是靠油液通过密闭容积的变化传递运动，依靠油液内部的压力传递动力。

液压传动的两个工作特性：液压系统的压力大小（在有效承压面积一定的前提下）决定于外界负载；执行元件的速度（在有效承压面积一定的前提下）决定于系统的流量。这两个特性有时也简称为压力决定于负载、速度决定于流量。

液压传动系统功率传递流程如图 1-8 所示。

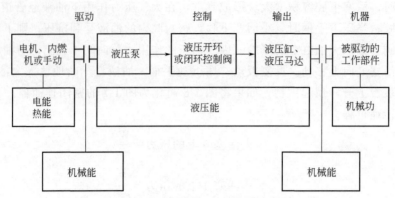

图 1-8 液压传动系统功率传递流程

液压系统通常由能源装置、执行装置、控制调节装置、辅助装置四部分组成。

① 能源装置：将机械能转换成液压能的一种装置，一般常见形式为液压泵，它为液压系统提供压力油，使整个系统能够动作起来。

② 执行装置：把油液的液压能转换成机械能的装置，如液压缸、液压马达等。

③ 控制调节装置：控制液压系统中油液的压力、流量和流动方向的装置，如溢流阀、节流阀、换向阀等。

④ 辅助装置：液压系统除上述三种装置以外的其他装置，如油箱、滤油器、油管等，对保证液压系统可靠、稳定、持久地工作有着重要作用。

1.2.2 气压传动的工作原理及系统组成

气压传动技术是以空气压缩机为动力源，以压缩空气为工作介质，进行能量传递或信号传递的工程技术，是实现各种生产控制、自动控制的重要手段。

随着工业机械化和自动化的发展，气压传动技术越来越广泛地应用于各个领域。特别是成本低廉、结构简单的气动自动装置已得到了广泛的应用，在工业企业自动化中具有非常重要的地位。

在气压传动系统中，根据气动元件和装置的不同功能，可将气压传动系统分为以下四个组成部分。

① 气源装置：将原动机提供的机械能转变为气体的压力能，为系统提供压缩空气。它主要由空气压缩机构成，还配有储气罐、气源净化装置等附属设备。

② 执行元件：起能量转换的作用，把压缩空气的压力能转换为工作装置的机械能，主要有气缸输出直线往复式机械能、摆动气缸和气马达分别输出回转摆动式和旋转式机械能，对于以真空压力为动力源的系统，采用真空吸盘以完成各种吸吊作业。

③ 控制元件：用来对压缩空气的压力、流量和流动方向调节和控制，使系统执行机构按功能要求的程序和性能工作。根据完成功能不同，控制元件分为很多种，气压传动系统中一般包括压力、流量、方向和逻辑四大类控制元件。

④ 辅助元件：是用于元件内部润滑、消除排气噪声、元件间的连接以及信号转换、显示、放大、检测等所需的各种气动元件，如油雾器、消声器、管件及管接头、转换器、

显示器、传感器等。

汽车气压制动传动技术原理如图1-9所示。

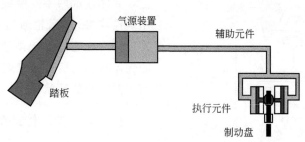

图1-9 汽车气压制动传动技术原理

1.2.3 液力传动的工作原理及系统组成

常见的液力传动装置主要由泵轮、涡轮等原件组成。在液力传动中泵轮和涡轮叶片内循环流动的工作油，从泵轮叶片内缘流向外缘的过程中，泵轮对其做功，其速度和动能逐渐增大，而在从涡轮叶片外缘流向内缘的过程中，工作油对涡轮做功，其速度和动能逐渐减小。

液力传动的工作原理可以用水泵带动水轮机转动、一个风扇通过气流带动另一个风扇转动的原理加以理解。如图1-10所示，输入轴输入的动能通过泵轮传给工作油，工作油在循环流动的过程中又将动能传给涡轮输出，由于在液力偶合器内只有泵轮和涡轮两个工作轮，工作油在循环流动的过程中，除了与泵轮和涡轮之间的作用力外，没有受到其他任何附加的外力，根据作用力与反作用力相等的原理，工作油作用在涡轮上的力矩应等于泵轮作用在工作油上的力矩，即输入轴传给泵轮的力矩与涡轮上输出的力矩相等。

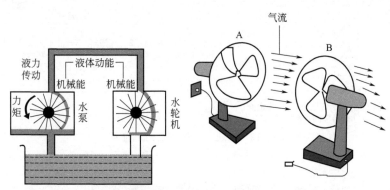

图1-10 液力传动工作原理

液力变矩器的构造与液力偶合器基本相似，主要区别是在泵轮和涡轮之间加装了一个固定的工作油导向工作轮——导轮，并与泵轮和涡轮保持一定的轴向间隙，通过导轮座固定于变矩器壳体，为了使工作油有良好循环以确保液力变矩器的性能，各工作轮都采用了弯曲成一定形状的叶片。图1-11所示为液力变矩器的结构简图，其主要由可旋转的泵轮和涡轮，以及固定不动的导轮三个组件组成。各工作轮用铝合金精密制造，或用钢板冲压

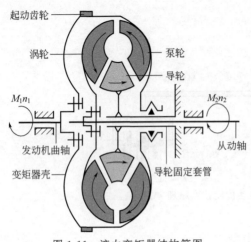

图 1-11 液力变矩器结构简图

焊接而成，泵轮与液力变矩器壳连成一体，用螺栓固定在发动机曲轴后端的凸缘或飞轮上，壳体做成两半，装配后焊成一体（有的用螺栓连接），涡轮通过从动轴与变速器的其他部件相连，导轮则通过导轮座与变速器的壳体相连，所有工作轮在装配后，形成断面为循环圆的环状体。

1.2.4 流体传动的图形符号

液压、气压系统图的图形符号如图 1-3 和图 1-4 所示的。有些液压、气压系统图是一种用半结构式表示的工作原理图，这种图直观性强，容易理解，但绘制起来比较麻烦。图 1-12 所示为用标准图形符号绘制成的工作原理图。这些图形符号符合 GB 786.1。在 GB 786.1 中，用粗实线表示主流路，虚线表示控制流路和泄漏流路。使用这些图形符号可使系统图简单明了，便于绘制。在汽车行业中有些专用的元件无法用标准图形表达时，仍可使用半结构式。

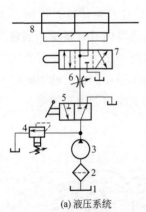

(a) 液压系统

1—油箱；2—滤油器；3—液压泵；4—溢流阀；
5,7—换向阀；6—节流阀；8—液压缸

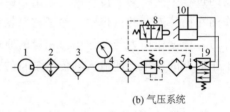

(b) 气压系统

1—空气压缩机；2—冷却器；3—油水分离器；4—储气罐；
5—分水滤气器；6—减压阀；7—油雾器；8—行程阀；
9—换向阀；10—气缸

图 1-12 液压、气压系统图形符号

习 题

1-1 液压、气压传动的工作原理是什么？液力传动的工作原理是什么？
1-2 液压传动的两个工作特性是什么？
1-3 液压系统由几个基本装置组成？
1-4 气压系统由几个基本装置组成？
1-5 液力变矩器由几个主要元件组成？

第 2 章

流体传动基础理论

2.1 流体力学基础

固体和流体具有不同的特征。在静止状态下固体的作用面上能够同时承受切向应力和法向应力，而流体只有在运动状态下才能够同时承受法向应力和切向应力，静止状态下其作用面上仅能够承受法向应力，这一应力是压缩应力即静压强。固体在力的作用下发生变形，在弹性极限内变形和作用力之间服从胡克定律，即固体的变形量和作用力的大小成正比。流体则是角变形速度和剪切应力的关系，层流和紊流状态它们之间的关系有所不同，在层流状态下，两者之间服从牛顿内摩擦定律。

当作用力停止作用，固体可以恢复原来的形状，流体只能够停止变形，而不能回到原来的位置。固体有一定的形状，流体由于其变形所需的剪切力非常小，所以很容易使自身的形状适应容器的形状，并在一定的条件下可以维持下来。

在液压与气压传动中所使用的工作介质分别是液体和气体，两者合称为流体。

流体是与固体相对应的一种物质形态，是由大量的、不断地作热运动而且没有固定平衡位置的分子构成的，有一定的可压缩性。液体可压缩性很小，而气体的可压缩性较大，在流体的形状改变时，流体各层之间也存在一定的运动阻力（即黏滞性）。当流体的黏滞性和可压缩性很小时，可近似看作是理想流体，它是人们为研究流体的运动和状态而引入的一个理想模型。

对于液体，压力变化时其体积变化很小，以致在大多数工程应用场合可以忽略。压力对气体的影响很大，压力增加，气体体积减小，压力减小，气体体积增大。

2.1.1 液体静力学基础

液体静力学主要是讨论其处于静止状态或相对静止状态的液体受力平衡问题。

2.1.1.1 液体的压力

液体的压力是指液体在单位面积上所受的作用力。设液体在面积 $A(\mathrm{m}^2)$ 上所受的作用力为 $P(\mathrm{N})$，则液体的压力 p 为

$$p = \frac{P}{A} \tag{2-1}$$

如果液体中各点的压力不均等，则液体中某一点的压力可用该点附近的极限值表

示,即

$$p = \lim_{\Delta A \to 0}\left(\frac{\Delta P}{\Delta A}\right) \tag{2-2}$$

由于液体不能抵抗切向应力,所以液体的压力垂直于承受压力的表面,并且在静止液体中,任何一点所受的各方向的压力都相等。

2.1.1.2 绝对压力和相对压力

设图 2-1 所示的容器中盛有液体,液面上的压力为大气压力 p_0,液面下深度为 h 处的一点 a 所承受的作用力,比液面处多出高度为 h 的液体的重力。因此 a 点液体所受的压力 p_a 为

$$p_a = p_0 + \gamma h \tag{2-3}$$

式中 γ——液体的重度;
p_a——液体的绝对压力。

在一般液压传动中,通常液体压力是指相对压力,用压力表测量出的压力也是相对压力。在液压系统的压力管路中,液体所在位置的高度对于压力的影响很小时,一般可以忽略不计。在某些管路中,例如油泵的吸油管路中,就必须考虑液面距离油泵吸入口的相对高度,以免在油泵的吸油口造成过大的真空度,影响液压泵的正常工作。常用的压力单位见表 2-1。

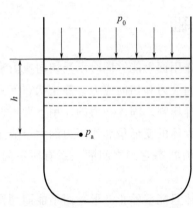

图 2-1 绝对压力和相对压力示意

表 2-1 常用的压力单位及换算关系

帕(Pa)	巴(bar)	千克力/厘米² (kgf/cm²)	工程大气压 (at)	标准大气压 (atm)	毫米水柱 (mmH₂O)	毫米汞柱 (mmHg)
9.8065×10^4	9.8065×10^{-1}	1	1	9.67841×10^{-1}	1×10^4	7.35559×10^2

液压传动中的不同压力含义如图 2-2 所示。

2.1.1.3 压力的传递

当盛放在密封容器内的液体外加压力发生变化时,只要液体仍保持其原来的静止状态不变,液体内任一点的压力,均将发生同样大小的变化,即在密封容器内,施加于静止液体上的压力将以等值同时传到液体的各点,此即为静压传递原理,或称帕斯卡原理。

在液压系统中,通常由外力产生的压力要比液体本身重力引起的压力大得多,为此可把式(2-3)中的 γh 项略去不计,而认为静止液体中的压力处处相等。

图 2-3 所示为运用帕斯卡原理寻找推力和负载间关系的实例。图 2-3 中垂直液压缸的截面积为 A_1,其活塞上作用一个负载 F_1,缸内液体压力为 $p_1 = F_1/A_1$;水平液压缸的截面积为 A_2,其活塞上作用一个推力 F_2,缸内液体压力为 $p_2 = F_2/A_2$。由于两缸互相连通,构成一个密封容器,因此按帕斯卡原理有

$$p_1 = p_2$$

或

$$F_2 = \frac{A_2}{A_1} F_1 \tag{2-4}$$

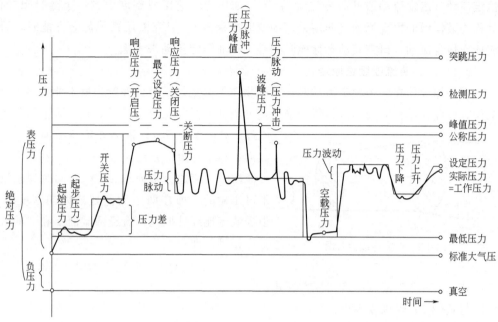

图 2-2 压力的含义

如果垂直液压缸的活塞上没有负载,则当略去活塞重力及其他阻力不计时,无论怎样推动水平液压缸的活塞,也不能在液体中形成压力,说明液压系统中的压力是由外界负载决定的,这是液压传动中的一个基本概念。

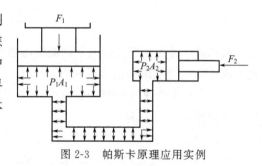

图 2-3 帕斯卡原理应用实例

2.1.2 液体动力学基础

液压系统中的液体在压力差的作用下不断流动着,因此除了要研究静止液体的基本力学规律外,还必须讨论流动液体的力学规律。流动液体由于重力、惯性力、黏性摩擦力等影响,不同时间的运动变化除了对液体的能量损耗有所影响外,并无现实意义,而在工程上感兴趣的是液体在空间某特定点或特定区域内的平均运动情况。此外,流动液体的状态还与温度、黏度等参数有关,为了便于分析,一般都在等温的条件下讨论液体的流动情况,因而可把黏度看作是常量,密度只与压力有关。

2.1.2.1 理想液体和恒定流动

液体是有黏性的,而且黏性要在液体流动时才会表现出来,因此研究液体流动时必须考虑黏性的影响。由于液体中的黏性阻力是一个非常复杂的问题,所以开始分析时可以假设液体没有黏性,然后再考虑黏性的作用,并通过实验验证的办法对理想结论进行补充或修正。利用这种方法同样可以处理液体的可压缩性问题。一般把既无黏性又无可压缩性的假想液体称为理想液体,而把实际上既有黏性又有可压缩性的液体称为实际液体。

液体流动时,如液体中任何点处的压力、速度和密度都不随时间变化,就称为液体作恒定流动（定常流动或非时变流动）；反之如压力、速度或密度中有一个随时间变化时，就称为液体做非恒定流动（非定常流动或时变流动）。研究液压系统静态性能时，可认为液体作恒定流动，研究其动态性能时则必须按非恒定流动来考虑。

2.1.2.2 液流连续性原理

当理想液体在管中稳定流动时，根据物质不灭定律，液体在管内既不能增多，也不能减少，因此在单位时间内流过每一横截面的液体质量一定是相等的。这就是液流的连续性原理。如图2-4所示，液体在不等截面中流动，设截面1和2的面积分别为A_1和A_2，在这两个截面中液体平均流速分别为v_1和v_2，同时理想液体是不可压缩的，即在两个截面处液体的密度都是ρ，根据液流连续性原理，流经两截面1和2的液体质量应相等，即

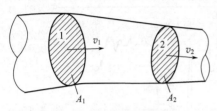

图2-4 液流连续性简图

$$\rho v_1 A_1 = \rho v_2 A_2 = \rho v A = 常量 \quad (2-5)$$

式(2-5)称为液流的连续性方程式。

将式(2-5)除以ρ则得

$$v_1 A_1 = v_2 A_2 = v A = 常量 \quad (2-6)$$

或

$$\frac{v_1}{v_2} = \frac{A_2}{A_1} \quad (2-7)$$

式(2-6)说明，通过管内不同截面的液流速度与其截面积的大小成反比，即管子细的地方流速大，管子粗的地方流速小。

式(2-6)中流速v和截面积A的乘积表示单位时间内流经管路液体的体积，称为流量，一般用Q表示，即

$$Q = vA \quad (2-8)$$

流量Q的单位常用L/min表示，在式(2-8)代入常用单位后，可得流量Q的计算公式为

$$Q = \frac{vA}{10} \quad (2-9)$$

式中 v——液体的流速，m/min；

A——液流通过的截面积，cm^2。

式(2-9)常用来计算管道或油缸中的流速，也可用来计算所需的截面积和流量。

2.1.2.3 伯努利方程

(1) 在惯性参照系中流束段的能量守恒定律——绝对运动的伯努利方程 在液压传动系统中是利用有压力的液体来传递能量的，图2-5所示为液体流经管道的一部分，管道各处的截面积大小和高度都不相同。设管道内有一段理想液体作稳定流动，在短时间t内，从AB流动到$A'B'$。因为移动的距离短，在从A到A'及从B到B'这两小段的距离范围内，截面积、压力以及流速和高度等都可以看作是不变的。设在AA'处和BB'处的截面积分别为F_1和F_2，压力分别为p_1和p_2，流速分别为v_1和v_2，高度分别为h_1和h_2。AB段液体前后都受有作用力，当它运动时，后面的作用力P_1把它向前推进，同时又要

克服前面液体的作用力 P_2，P_1 和 P_2 分别为

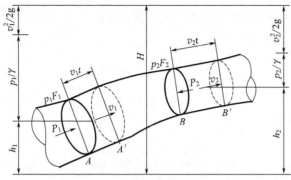

图 2-5　伯努利方程示意

$$P_1 = p_1 F_1; \quad P_2 = p_2 F_2 \tag{2-10}$$

当 AB 段液体运动到 $A'B'$ 时，P_1 和 P_2 对它所做的总功 A 为

$$A = P_1 v_1 t - P_2 v_2 t = p_1 F_1 v_1 t - p_2 F_2 v_2 t \tag{2-11}$$

根据液流的连续性原理，可得

$$F_1 v_1 = F_2 v_2 \tag{2-12}$$

或

$$F_1 v_1 t = F_2 v_2 t = V \tag{2-13}$$

式中　V——AA' 或 BB' 小段液体的体积。

将式(2-13)代入式(2-11)得

$$A = p_1 V - p_2 V \tag{2-14}$$

另一方面，当 AB 段液体流到 $A'B'$ 时，因为是稳定流动。$A'B$ 这段液体的所有运动参数（压力和流速等）都不发生变化，因此这段液体所具有的能量也不会有增减。有变化的仅是 AA' 这小段液体移到了 BB'，其高度和流速都改变了，因此势能（由高度决定的能量）和动能（由流速决定的能量）都有了变化。设这两小段的机械能（包括势能和动能）分别为 A_1 和 A_2，则

$$A_1 = \frac{1}{2} m v_1^2 + mgh_1$$

$$A_2 = \frac{1}{2} m v_2^2 + mgh_2$$

式中　m——AA' 段或 BB' 段液体的质量。

增加的机械能为

$$A_2 - A_1 = \frac{1}{2} m v_2^2 + mgh_2 - \left(\frac{1}{2} m v_1^2 + mgh_1\right) \tag{2-15}$$

因假设在管道内流动的是理想液体，流动时没有摩擦力，因而也就没有能量损耗，故管内 AB 段液体流动到 $A'B'$ 后所增加的机械能应等于外力对它所做的功，即

$$A = A_2 - A_1 \tag{2-16}$$

将式(2-15)和式(2-16)代入式(2-14)得

$$p_1 V - p_2 V = \frac{1}{2} m v_2^2 + mgh_2 - \frac{1}{2} m v_1^2 - mgh_1$$

或
$$p_1 V + \frac{1}{2} m v_1^2 + m g h_1 = p_2 V + \frac{1}{2} m v_2^2 + m g h_2 \tag{2-17}$$

因为 F_1 和 F_2 这两个截面是任意取的，式（2-17）所表示的关系适用于管道内任意两个截面，式（2-17）也可写为

$$p V + \frac{1}{2} m v^2 + m g h = 常量 \tag{2-18}$$

式（2-17）和式（2-18）是对重力为 mg 的液体而言的，如果对单位重力来说，则在该两式的各项中应除以 mg，得

$$\frac{p_1}{\gamma} + \frac{v_1^2}{2g} + h_1 = \frac{p_2}{\gamma} + \frac{v_2^2}{2g} + h_2 \tag{2-19}$$

或
$$\frac{p}{\gamma} + \frac{v^2}{2g} + h = 常量 \tag{2-20}$$

式中 γ——液体的重度，$\gamma = mg/V$。

式（2-19）和式（2-20）称为伯努利方程，它表明了理想液体在管道内作稳定流动时运动要素之间的关系。

在式（2-20）中，p/γ 为液体的比压能（即单位重力液体所具有的压力能），$v^2/(2g)$ 为比动能，h 为比势能。伯努利方程的物理意义：在密封管道内作稳定流动的理想液体具有三种形式的能量，即压力能、动能和势能，它们之间可以互相转化，并且液体在管道内任意一处这三种能量的总和是一定的。这就是伯努利定律，也可称为理想液体作稳定流动时的能量守恒定律。

上面是对理想液体进行分析的，但实际液体是有黏性和可压缩性的，在其运动时由于摩擦要损耗一部分能量，如果这部分能量损耗用能头 h_δ 表示，式（2-19）可写为

$$\frac{p_1}{\gamma} + \frac{v_1^2}{2g} + h_1 = \frac{p_2}{\gamma} + \frac{v_2^2}{2g} + h_2 + h_\delta$$

由于实际液体在管道通流截面上速度分布不均匀，在用平均流速代替实际流速时存在误差，故引入修正系数，实际液体的伯努力方程为

$$\frac{p_1}{\gamma} + \frac{\alpha_1 v_1^2}{2g} + z_1 = \frac{p_2}{\gamma} + \frac{\alpha_2 v_2^2}{2g} + z_2 + h_\delta \tag{2-21}$$

式中 α_1, α_2——速度截面 1、2 处的动能修正系数，层流时 $\alpha = 2$，湍流时 $\alpha = 1$。

应用伯努利方程时注意以下几点。

① 截面 1、2 需顺向选取，且选在平行流或缓变流通流截面上。

② 截面中心在高度基准面以上时，z 取正值，反之取负值，通常选取特殊位置的水平面为高度基准面。

③ 截面上的压力应取同一种表示法，都取相对压力，或都取绝对压力。

④ 因采用平均流速，$z + p/\gamma$ 可取截面上任一点，但一般对管流而言，计算点都取在轴心线上。

（2）在非惯性参照系中的能量守恒定律——相对运动的伯努利方程　这里以液力传动的叶轮作为非惯性参照系的例子。先对叶轮结构原理及液体在其中流动的情况进行介绍。

图 2-6 所示的叶轮有内、外两个盘，通常称为内、外环，其间插装有若干弯曲的叶

片，$a—a$ 剖面即为叶片弯曲形状。内、外环和相邻叶片组成了叶片流道，当叶轮以角速度 ω 作等速旋转时，即形成非惯性参照系。

从叶片流道（图 2-6）中取出一根流线来分析。在此流线上任取一点，其上质点有三种速度：一是液体质点被迫按叶片弯曲形状流动的相对速度 w；二是质点被叶轮带动作圆周运动的牵连速度 u（其方向为圆周的切向），又称圆周速度；三是在另外一个静止（惯性）参照系看到质点的绝对速度 v。三者的关系应为

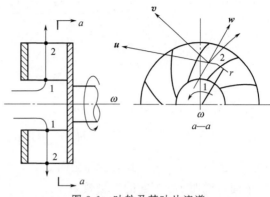

图 2-6 叶轮及其叶片流道

$$v = u + w \tag{2-22}$$

式（2-22）可以用图 2-7 的速度三角形进行矢量运算，其中

$$u = r\omega \tag{2-23}$$

式中 r——质点所在点的半径。

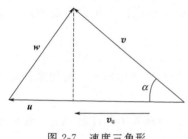

图 2-7 速度三角形

应用余弦定理可描述三者数值间的关系，即

$$w^2 = u^2 + v^2 - 2uv\cos\alpha = u^2 + v^2 - 2uv_u \tag{2-24}$$

式中 α——u 和 v 的夹角；

  v_u——v 在 u 方向上的分速度，称为绝对速度的圆周分速度，简称圆周分速度。

$$uv_u = \frac{u^2 + v^2 - w^2}{2} \tag{2-25}$$

每一个叶片流道中的液体组成一个缓变的流束段。通流截面 1 取在液体即将进入但尚未进入叶片的流道处（即未受叶片作用处），通流截面 2 取在液体即将离开但尚未离开叶片的流道处（受叶片作用的最后点）。这种流束段的能量守恒定律可用相对运动伯努利方程来描述，即

$$z_1 + \frac{p_1}{\gamma} + \frac{w_1^2}{2g} - \frac{u_1^2}{2g} = z_2 + \frac{p_2}{\gamma} + \frac{w_2^2}{2g} - \frac{u_2^2}{2g} + h_\delta + h_t \tag{2-26}$$

式中 h_t——流束段上时变惯性力所形成的功（正或负），称为"惯性头"，它在定常情况下为零。

在定常情况下，从静止参照系看叶轮中的液体流动，应注意叶轮对液体流束段加入功或取走功的情况，故伯努利方程表示为

$$z_1 + \frac{p_1}{\gamma} + \frac{v_1^2}{2g} + H_t = z_2 + \frac{p_2}{\gamma} + \frac{v_2^2}{2g} + h_\delta + h_t \tag{2-27}$$

式中 H_t——叶轮对液体流束段单位重量流量做的功的功率。做正功时，$H_t > 0$；做负功时 $H_t < 0$。

式（2-26）和式（2-27）描写的是同一种物理现象，故可以比较得出

$$H_t = \frac{v_2^2 + u_2^2 - w_2^2}{2g} - \frac{v_1^2 + u_1^2 - w_1^2}{2g} \tag{2-28}$$

将式(2-25)代入式(2-28)，可得

$$H_t = \frac{u_2 v_{u2} - u_1 v_{u1}}{g} \tag{2-29}$$

将式(2-23)代入式(2-29)，可得

$$H_t = \frac{\omega}{g}(r_2 v_{u2} - r_1 v_{u1}) \tag{2-30}$$

式中　$r_1 v_{u1}$，$r_2 v_{u2}$——截面1和截面2上的速度矩。

下面再说明 H_t 引起的能量效果。

式(2-27)可改写为

$$H_t = (z_2 - z_1) + \frac{p_2 - p_1}{\gamma} + \frac{v_2^2 - v_1^2}{2g} + h_\delta + h_t \tag{2-31}$$

在机械工程问题中，一般 $(z_2 - z_1)$ 很小，可忽略不计。同时，经常遇到的是定常情况，这样就可写为

$$H_t - h_t = \frac{p_2 - p_1}{\gamma} + \frac{v_2^2 - v_1^2}{2g} \tag{2-32}$$

式(2-32)说明，在 h_t 很小的情况下，外部能量引起的是流束段上压力势能和速度能的变化。这是液力传动的基本工作特征。

2.1.2.4　动量方程

动量方程是刚体力学动量定理在流体力学中的具体应用及其表达形式，可用来计算流动液体作用于限制其流动的固体壁面上的作用力。

（1）动量定理　刚体力学动量定理指出，作用在物体上全部外力的冲量和等于物体在力的作用方向上的动量的变化率，即

$$\sum \boldsymbol{F} = \frac{\mathrm{d}(\boldsymbol{mv})}{\mathrm{d}t} \tag{2-33}$$

为建立液体作定常流动的液体的动量方程，如图2-8所示，任取通流截面1、2间被管壁限制的液体体积（称为控制体积），截面1、2的通流截面积分别为 A_1、A_2，平均流速分别为 v_1、v_2。设该段液体在时刻 t 的动量为 $(\boldsymbol{mv})_{1-2}$，经 Δt 时间后，该段液体移动到 $1'$、$2'$ 截面间，此时液体的动量为 $(\boldsymbol{mv})_{1'-2'}$。在 Δt 时间内液体动量的变化为

$$\Delta(\boldsymbol{mv}) = (\boldsymbol{mv})_{1'-2'} - (\boldsymbol{mv})_{1-2} \tag{2-34}$$

由于液体作定常流动，因此截面 $1'$-2 间液体的动量没有发生变化，式(2-34)可改写为

$$\Delta(\boldsymbol{mv}) = (\boldsymbol{mv})_{2-2'} - (\boldsymbol{mv})_{1-1'} = \beta_1 \rho Q \Delta t v_2 - \beta_2 \rho Q \Delta t v_1$$

于是有

$$\sum \boldsymbol{F} = \frac{\mathrm{d}(\boldsymbol{mv})}{\mathrm{d}t} = \rho Q (\beta_2 \boldsymbol{v}_2 - \beta_1 \boldsymbol{v}_1) \tag{2-35}$$

式中　Q——流量；

β_1, β_2——修正以平均流速代替实际流速计算动量带来的误差而引入的因数，称为动量修正因数。

动量修正因数与液体在管路中的流动状态（层流或湍流）有关，液体在圆筒中层流时 $\beta=4/3$，湍流时 $\beta=1$，实际计算时常取 $\beta=1$。

式(2-35)为液体作定常流动时的动量定理，它表明作用在液体控制体积上的全部外力之和 $\sum F$ 等于单位时间内流出控制表面与流入控制表面的液体的动量之差。应当强调的是，动量方程为矢量表达式，在计算时可根据具体要求向指定方向投影，求得该方向的分量。根据作用力与反作用力大小相等、方向相反，可利用动量方程计算流动液体对固体壁面的作用力。

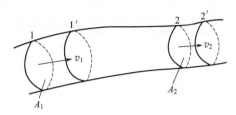

图 2-8　动量方程推导用图

(2) 动量矩定理　根据叶轮对液体流束段加入或取出的单位重量流量的外部功率 H_t，可以推理出叶轮对液体施加的外力矩 M_{wy} 与流束段上物理量之间的关系，这对液力传动来说是非常重要的。

图 2-6 上的叶轮中液体是作离心流动的，总的流量是 Q，那么 n 个叶片组成的几个叶片流道的各自流量为 Q/n。每个流道中的流束段都是缓变流，可以采用伯努利方程，所以每个流束段上的外部功率为 $\gamma(Q/n)H_t$。其中 $\gamma(Q/n)$ 是每个流束段上的重量流量。由此可知，n 个流束段的总的外部功率为 $n[\gamma(Q/n)H_t]=\gamma Q H_t$。

而叶轮对液体做的功的功率又可用 $M_{wy}\omega$ 计算，故

$$M_{wy}\omega = \gamma Q H_t = \gamma Q \frac{\omega}{g}(r_2 v_{u2} - r_1 v_{u1}) \tag{2-36}$$

将上式消去 ω，可得

$$M_{wy} = \frac{\gamma Q}{g}(r_2 v_{u2} - r_1 v_{u1}) \tag{2-37}$$

此式表明，叶轮对液体的作用力矩 M_{wy}，引起流束段的两端通流截面 1 和 2 上的速度矩产生差别。此式是在 ω 和 Q 不随时间 t 变化，即定常条件下得出的，称为定常动量矩定理。

液体对叶轮的反作用力矩 M_{yw} 与 M_{wy} 的关系为

$$M_{wy} = -M_{yw} \tag{2-38}$$

将式(2-37)与式(2-38)比较，可知

$$-M_{yw} = \frac{\gamma Q}{g}(r_2 v_{u2} - r_1 v_{u1}) \tag{2-39}$$

当叶轮不旋转时，$\omega=0$，$H_t=0$，叶轮不对液体做功，但式(2-39)说明 M_{yw} 仍可能存在。只有在 $Q=0$ 或 $r_2 v_{u2}=r_1 v_{u1}$ 时，才出现 $M_{yw}=0$。

M_{yw} 可称为液动力矩。

当叶轮角速度 ω 和流量 Q 随时间 t 变化时，即出现非定常情况，动量矩定理为

$$M_{wy} = \frac{\gamma Q}{g}(r_2 v_{u2} - r_1 v_{u1}) + \rho \int_r \frac{\partial (r v_u)}{\partial t} dV \tag{2-40}$$

式(2-40)等号右面第二项的物理意义是，流束段的每一个微元体积上的液体都产生

时变加速度矩。由于 r 是坐标点的矢径，不随时间变化，故 $\partial(rv_u)/\partial t = r\partial v_u/\partial t$，则

$$M_{wy} = \frac{\gamma Q}{g}(r_2 v_{u2} - r_1 v_{u1}) + \rho \int_r r \frac{\partial(v_u)}{\partial t} dV \tag{2-41}$$

这时，液动力矩 M_{yw} 由两部分组成，即

$$-M_{ywe} = \frac{\gamma Q}{g}(r_2 v_{u2} - r_1 v_{u1}) \tag{2-42}$$

$$-M_{ywt} = \rho \int_r r \frac{\partial(v_u)}{\partial t} dV \tag{2-43}$$

式中　M_{ywe}——稳态液动力矩；

M_{ywt}——瞬态液动力矩。

【例 2-1】图 2-9 所示滑阀，当有流量为 Q 的液体通过阀腔时，试求液体对阀芯的轴向作用力。

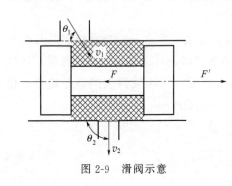

图 2-9　滑阀示意

解：取阀芯两凸肩之间的液体为控制体，设阀芯作用于控制体上的力为 F，液体以速度 v_1 流入阀口，以速度 v_2 流出，当液体作恒定流动时，对控制体内的液体列出沿阀芯轴向的动量方程，即

$$F = \rho Q(\beta_2 v_2 \cos\theta_2 - \beta_1 v_1 \cos\theta_1)$$

$$\theta_2 = 90° \Rightarrow F = -\rho Q \beta_1 v_1 \cos\theta_1$$

液体对阀芯的作用力为

$$F' = -F = \rho Q \beta_1 v_1 \cos\theta_1$$

方向向右。

2.2　液体流动中的压力损失

2.2.1　液体的流动状态

19 世纪末，雷诺首先通过实验观察了管内水的流动情况，发现了液体有两种流动状态：层流和湍流。图 2-10(a) 所示为雷诺实验装置示意，容器 6 和 3 分别装满了水和密度与水相同的黑色液体，容器 6 中的液面由阀 2 及壁 1 维持恒定。阀 8 用以调节玻璃管 7 中水的流速。当开启阀 8 后，水从管 7 中流出，这时打开阀 4，黑色液体也从小管 5 中流出；观察玻璃管 7 中水和黑色液体的情况，就可以判断液体的流动状态。当流速较低时，黑色液体的流动是一条与管轴线平行的黑色细直线[图 2-10(b)]，若将小管 5 的出口上下移动，则可见黑色细线也上下移动，这种流动状态称为层流。在层流运动中，液体质点互不干扰。当流速增至某一值时（称为上临界速度），黑线开始弯折[图 2-10(c)]，表示层流开始被破坏。继续增大流速，黑线上下波动并出现断裂[图 2-10(d)]，表示流体运动已趋于紊乱。若流速再增大，黑线消失[图 2-10(e)]，这说明管中液体质点运动已杂乱无章，这种流动称为湍流。由层流过渡到湍流的中间状态[图 2-10(d)]叫做变流，变流是一种不稳定的流态，一般按湍流处理。如果把阀 8 逐渐关小，液体将由湍流经变流在某

一速度值（称为下临界速度）转变为层流。

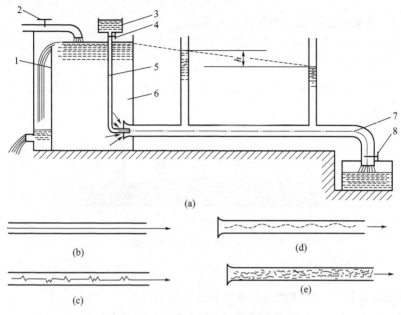

图 2-10　液体的流态及其实验装置
1—壁；2,4,8—阀；3,6—容器；5,7—管

层流与湍流是两种不同性质的流动状态。层流时黏性力起主导作用，液体质点受黏性的约束，不能随意运动；湍流时惯性力起主导作用，液体质点在高速流动时，黏性不再能约束它。液体流动时究竟是层流还是湍流，需用雷诺数来判别。

根据实验，层流还是湍流，不仅与管内液体平均流速有关，还与管子直径和液体黏度有关。可以用雷诺数 Re 作为判别流动状态的准则。

$$Re=\frac{vd}{v} \tag{2-44}$$

式中　v——管中液体的平均流速，cm/s；
　　　v——液体的运动黏度，cm^2/s；
　　　d——液流的水力直径，对圆管即为管径，cm。

雷诺数为无量纲量。实验指出，对光滑圆管，当 $Re<2320$ 时为层流运动，$Re>2320$ 时为湍流运动。

对于非圆形截面，则

$$d=\frac{4F}{\chi} \tag{2-45}$$

式中　F——通流截面积；
　　　χ——湿周长度。

雷诺数的物理意义：液体流动时的惯性力和黏性力的比值。雷诺数大，表明这时的流动以惯性力为主，其流动状态为湍流；雷诺数小，表明这时的流动以黏性力为主，其流动状态为层流。

2.2.2 压力损失

2.2.2.1 圆管中层流运动的沿程压力损失

在液压系统中常见的圆管中流动是定常匀速流动，管道每一截面上其速度分布保持不变。通过下面的实验来讨论一下沿程压力损失。

如图 2-11 所示，当有流量为 Q 的液体通过管道时，5 个采样管的液面逐步递减，原因如下。

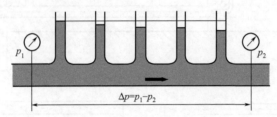

图 2-11 压力损失实验示意

压力损失（摩擦损失）的大小，主要决定于管道的长度、管道的横截面积、管壁的粗糙度、管道的弯折数目、液体流动的速度和液体的黏度。

在管流中，取轴心与管轴重合的微小圆柱体，如图 2-12 所示，圆柱长为 l，半径为 r。由于是匀速层流运动，故流速 v 仅是 r 的函数，且和轴线保持平行，压力 p 仅是 x 的函数。此时作用在这一小圆柱体的力有两端的压力、圆柱侧面的剪切应力（由于流动与 z 轴对称，故均布于侧面）以及重力。在 x 方向的力的平衡方程式为

$$(p_1 - p_2)\pi r^2 - 2\pi r l \tau = 0$$

式中　τ——圆柱体侧表面上的剪切应力。

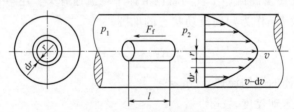

图 2-12 管中层流运动

由牛顿假设得

$$\tau = -\mu \frac{dv}{dr}$$

式中，负号是由于 dv/dr 为负值，μ 为黏度系数。

积分后得

$$v = -\frac{p_1 - p_2}{4\mu l}r^2 + C$$

边界条件 $r=R$，$v=0$，则得

$$C = -\frac{p_1 - p_2}{4\mu l}R^2$$

代入上式得

$$v = \frac{p_1 - p_2}{4\mu l}(R^2 - r^2) = \frac{\Delta p}{4\mu l}(R^2 - r^2) \tag{2-46}$$

式(2-46)表明在圆管中层流运动时,速度按对称管轴的抛物线规律分布。当 $r=0$ 时,则得最大速度为 $v_{\max} = \frac{\Delta p}{4\mu l}R^2$。由液流连续性方程得

$$v = \frac{1}{F}\int_F v\,\mathrm{d}F = \frac{1}{\pi r_0^2}\int_0^R \frac{\Delta p}{4\mu l}(R^2 - r^2)2\pi r\,\mathrm{d}r = \frac{\Delta p R^2}{8\mu l} = \frac{v_{\max}}{2} \tag{2-47}$$

由式(2-47)可知,最大流速 $v_{\max}$ 是平均流速 v 的 2 倍。

通流截面的流量为

$$Q = vF = v\pi R^2 = \frac{\pi \Delta p R^4}{8\mu l} = \frac{\pi d^4 \Delta p}{128\mu l} \tag{2-48}$$

式中 d——圆管直径。

式(2-48)为圆管层流运动的流量公式。利用此式计算时各量的单位必须一致。

由平均流速表达式(2-48)可得

$$\Delta p = \frac{8\mu v l}{R^2} = \frac{32\mu l v}{d^2} \tag{2-49}$$

由式(2-49)可以看出,沿程压力损失与平均流速成正比。式(2-49)经适当变换后,可改写为

$$\Delta p = \frac{64}{Re}\gamma \frac{lv^2}{d \times 2g} = \lambda \gamma \frac{lv^2}{d \times 2g} \tag{2-50}$$

式中,$\lambda = 64/Re$ 称为层流沿程阻力系数,γ 为液体重度。

对于油 $$\lambda = \frac{75}{Re}$$

对于水 $$\lambda = \frac{64}{Re}$$

式(2-50)为层流运动时的沿程压力损失计算公式。

2.2.2.2 圆管中湍流运动的沿程压力损失

湍流时,液体质点除作轴向流动外,还有横向运动,引起了质点之间的碰撞,并形成了旋涡,因此液体作湍流运动的能量损失比层流时大得多。湍流运动时,液体的运动参数(压力 p 和流速 v)随时间而变化,是一种非定常流动。通过实验观察可以发现,其运动参数总是在某一平均值上下脉动。若用此平均值来研究湍流,则仍可简化为定常流动来处理。由于湍流运动结构的复杂性,迄今为止对它的规律仍未完全弄清楚。因此,这里对湍流流动的机理不作探求,而仅向读者介绍一些供计算湍流沿程压力损失用的公式。

在湍流运动时,由于质点相互碰撞混杂的结果,使液体在通流截面上的流速分布趋向均匀化(图2-13),这也就是动能修正系数在湍流时可以近似取作1的原因。然而由于液体与管壁的黏附作用,在管壁上的液体的速度仍然为零,然后流速以很大的梯度 $\mathrm{d}v/\mathrm{d}r$ 增加,因此形成在近壁处为极薄的层流层,称作近壁层流层。其厚度 δ 与雷诺数有关,可

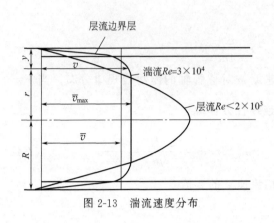

图2-13 湍流速度分布

以近似地用下式计算，即

$$\delta = 30\frac{d}{Re\sqrt{\lambda}}$$

上式说明，雷诺数越大，湍动越剧烈，质点间相互混杂能力越强，则近壁层的层流层越薄，通流截面上的流速分布越趋于均匀化。

当 $\delta < \Delta$（管子内表面的绝对粗糙度）时，称为水力光滑管，当 $\delta \geq \Delta$ 时，称为水力粗糙管。

湍流时，压力损失计算公式与层流具有相同的形式，即

$$\Delta p = \lambda \gamma \frac{l}{d} \times \frac{v^2}{2g} \tag{2-51}$$

式中，λ 为湍流沿程阻力系数，可用下列经验公式确定。

当 $3\times 10^3 < Re \leq 10^5$ 时 $\lambda = 0.3164 Re^{-\frac{1}{4}}$

当 $10^5 < Re \leq 3\times 10^6$ 时 $\lambda = 0.0032 + \dfrac{0.221}{Re^{0.237}}$

当 $Re > 3\times 10^6$ 时 $\lambda = \left(2\lg\dfrac{d}{2\Delta} + 1.74\right)^{-2}$

或 $\lambda = \dfrac{0.312}{d^{0.266}}\left(1 + \dfrac{0.684}{v}\right)^{0.226}$

另外，λ 还与管子内表面的绝对粗糙度 Δ 有关，绝对粗糙度与材料有关。绝对粗糙度在一般计算时也可以参考下列数值：铸铁管 0.25mm；钢管 0.04mm；铜管 0.0015～0.01mm；铝管 0.0015～0.06mm；橡胶管 0.03mm。

由此，λ 可以根据雷诺数 Re 和相对粗糙度 Δ/d 从图2-14查出。

2.2.2.3 局部压力损失

沿程压力损失，只适用于圆形直管。在实际的液压系统中，其管道往往是一段一段的直管，通过一定方式连接起来，使管道的尺寸和走向按需要安排。此外为了控制、测量和其他需要，还要在管道上安装控制阀和其他元件。这样除了在各直管段产生的沿程损失外，液体流过各个接头、阀门等局部障碍时会产生撞击、旋涡等现象，而产生一定的能量损失，称为局部损失。由于在这些局部障碍处流动复杂，影响因素较多，因此除少数能在理论上作一定分析外，一般都依靠实验求得局部压力损失的系数。

如图2-15所示，在扩散管处由于管道扩散，通流截面积增大，则由连续性方程可知，其流速降低。又根据伯努利方程，流速降低必然会使该处压力升高。这时管流中心处由于液流速度较大，所以惯性力能克服这一正的压力梯度而继续向前流去；但近壁处的液流，则无法克服这一正的压力梯度而停滞，甚至倒流。这时发生了边界层分离脱流，产生了旋涡，增加了能量损失。

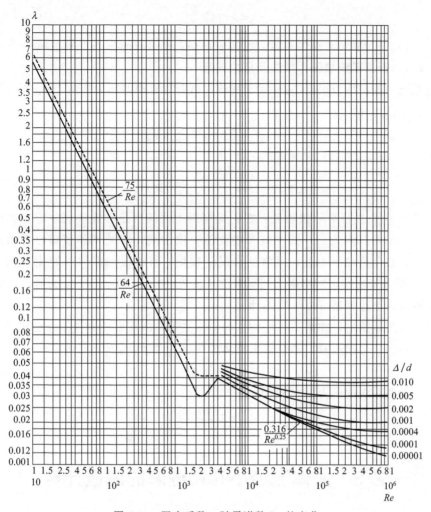

图 2-14　阻力系数 λ 随雷诺数 Re 的变化

如图 2-16 所示，液流中部的流速较高，弯管处由于惯性作用，将挤开近壁部分的液体，产生了二次流动，造成能量损失。

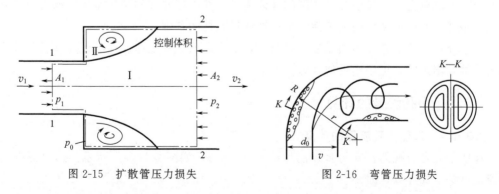

图 2-15　扩散管压力损失　　　　图 2-16　弯管压力损失

局部压力损失的计算公式为

$$\Delta p = \zeta \gamma \frac{v^2}{2g} \tag{2-52}$$

式中 ζ——局部压力损失系数,由实验求得,也可查阅有关手册得到。

2.2.2.4 管路系统总压力损失及压力效率

管路系统中的总压力损失 $\Delta p_{总}$ 等于系统中所有直管中的压力损失 $\Delta p_{直}$ 与所有局部压力损失 $\Delta p_{局}$ 的和,即

$$\Delta p_{总} = \sum \Delta p_{直} + \sum \Delta p_{局} \tag{2-53}$$

将式(2-51)、式(2-52)代入式(2-53)得

$$\Delta p_{总} = \sum \lambda \gamma \frac{l}{d} \times \frac{v^2}{2g} + \sum \zeta \gamma \frac{v^2}{2g} \tag{2-54}$$

利用式(2-54)进行简单相加只有在各局部阻力之间有足够距离时才是正确的。因为当液流经过一个局部阻力后,要在直管中流经一段距离,液流才能稳定,否则液流不稳定,又经过第二个局部阻力处,就将使情况复杂化,有时阻力系数可能比正常情况要大 2~3 倍。一般希望在两个局部阻力间直管的长度 $l > (10 \sim 20) d_0$,d_0 为管子内径。一般对长管计算时,上述因素可以忽略不计。

在设计液压系统时,如果工作机构(如液压缸等)所需要的有效工作油压力为 p,则考虑到系统中的压力损失时,油泵输出流体的调整压力 $p_{调}$ 为

$$p_{调} = p + \Delta p_{总}$$

因此,管路系统的压力效率 η_p 为

$$\eta_p = \frac{p}{p_{调}} = \frac{p_{调} - \Delta p_{总}}{p_{调}} = 1 - \frac{\Delta p_{总}}{p_{调}} \tag{2-55}$$

2.3 液体流经小孔和缝隙的流量计算

液体流经小孔或缝隙时,流量受到了限制,所以称为节流。在液压传动中,系统压力和流量的控制都是利用节流的方法。例如,节流阀通过调节节流孔开口的大小控制流量,溢流阀通过控制溢流口的大小,保持系统压力的稳定等。随动系统的运动也建立在用缝隙控制流量的基础上。节流小孔和缝隙的液体流动,在液压元件和液压系统中起着很重要的作用,是计算元件或系统的灵敏性、平稳性和精确性的基础。

这里介绍一些经常应用的流量计算公式,是根据伯努利定律、连续性原理及其他水力学公式推导出来的,可用作近似计算。

2.3.1 小孔流量的计算

2.3.1.1 薄壁小孔流量的计算

薄壁小孔是指孔的长度与直径的比值 $l/d \leqslant 0.5$,如图 2-17(a) 所示。通过薄壁小孔的流量可按下式计算,即

$$Q = C_a A \sqrt{\frac{2g}{\gamma}(p_1 - p_2)} = C_a A \sqrt{\frac{2g}{\gamma} \Delta p} \tag{2-56}$$

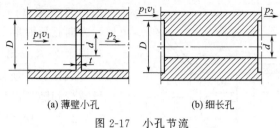

(a) 薄壁小孔　　　　　(b) 细长孔

图 2-17　小孔节流

式中　C_a——流量系数，薄壁小孔计算中，当 $D/d \geqslant 7$ 时取 $C_a = 0.6 \sim 0.62$，当 $D/d < 7$ 时 $C_a = 0.7 \sim 0.8$；

　　　A——薄壁小孔的截面积；

　　　g——重力加速度；

　　　γ——液体重度；

　　　p_1——小孔前腔压力；

　　　p_2——小孔后腔压力；

　　　Δp——小孔前后腔压力差。

假设 C_a、g、γ 为常量，从式(2-56) 中可以看出，对薄壁小孔流量影响最大的因素是小孔截面积 A。因为流量与压力差 Δp 的平方根成正比，所以压力差的影响次之。另外，薄壁小孔摩擦阻力作用很小，所以流量基本不受黏度的影响，因而受温度变化的影响也很小。

2.3.1.2　细长小孔流量的计算

细长小孔是指长度远大于直径的小孔，如图 2-17(b) 所示，一般 $l > 4d$。流经细长小孔的流量可按下式计算，即

$$Q = \frac{\pi d^4 \Delta p}{128 \mu l} \tag{2-57}$$

由式(2-57) 可以看出，细长小孔的前后压力差 Δp 与流量成正比，因此它比薄壁小孔中压力差对流量的影响大。另外细长小孔流量还与液体的黏度 μ 成反比，所以受黏度和温度影响较大。

2.3.2　缝隙流量的计算

2.3.2.1　平面缝隙流量的计算

固定平面缝隙（图 2-18）流量的计算公式为

$$Q = \frac{b \delta^3 \Delta p}{12 \mu l} \tag{2-58}$$

式中　b——缝隙宽度；

　　　l——缝隙长度；

　　　δ——间隙量。

两个平面中一个平面固定，另一个平面运动，并且仍保持两平面构成的缝隙长度 l 时，其流量按下式计算，即

$$Q = \frac{b \delta^3 \Delta p}{12 \mu l} \pm \frac{v b \delta}{2} \tag{2-59}$$

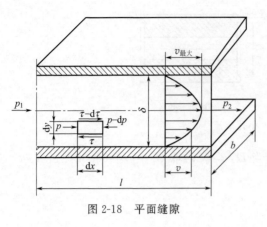

图 2-18　平面缝隙

当平面运动方向与液流方向一致时取正号，方向相反时取负号。

从以上公式看出，流量与平面间隙量的三次方成正比，所以在要求密封的场合，应尽量减少间隙量以便减少压力油的泄漏。

2.3.2.2　同心环缝隙流量的计算

环形缝隙展开以后，相当于平面缝隙，只是用 πd 代替 b，所以固定环形缝隙（图 2-19）的流量计算公式为

$$Q=\frac{\pi d\delta^3 \Delta p}{12\mu l}$$

环形缝隙的一个表面运动并仍保持原缝隙长度 l 时，流量公式为

$$Q=\frac{\pi d\delta^3 \Delta p}{12\mu l}\pm\frac{v\pi d\delta}{2} \tag{2-60}$$

当运动表面的运动方向与液流方向一致时取正号，方向相反时取负号。

2.3.2.3　偏心环缝隙流量的计算

在实际工作中，环形缝隙往往不能处于同心位置，而是具有一定的偏心量，形成偏心的环形缝隙（图 2-20）。在其他条件相同的情况下，偏心环缝隙的流量比同心环缝隙的流量大，其计算公式为

$$Q=\frac{\pi d\delta^3 \Delta p}{12\mu l}(1+1.5\varepsilon^2) \tag{2-61}$$

式中　d——内环直径；

　　　ε——相对偏心率，$\varepsilon=\dfrac{e}{\delta}$；

　　　e——偏心量；

　　　δ——间隙量，$\delta=R-r$；

　　　R——外环半径；

　　　r——内环半径。

其他符号同前。

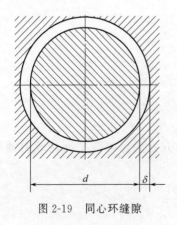

图 2-19　同心环缝隙

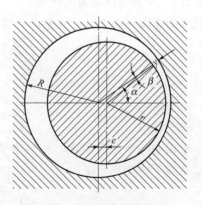

图 2-20　偏心环缝隙

式(2-61)中,如果 $e=0$,则 $\varepsilon=0$,此时与固定环形缝隙的计算公式相同。如果偏心量最大,即 $e=\delta$ 时,$\varepsilon=1$,则式(2-61)可写为

$$Q = \frac{2.5\pi d\delta^3 \Delta p}{12\mu l} \tag{2-62}$$

可知,环形缝隙最大偏心时的流量为同心时的 2.5 倍。

【例2-2】如图2-21所示柱塞受 $F=100\mathrm{N}$ 的固定力作用而下落,缸中油液经缝隙泄出。设缝隙厚度 $h=0.05\mathrm{mm}$,缝隙长度 $l=70\mathrm{mm}$,柱塞直径 $d=20\mathrm{mm}$,油的黏度 $\mu=50\times10^{-3}\mathrm{Pa\cdot s}$。试计算:

① 当柱塞和缸孔同心时,下落 0.1m 所需时间是多少?

② 当柱塞和缸孔完全偏心时,下落 0.1m 所需时间又是多少?

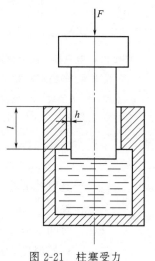

图 2-21 柱塞受力

解: ① 同心环缝隙

$$q = \frac{\pi d h^3}{12\mu l}\Delta p - \frac{\pi d h}{2}u_0$$

$$\Delta p = p = \frac{F}{\pi d^2/4} = \frac{4F}{\pi d^2}$$

又

$$q = \frac{\pi d^2}{4}u_0$$

上述各式整理得

$$u_0 = \frac{4Fh^3}{3\pi\mu l d^2(d+2h)} = \frac{4\times100\times(0.05\times10^{-3})^3}{3\pi\times50\times10^{-3}\times0.07\times0.02^2\times(20+2\times0.05)\times10^{-3}}$$

$$= \frac{1}{3\pi\times7\times4\times20.1} = 1.89\times10^{-4}\mathrm{m/s}$$

$$t = \frac{s}{u_0} = \frac{0.1}{1.89\times10^{-4}} = 529.10\mathrm{s} = 8.82\mathrm{min}$$

② 偏心环缝隙 当柱塞和缸孔完全偏心时 $\varepsilon=1$。

$$q = 2.5\times\left(\frac{\pi d h^3}{12\mu l}\Delta p - \frac{\pi d h}{2}u_0\right)$$

$$u_0 = 2.5\times\frac{4Fh^3}{3\pi\mu l d^2(d+2h)} = 2.5\times1.89\times10^{-4} = 4.73\times10^{-4}\mathrm{m/s}$$

$$t = \frac{s}{u_0} = \frac{0.1}{4.73\times10^{-4}} = 211.42\mathrm{s} = 3.52\mathrm{min}$$

2.4 气动元件的通流能力及气罐的充放气

2.4.1 气动元件的通流能力

在工程技术中,由于气路情况较为复杂,不易从理论上进行准确计算,常常借助于实

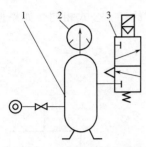

图 2-22 电磁换向阀有效截面积 A_s 的测定装置

1—容器；2—压力表；3—被测阀

验的方法来确定气路系统的通流能力和通流特性。气动元件、管路的通流特性可用有效截面积 A_s 和临界压力比 b 表示。

气动元件的有效截面积 A_s 多通过声速放气方法实验确定。图 2-22 所示为电磁换向阀有效截面积 A_s 的测定装置。将被测阀直接接在初始压力为 p_1（0.5MPa 表压力）、初始温度为 T_1、容积为 V 的容器上，接通被试元件放气，待容器中的压力降到规定值（0.2MPa）时，关闭阀口记录从接通到关闭的时间 t 及容器内压力稳定后的残余压力 p_2，并由式(2-63)计算有效截面积。

$$A_s = 12.9 \frac{V}{t} \lg \frac{p_1 + 0.1013}{p_2 + 0.1013} \sqrt{\frac{273}{T_1}} \tag{2-63}$$

式中　A_s——有效截面积，mm^2；

　　　V——容积，L；

　　　t——时间，s；

　　　T_1——初始温度，K；

　　　p_1——初始压力，MPa；

　　　p_2——残余压力（表压力），MPa。

气动元件的临界压力比 b 通常用定常流法测定（GB/T 14513）。

2.4.2 气罐的充放气

在气动系统中向气罐充气或由其放气所需的时间及温度变化，是正确利用气动技术的重要问题。因此，掌握气罐充气和放气温度、时间等参数的变化规律具有一定的实际意义。

2.4.2.1 定积容器充气后的温度及充气时间

如图 2-23(a) 所示，由恒压气源向定积容器充气。设恒压气源空气温度为 T_s，充气时，气罐内压力从 p_1 升到 p_2，由于充气过程较快，可按等熵过程考虑，罐内温度从室温 T_1 升高到 T_2，则充气后的温度为

$$T_2 = \frac{kT_s}{1 + \frac{p_1}{p_2}\left(k\frac{T_s}{T_1} - 1\right)} \tag{2-64}$$

式中　k——等熵指数。

各温度单位为 K。

如果充气前气源与充气的气罐均为室温，即 $T_s = T_1$，则得

$$T_z = \frac{kT_1}{1 + \frac{p_1}{p_2}(k-1)} \tag{2-65}$$

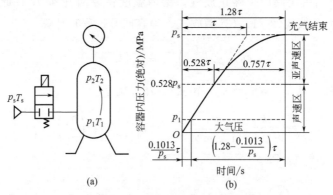

图 2-23 气罐充气及压力变化曲线

在充气过程中，罐内压力逐渐上升，但只要罐内压力不大于 $0.528p_s$，则充气气流流速为声速，气体流量也保持常数，其充气压力随时间呈线性变化；当罐内压力大于临界压力后，则充气压力随时间呈非线性变化，如图 2-23(b) 所示。

当 $p \leqslant 0.528p_s$ 时，充气时间 $t = t_1$。

$$t_1 = (p - p_1)\frac{\tau}{p_s} \tag{2-66}$$

式中　p_1——气罐内初始绝对压力，Pa；

p_s——气源绝对压力，Pa；

τ——充放气时间常数，s，它表示以声速流速向容器 V 充气（或放气），使其从绝对真空充气到压力 p_s（或从压力 p_s 放气到绝对真空）所需要的时间。

$$\tau = 5.22\frac{V}{kA_s}\sqrt{\frac{273}{T_s}} \tag{2-67}$$

式中　V——气罐容积，L；

A_s——充气通道有效截面积，mm^2。

当 $p > 0.528p_s$ 时，充气时间 $t = t_{10} + t_2$。其中 t_{10} 是从初始值 p_1 充到 $p = 0.528p_s$ 的时间，t_2 则是从临界值充到当前值 p 的时间。

$$t_{10} = \left(0.528 - \frac{p_1}{p_s}\right)\tau \tag{2-68}$$

$$t_2 = (1 - 0.528\tau)\left[\arcsin\left(\frac{p/p_s - 0.528}{1 - 0.528}\right)\right] \tag{2-69}$$

2.4.2.2　定积容器放气后的温度及放气时间

如图 2-24(a) 所示，气罐内空气的初始温度为 T_1、压力为 p_1，经快速等熵放气后，其温度下降到 T_2，压力下降到 p_2，则放气后的温度为

$$T_2 = T_1\left(\frac{p_2}{p_1}\right)^{\frac{k-1}{k}} \tag{2-70}$$

式(2-70) 说明，在放气过程中，气罐里的温度 T_2 随压力而下降，放气时罐内的温度可能降得很低。

若放气到 p_1 后关闭阀门，停止放气，罐内温度将要回升到 T_1，此时罐内压力也上升到 p，p 值的大小按式(2-71)（等熵放气、等容回升过程）计算。

$$p = p_2 \left(\frac{T_1}{T_2}\right)^{\frac{k}{k-1}} = p_2 \left(\frac{p_1}{p_2}\right)^{\frac{1}{k}} \tag{2-71}$$

气罐放气时间（从 $p_1 \to p_2 = p_s$）由式(2-72)确定。

$$t = \left\{ \frac{2k}{k-1} \left[\left(\frac{p_1}{1.898 p_s}\right)^{\frac{k-1}{2k}} - 1 \right] + 0.945 \left(\frac{p_1}{p_2}\right)^{\frac{k-1}{2k}} \right\} \tau \tag{2-72}$$

式中 p_s——大气压力，Pa。

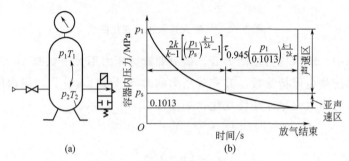

图 2-24 气罐放气及压力变化曲线

气罐放气时的压力-时间特性曲线如图 2-24(b) 所示。当罐内压力 $p > 1.893 p_s$ 时，放气气流速度为声速，但由于罐内压力、温度的变化，该声速也随之变化，所以放气流量也是一个变量，其曲线为非线性变化。当罐内压力 $p < 1.893 p_s$ 后，放气流动属于亚声速流动，由于气体流速、流量的减小，其曲线按非线性变化。

2.5 液压冲击与空穴现象

2.5.1 液压冲击

在液压系统中，由于某种原因引起油液的压力瞬间急剧上升，形成了一个油压的峰值，称为液压冲击。

2.5.1.1 产生液压冲击的原因和冲击的影响

液体在导管内以速度 v_1 运动时，因瞬间通路截断，液体流速由 v_1 迅速降为零值，因而它的动能转为液体挤压能，使液体的压力升高而形成一个峰值，引起了冲击，之后这种液压能量迅速传递到后面的各层液体，形成了压力波，同时各层的压力波又反过来传到最前面的液体层，压力波在管道内来回传播振荡，这种压力波也称冲击波。液压冲击与冲击波在充满液体的导管内的传播速度有关。

在液压系统中，高速运动的工作部件的惯性力也可以引起系统中的压力冲击。例如，在工作部件要换向或制动时，常在液压缸排出的排油管路中用一个控制阀关闭油路，这时油液不能再从液压缸中继续排出，但运动部件由于惯性作用仍在向前运动，经过一段时间后运动才能完全停止，这也会引起液压缸和管路中的油压急剧升高而产生液压冲击。

由于液压系统中某些元件反应动作不够灵敏，也可能造成液压冲击。例如，当液压系统中压力升高时，溢流阀不能及时打开而造成压力的超调量；或限压式自动调节的变量油泵，当油压升高时不能及时减少输油量而造成液压冲击等。

在液压系统中产生液压冲击时，瞬时的压力峰值有时比正常压力要大好几倍，这样容易引起系统振动。此外，从液压系统中的静压力来看，液压冲击的峰值虽比破坏压力要小很多，但有时足以使密封装置、管路或其他液压元件损坏。

在系统中产生液压冲击时，由于压力升高，往往可使某些工作元件（如阀、压力继电器等）产生误动作，并可能因此而使设备损坏。

2.5.1.2 冲击波在导管中的传播速度

如果导管接近于绝对刚体，冲击波在导管中的传播速度就相当于在液体介质中的声速 a_0，可以用式(2-73)表示。

$$a_0 = \sqrt{\frac{k}{\rho}} \tag{2-73}$$

式中　k——液体的体积弹性模量；

　　　ρ——液体的密度。

但是，导管实际上是有弹性的，所以在式(2-73)中的 k 应以整个系统的弹性模量 $k_\text{系}$ 来代替。因为

$$\frac{1}{k_\text{系}} = \frac{1}{k} + \frac{d}{E\delta} \tag{2-74}$$

式中　d——导管内径；

　　　E——导管材料的弹性模量；

　　　δ——导管壁厚。

从式(2-74)可以求得

$$k_\text{系} = \frac{k}{1 + \frac{kd}{E\delta}} \tag{2-75}$$

因此，当考虑导管的弹性时，冲击波在导管中的传播速度 a 为

$$a = \sqrt{\frac{k_\text{系}}{\rho}} \tag{2-76}$$

将式(2-75)代入式(2-76)可得

$$a = \frac{a_0}{\sqrt{1 + \frac{kd}{E\delta}}} \tag{2-77}$$

在液压系统常用的矿物油中，声速的平均数值可取为 $a_0 = 1.32 \times 10^5 \text{cm/s}$，式(2-77)可写为

$$a = \frac{1.32 \times 10^5}{\sqrt{1 + \frac{kd}{E\delta}}} \tag{2-78}$$

2.5.1.3 液流通道迅速关闭时所产生的液压冲击

液流通道迅速关闭时，液体流速突然降为零，此时最前面的液体层停止运动，将动能转化为液体的挤压能，形成压力冲击，并且迅速传递到后面的各层液体，后面各层压力又反过来传到最前面的液体层，形成冲击波。

通道迅速关闭而产生的液压冲击有两种情况，即完全冲击和非完全冲击。

假设通道关闭的时间为 t，冲击波从起始点开始再反射回起始点的时间为 T，那么，$t < T$ 时为完全冲击，此时，液流动能全部转为液压能；$t > T$ 时为非完全冲击，此时，只有部分液流动能转为液压能。T 由式(2-79)求出。

$$T = \frac{2l}{a} \tag{2-79}$$

式中　l——冲击波传播距离；
　　　a——冲击波传播速度。

对完全冲击，导管内液体压力升高值为

$$\Delta p = a\rho \Delta v$$

式中　ρ——液体的密度；
　　　Δv——液流速度变化值。

液流通道全部关闭时，$\Delta v = v_1$；液流通道部分关闭时，$\Delta v = v_1 - v_2$。v_1、v_2 分别为液流速度发生变化前后的流速。

对非完全冲击，导管内液体压力升高值为

$$\Delta p = a\rho \Delta v \frac{T}{t} \tag{2-80}$$

可以看出，为了减少或避免因通道迅速关闭而引起的液压冲击，可采取以下措施。

① 延长通道关闭时间 t，如用先导阀减缓换向阀的换向速度。

② 降低通道关闭前的液流速度变化 Δv，如在滑阀端部开缓冲槽等。

③ 缩短冲击波传播反射的时间 T，如缩短导管长度 l，或在距通道关闭部位较近的位置设置蓄能器。

④ 降低冲击波传播速度 a，如采用较大的导管直径 d，采用弹性模量 E 较大的导管材料，如橡胶管等。

2.5.1.4 运动部件制动时所产生的液压冲击

在液压系统中，当在液压缸的排油管路中减小通流截面或关闭排油通路以使高速运动部件制动时，由于运动部件的惯性作用，也会引起液压冲击。

在设计液压系统时，如果已拟定了运动部件制动（或使运动速度减慢 Δv）所需要的时间 Δt，根据动量平衡式 $P\Delta t = \sum m \Delta v$ 可以求得系统中产生的冲击压力 Δp 为

$$\Delta p = \frac{P}{f} = \frac{\sum m \Delta v}{f \Delta t} \tag{2-81}$$

式中　　m——被制动的运动部件的质量或换算质量（运动流体的质量较小，可以忽略不计）；

　　　　Δv——运动部件速度的减小值；

　　　　f——液压缸的有效工作面积；

　　　　Δt——运动部件制动或速度减慢 Δv 所需的时间。

从式（2-81）可以看出，要减小由于运动部件制动时所产生的冲击压力 Δp，可采取如下措施。

① 使运动部件速度的变化比较均匀，这可以用正确设计换向阀的阀口形式来达到。

② 在允许延长制动时间时，可以增大 Δt 以减小冲击压力 Δp。

③ 当换向阀移动到中间位置时，可以使液压缸两腔和进回油路瞬时互通，这样也能减小液压冲击。

2.5.2　空穴现象与危害

在液流中，如果某一点的压力低于当时温度下液体的饱和蒸气压时，液体就开始沸腾，原来溶于液体中的空气游离出来，形成气泡。这些气泡混杂在液体中，产生了气穴，使原来充满在管路或元件中的液体成为不连续状态，这种现象一般称为空穴现象。

在液压系统的管路或元件的通道中，如有一些特别狭窄的地方，当液流经过这些地方时速度会迅速上升，以致液体压力降得很低，这时就可能产生空穴现象。

在油泵吸油管路中，要特别注意这一问题。如果吸油管路的直径较小，吸油面过低，或吸油管路中的其他阻力较大，以致吸油管路中压力过低，或者油泵转速过高，在油泵吸油管路中油液不能充满全部空间，便会产生空穴现象。

如果液流中产生了空穴现象，当液体中的气泡随着液流运动到压力较高的区域，气泡在周围压力油的冲击下迅速破裂，形成的空间被周围液体迅速填充。由于这一过程发生在瞬间，所以引起了局部液压冲击。在气泡破裂处，压力、温度均急剧升高，并引起强烈的噪声和油管振动。

在气泡凝聚的地方附近，因长期承受液压冲击和高温作用，同时从液体中游离出来的空气中含有氧气，这种氧气具有强烈的酸化作用，因此，零件表面即产生腐蚀，这种因空穴现象而产生的零件腐蚀，一般称为汽蚀。

当油泵发生空穴现象时，除产生噪声、振动外，由于气泡占据了一定空间，破坏了液体的连续性，降低了吸油管路的通过能力，而影响到液压泵的流量，在油管中，就会造成流量和油压波动。油泵零件承受冲击载荷也会降低液压泵的工作寿命。

为了防止空穴现象的发生，对于液压泵来讲，要正确设计液压泵的结构参数和管路，特别是吸油管路应有足够的直径，在管路中尽量避免有狭窄处或急剧转弯处，以保证在吸油管路中各处的压力都不低于液体的饱和蒸气压。为了增加吸油管路中的油压，有的高压泵采用由低压泵供油的方法。

为了提高零件的抗汽蚀能力，可增加零件的机械强度，采用耐腐蚀能力强的金属材料并降低零件表面的粗糙度数值。在常用的材料中，铸铁的抗汽蚀能力较差，青铜较好。

2.6 流体传动介质

2.6.1 流体传动介质的物理性质

从分子物理学的观点来看，流体是由许多不断作不规则运动的分子所组成的；分子间存在着间隙，因此它们是不连续的。但从工程技术的观点来看，分子间的间隙极其微小，完全可以把流体看作是由无限多个微小质点所组成的连续介质，把流体的状态参数（密度、速度和压力等）看作是空间坐标内的连续函数。

2.6.1.1 密度和重度

流体中某点处微小质量 Δm 与其体积 ΔV 之比的极限值，称为该点的密度。

$$\rho = \lim_{\Delta V \to 0} \frac{\Delta m}{\Delta V} = \frac{\mathrm{d}m}{\mathrm{d}V} \tag{2-82}$$

流体中某点处微小重力 ΔF_G 与其体积 ΔV 之比的极限值，称为该点的重度。

$$\gamma = \lim_{\Delta V \to 0} \frac{\Delta F_G}{\Delta V} = \frac{\mathrm{d}F_G}{\mathrm{d}V} \tag{2-83}$$

对于均质流体来讲，它的密度和重度分别为

$$\rho = \frac{m}{V}; \qquad \gamma = \frac{F_G}{V}$$

式中　m——流体的质量；
　　　F_G——流体的重力；
　　　V——流体的体积。

流体的密度单位使用 $\mathrm{kg/m^3}$，重度单位使用 $\mathrm{N/m^3}$。由于 $F_G = mg$，所以流体的密度和重度之间的关系为

$$\gamma = \rho g \tag{2-84}$$

重力加速度 g 的值在 SI 制中常取 $9.81\mathrm{m/s^2}$。

液体的密度和重度随压力和温度而变化，在一般情况下，可视为常数。液压传动系统的常用介质为矿物油，在一般使用温度与压力范围内，其密度 $\rho \approx 900\mathrm{kg/m^3}$，重度 $\gamma \approx 8800\mathrm{N/m^3}$。

空气的密度和重度与温度和压力有关，根据单位体积气体的状态方程可得

$$\gamma = \gamma_0 \frac{T_0}{T} \times \frac{p}{p_0}$$

在 $T = 273\mathrm{K}$，$p_0 = 1.013 \times 10^5 \mathrm{Pa}$ 的基准状态下干空气的重度 $\gamma_0 = 12.68\mathrm{N/m^3}$，则空气在不同温度和压力时的重度为

$$\gamma = 12.68 \times \frac{273}{273 + t} \times \frac{p}{1.013 \times 10^5} (\mathrm{N/m^3})$$

式中　p——空气的绝对压力，Pa；
　　　t——空气的温度，℃。

2.6.1.2 流体的可压缩性

当流体受到压力时,分子间距离缩短,密度增加,体积缩小,这种性质就称为流体的可压缩性。

流体压缩程度的大小,一般用压缩系数 β_V 来表示,即

$$\beta_V = -\frac{1}{\Delta p} \times \frac{\Delta V}{V_0} \tag{2-85}$$

式中 β_V——体积压缩系数;
Δp——压力变化值;
ΔV——流体被压缩后体积的变化值;
V_0——流体被压缩前的体积。

体积压缩系数 β_V 的倒数,称为体积弹性模量,用 κ 表示。由于压力增加时,流体体积减小,为了使 β_V 和 κ 为正值,式中加了一个负号。

液压油在 35MPa 以下的压力范围,每升高 7MPa,体积仅缩小 0.5%,因此在一般情况下这种体积变化可以忽略不计,但是在研究液压传动的动特性、计算液流冲击力、抗振稳定性、工作的过渡过程以及远距离操纵的液压机构时,必须考虑它的可压缩性。在这些情况下,液体的可压缩性是有害的性质。例如,在精度要求很高的随动系统中,液体的压缩性会影响其运动精度,在超高压系统液体加压压缩时吸收了能量,当换向时能量突然释放出来,会产生液压冲击,引起剧烈的振动和噪声等。

液体的可压缩性也有它有利的一面。例如液压机中,可以利用液体的可压缩性储存压力能,实现停机保压。

液压油的体积弹性模量为 $1.4 \times 10^9 \sim 2.0 \times 10^9$ Pa,而钢的弹性模量为 2.06×10^{11} Pa,可见液压油的可压缩性比钢要大 100~150 倍。

液压油的体积弹性模量与压缩过程、温度、压力等因素有关。等温压缩下的 κ 值不同于绝热压缩下的 κ 值,由于差别较小,工程技术上使用时可忽略其差别。温度升高时,κ 值减小,在液压油正常工作的温度范围内,κ 值会有 5%~25% 的变化。压力加大时,κ 值加大,其变化不呈线性关系,且当 $p \geqslant 3$MPa 时,κ 值基本上不再加大。

当气体压力变化时,可能产生温度变化,所以只有知道变化过程,才能确定 β_V 和 κ。

2.6.1.3 黏度

流体在外力的作用下发生流动时,由于流体分子与固体壁面之间的附着力和分子之间的内聚力的作用,会导致流体分子间产生相对运动,从而在流体中产生内摩擦力,称流体在流动时产生内摩擦的特性为黏性。所以只有在流动时,流体才有黏性,而静止流体则不显示黏性。黏性的大小可用黏度来衡量。黏度是选用流体的主要指标,它对流体流动的特性有很大影响。

(1) 黏度的定义及其物理意义 如图 2-25 所示,设两平行平板之间充满流体,上平板以速度 v 向右运动,而下平板则固定不动时,紧贴在上平板的流体黏附于平板上,以相同的速度随平板向右移

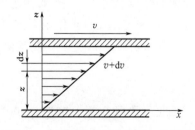

图 2-25 黏性流体速度梯度与角变形

动，紧贴在下平板的流体则黏附于下平板而保持静止。中间流体的速度如图2-25所示呈线性分布，可将这种流动看作许多薄流层的运动。由于各层的流动速度不同，流动快的流层会拖动流动慢的流层，而流动慢的流层又会阻滞流动快的流层。这种流层之间的相互作用力称为内摩擦力。内摩擦力的大小不仅与流体的黏性有关，也与流层间的相对运动速度有关。若两平板之间距离为 z，平板面积为 A，下平板上所受到的流体的剪切力为 F，牛顿曾假设下列关系式成立，即

$$\frac{F}{A} = \mu \frac{v}{z} \tag{2-86}$$

式中，μ 是由流体性质决定的系数（常数），称为黏性系数。实验证明这一假定，对水、油、空气等流体近似成立。将 μ 为常数的流体称为牛顿流体，反之则称为非牛顿流体。

进一步分析牛顿假设的关系式可以看出，等式的左边即为单位面积上所受的剪切应力 τ，等式右边的 v/z 表示垂直于速度方向上单位距离的速度的平均变化率。当 z 很小时它就是垂直于速度方向上的速度梯度 $\mathrm{d}v/\mathrm{d}z$，写成一般式为

$$\tau = \mu \frac{\mathrm{d}v}{\mathrm{d}z} \tag{2-87}$$

（2）黏度的单位

① 动力黏度 μ　又称绝对黏度（黏性系数），它由式（2-87）导出 $\mu = \tau \mathrm{d}z/\mathrm{d}v$，它表示当速度梯度为1时单位面积上的摩擦力，单位为 $Pa \cdot s$ 或 $N \cdot s/m^2$。在工程单位制中用 P（泊）表示，$1P = 0.1 Pa \cdot s$，泊的 $1/100$ 称厘泊（cP）。

② 运动黏度 v　为动力黏度与密度之比，即

$$v = \frac{\mu}{\rho} \tag{2-88}$$

v 的单位为 cm^2/s，在工程单位制中，v 的单位是 m^2/s，$1 m^2/s = 10^4 St$（斯托克斯）（即 $10^6 cSt$）。

运动黏度 v 没有明确的物理意义，只是在理论分析和计算时，黏度常以 μ/ρ 形式出现。为便于计算，引入 v 这一概念，在 v 的量纲中只有运动学要素——时间和长度，故称为运动黏度。

③ 相对黏度（恩氏黏度 $°E$）　动力黏度与运动黏度难以直接测量，一般仅用于理论分析和计算。实际应用中，常用黏度计在规定的条件下直接测量流体的黏度。按照测量仪器条件的不同有各种相对黏度单位。但基本原理是相同的，都是以相对于水的黏度大小来度量流体的黏度大小。我国采用恩氏黏度计来测定流体的黏度。在某一特定温度时，$200 cm^3$ 被测流体在自重作用下流过 $\phi 2.8 mm$ 的小孔所需时间 t_1 与 $20℃$ 时同体积蒸馏水流过小孔所需时间 t_2 之比，为被测流体的恩氏黏度，即

$$°E_1 = \frac{t_1}{t_2}$$

工业上常用 $20℃$、$50℃$、$100℃$ 作为恩氏黏度测定的标准温度，分别以 $°E_{20}$、$°E_{50}$、$°E_{100}$ 来表示。

°E 与 υ 之间换算关系式为

$$\upsilon = 7.31\,°E - \frac{6.31}{°E} \tag{2-89}$$

（3）黏度和压力的关系　在一般情况下，压力对黏度的影响较小，对大多数液体，随着压力增加，其分子之间距离缩小，内聚力增大，黏度也随着增大。在实际工程中，压力小于 5MPa 时，一般均不考虑压力对黏度的影响。在压力较高时，需要考虑压力对黏度的影响，它们之间为指数关系为

$$\upsilon_p = \upsilon_0 e^{bp} \approx \upsilon_0 (1 + bp) \tag{2-90}$$

式中　υ_0——压力为一个大气压时的运动黏度；

b——指数，一般为 $0.002 \sim 0.003 \mathrm{cm^3/kgf}$；

υ_p——压力为 p 时的运动黏度；

p——油压，$\mathrm{kgf/cm^2}$。

（4）黏度与温度的关系　温度对流体黏度的影响较大。随着温度的增加，流体的黏度下降。流体黏度与温度之间的关系称为流体的黏温特性。不同的油有不同的黏温特性。在 30～150℃ 范围内，对运动黏度 $\upsilon < 76\mathrm{cSt}$ 的矿物油，其黏度与温度的关系可表示为

$$\upsilon_t = \upsilon_{50} \left(\frac{50}{t}\right)^n \tag{2-91}$$

式中　υ_t——t 温度时油的运动黏度；

υ_{50}——50℃时油的运动黏度；

n——指数，见表 2-2。

t 温度时的黏度，除用上述计算方法求得外，对国产油还可按其牌号，从图 2-26 所示的黏温图中查得。因黏度的变化直接影响液压系统的泄漏、速度稳定性、效率等性能，选用液压油时要特别注意其黏温特性。

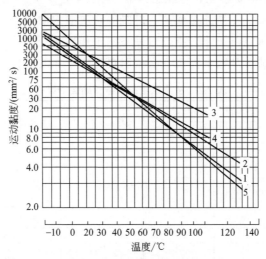

图 2-26　工作介质黏温图

1—普通矿物油；2—高黏度指数矿物油；3—水包油型乳化剂；
4—水-乙二醇型乳化剂；5—磷酸酯型乳化剂

表 2-2 指数 n 值

$v_{50}/(mm^2/s)$	2.5	6.5	9.5	21	30	38	45	52	60	68	76
n	1.39	1.59	1.72	1.99	2.13	2.24	2.32	2.42	2.49	2.52	2.56

2.6.2 液压传动介质的选用

由于石油基液体（矿物油）润滑性好、腐蚀性小、黏度较高、化学稳定性好，故在液压传动中广泛采用。特殊情况下，可以采用专用液压油，如稠化液压油，可用于建筑机械、工程机械、起重机械等液压系统。

液压工作介质的主要质量指标见表 2-3。

表 2-3 液压工作介质的主要质量指标

性能 \ 种类	可燃性液压油			抗燃性液压油			
	石油型			合成型		乳化型	
	通用液压油	抗磨液压油	低温液压油	磷酸酯液	水-乙二醇液	油包水液	水包油液
	L-HL	L-HM	L-HV	L-HFDR	L-HFC	L-HFB	L-HFA
密度/(kg/m³)	850~900			1100~1500	1040~1100	920~940	1000
黏度	小~大					小	小
黏度指数 VI(不小于)	90	95	130	130~180	140~170	130~150	极高
润滑性	优			良			可
防腐蚀性	优			良			可
闪点/℃(不低于)	170~200	170	150~170	难燃			不燃
凝点/℃(不高于)	-10	-25	-35~-50	-20~-50	-50	-25	-5

选择液压油时，除按泵、阀样本的规定外，一般可按表 2-4 选用液压油。

在使用中，为防止油质恶化，应注意如下事项。

① 保持液压系统清洁，防止金属屑、纤维等杂质混入油中。

② 防止油液中混入空气、水。空气可使系统工作性能变差，水可使油液乳化。

③ 定期检查油液质量和液面高度，必要时更换或添加油液。

表 2-4 按油泵类型推荐用油运动黏度

名称	运动黏度/(mm²/s)		工作压力/MPa	工作温度/℃	推荐用油
	允许	最佳			
叶片泵(1200r/min) 叶片泵(1800r/min)	16~220 20~220	26~54 25~54	7	5~40	L-HH32,L-HH46
				40~80	L-HH46,L-HH68
			>14	5~40	L-HL32,L-HL46
				40~80	L-HL46,L-HL68
齿轮泵	4~220	25~54	<12.5	5~40	L-HL32,L-HL46
				40~80	L-HL46,L-HL68
			10~20	5~40	
				40~80	L-HM46,L-HM68

续表

名称	运动黏度/(mm²/s)		工作压力/MPa	工作温度/℃	推荐用油
	允许	最佳			
齿轮泵	4～220	25～54	16～32	5～40	L-HM32,L-HM68
				40～80	L-HM46,L-HM68
径向柱塞泵	10～65	16～48	14～35	5～40	L-HM32,L-HM46
				40～80	L-HM46,L-HM68
轴向柱塞泵	4～76	16～47	>35	5～40	L-HM32,L-HM68
				40～80	L-HM68,L-HM100
螺杆泵	19～49		>10.5	5～40	L-HL32,L-HL46
				40～80	L-HL46,L-HL68

2.6.3 空气的组成和干、湿空气

空气是多种气体的混合物。它的恒定组成部分为氧气、氮气及氩气和氖气等稀有气体，可变组成部分为二氧化碳和水蒸气，其在空气中的含量随地理位置和温度不同在很小的范围内变动，至于空气中的不定组成部分，则随不同地区变化而有不同。

在常温空气中含有一定量的水蒸气。含有水蒸气的空气称为湿空气，不含水蒸气的空气称为干空气。空气中的水蒸气会使气动元件腐蚀生锈，在一定压力和温度下水蒸气会凝成水滴，使小孔及细管堵塞。因此空气中的水分对气动控制系统的稳定性和寿命有很大影响。所以，为保证气动系统正常工作，常采用一些措施防止水蒸气被带入系统。

当温度下降时，空气中的水蒸气含量减少，因此降低进入气动设备的空气温度，对减少水蒸气含量是有利的。

2.6.4 气压传动中的压缩空气、自由空气流量及析水量

2.6.4.1 压缩空气与自由空气流量

在气压系统中采用的压缩空气是经空气压缩机压缩后获得的，经压缩机压缩后的空气称为压缩空气，未经压缩的空气称为自由空气。

空气压缩机铭牌上标明的流量是指自由空气的流量，它与压缩空气流量之间的关系为

$$Q_Z = Q_V \frac{(p+0.1013)}{0.1013} \times \frac{T_0}{T_s} \tag{2-92}$$

式中 Q_Z,Q_V——自由空气和压缩空气的体积流量，m^3/min；

p——压缩空气的表压力，MPa；

T_0,T_s——气源吸入端、供气端的热力学温度，K。

2.6.4.2 析水量

湿空气被压缩后，单位体积中所含水蒸气的量增加，同时湿度上升。当压缩空气冷却时，其相对湿度增加，当温度降到露点后，便有水滴析出。压缩空气中析出的水量计算式为

$$Q_{ms} = 60\left[\varphi\chi_{1b} - \frac{(p_1-\varphi p_{b1})T_2}{(p_2-p_{b2})T_1}\chi_{2b}\right] \tag{2-93}$$

式中 Q_{ms}——每小时的析水量，kg/h；

φ——空气没有经压缩时的相对湿度；

χ_{1b},χ_{2b}——温度为 T_1、T_2 时饱和体积时的湿度，kg/m³；

T_1——压缩前空气的温度，K；

p_1——压缩前空气的压力（绝对），MPa；

T_2——压缩后空气的温度，K；

p_2——压缩后空气的压力（绝对），MPa；

p_{b1},p_{b2}——温度 T_1、T_2 时饱和湿空气中水蒸气的分压力（绝对），MPa。

习 题

2-1 填空题

（1）液体在管道中存在两种流动状态，（　　）时黏性力起主导作用，（　　）时惯性力起主导作用，液体的流动状态可用（　　）来判断。

（2）在研究流动液体时，把假设既（　　）又（　　）的液体称为理想流体。

（3）由于流体具有（　　），液流在管道中流动需要损耗一部分能量，它由（　　）损失和（　　）损失两部分组成。

（4）液流流经薄壁小孔的流量与（　　）的一次方成正比，与（　　）的1/2次方成正比。通过小孔的流量对（　　）不敏感，因此薄壁小孔常用作节流阀。

（5）通过固定平行平板缝隙的流量与（　　）一次方成正比，与（　　）的三次方成正比，这说明液压元件内的（　　）的大小对其泄漏量的影响非常大。

2-2 选择题

（1）在同一管道中，分别用 $Re_{湍流}$、$Re_{临界}$、$Re_{层流}$ 表示湍流、临界、层流时的雷诺数，那么三者的关系是（　　）。

A. $Re_{湍流} < Re_{临界} < Re_{层流}$　　　　　　B. $Re_{湍流} = Re_{临界} = Re_{层流}$

C. $Re_{湍流} > Re_{临界} > Re_{层流}$　　　　　　D. $Re_{临界} < Re_{层流} < Re_{湍流}$

（2）压力对黏度的影响是（　　）。

A. 没有影响　　　　　　　　　　　　　B. 影响不大

C. 压力升高，黏度降低　　　　　　　　D. 压力升高，黏度显著升高

（3）流量连续性方程是（　　）在流体力学中的表达形式，而伯努利方程是（　　）在流体力学中的表达形式。

A. 能量守恒定律　　　　　　　　　　　B. 动量定理

C. 质量守恒定律　　　　　　　　　　　D. 其他

（4）如果液体流动是连续的，那么在液体通过任一截面时，以下说法正确的是（　　）。

A. 没有空隙　　　　　　　　　　　　　B. 没有泄漏

C. 流量是相等的　　　　　　　　　　　D. 上述说法都是正确的

(5) 通过管内不同截面的液流速度与其横截面积的大小（　　）。
A. 成正比　　　　　　　　　　　B. 成反比
C. 无关

(6) 沿程压力损失中，管路长度越长，压力损失越大；油管内径越大，压力损失（　　）。
A. 越大　　　　　　　　　　　　B. 越小
C. 没变　　　　　　　　　　　　D. 都不对

(7) 黏度指数高的油，表示该油（　　）。
A. 黏度较大　　　　　　　　　　B. 黏度因压力变化而改变较大
C. 黏度因温度变化而改变较小　　D. 黏度因温度变化而改变较大

2-3　简答题

(1) 简述伯努利方程的物理意义。
(2) 什么是层流？什么是湍流？
(3) 运动部件制动时产生的液压冲击如何消除？
(4) 什么是穴现象？

2-4　判断题

(1)（　）根据液体的连续性方程，液体流经同一管内的不同截面时，流经较大截面时流速较快。
(2)（　）液压传动系统中，压力的大小取决于油液流量的大小。
(3)（　）温度对油液黏度影响是：当油液温度升高时，其黏度随着升高。
(4)（　）液体静压力沿内法线方向作用于承压面；静止液体内任意点的压力在各个方向上相等。
(5)（　）管路系统总的压力损失等于沿程压力损失与局部压力损失之和。

2-5　计算题

(1) 如题图 2-1 所示，一管道输送 $\rho=900\mathrm{kg/m^3}$ 的液体，$h=10\mathrm{m}$。测得压力如下：① $p_1=0.45\mathrm{MPa}$，$p_2=0.4\mathrm{MPa}$；② $p_1=0.45\mathrm{MPa}$，$p_2=0.25\mathrm{MPa}$。试确定液流方向。

(2) 如题图 2-2 所示，有一个力 $F=3000\mathrm{N}$ 作用在直径 $D=50\mathrm{mm}$ 的液压缸活塞上，该力使油液从液压缸缸底壁面上的锐缘孔口流出，孔口直径 $d=20\mathrm{mm}$，忽略活塞的摩擦，求作用在液压缸底壁面的力。设孔口的流量系数 $C_a=0.63$，油液密度 $\rho=900\mathrm{kg/m^3}$。

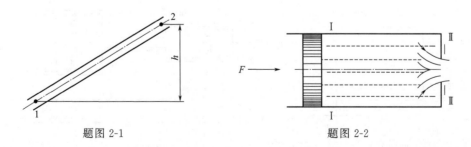

题图 2-1　　　　　　　　　　　题图 2-2

(3) 某流量 $Q=16\mathrm{L/min}$ 的油泵安装在油面以下，如题图 2-3 所示，设所用油液 $\rho=917\mathrm{kg/m^3}$，黏度 $\upsilon=11\mathrm{cSt}$，管径 $d=18\mathrm{mm}$。如不考虑油泵的泄漏，且认为油面能相对保

持不变（即油箱容积相对较大），试求不计局部损失时油泵入口处的绝对压力。

(4) 试用连续性方程和伯努利方程分析题图 2-4 所示的变截面水平管道各截面上的压力。设管道通流截面积 $A_1 > A_2 > A_3$。

(5) 试将下列各参数的单位换算成法定计量单位。

① 将流量 $Q = 100$ L/min 换算成以 m^3/s 为单位的数值。

② 将排量 $q = 25$ mL/r 换算成以 m^3/r 为单位的数值。

③ 将压力 $p = 250$ kgf/cm^2 换算成以 MPa 为单位的数值。

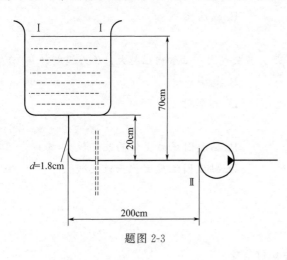

题图 2-3

④ 将压力 $p = 0.3$ kgf/cm^2 换算成以 Pa 为单位的数值。

⑤ 将功率 $N = 10200$ kgf·m/s 换算成以 kW 为单位的数值。

⑥ 将力矩 $M = 20$ kgf·m 换算成以 N·m 为单位的数值。

⑦ 将力 $F = 2000$ kgf 换算成以 N 为单位的数值。

⑧ 将运动黏度 $\upsilon = 20$ cSt 换算成以 m^2/s 为单位的数值。

(6) 题图 2-5 所示的液压传动系统模型，流量 $Q_B = 0.5 \times 10^{-3}$ m^3/s，$p_{B2} = 20 \times 10^6$ Pa。液体经过一根 $l = 2$m，$d = 0.016$m 的管道后，压入液压缸。管道的 $\lambda = 0.05$。管道进口处 $\xi_1 = 0.4$，管道出口处 $\xi_2 = 0.9$。$\gamma_g = 9 \times 10^3$ N/m^3。泵活塞直径 $D = 0.05$m，液压缸活塞直径 $D = 0.1$m。

① 求液压缸压入压力 p_{Y1}；

② 求泵和液压缸活塞速度 v_B 和 v_Y；计算比值 v_Y/v_B，并说明其物理意义；

③ 不忽略 h_r，计算 F_{YY} 和 F_{BY}；计算比值 F_{YY}/F_{BY}，并说明其物理意义；

④ 忽略 h_r，计算 F_{YY}，并与上面不忽略 h_r 时计算出的 F_{YY} 相比，得出两者的相对计算误差（以%表示）。

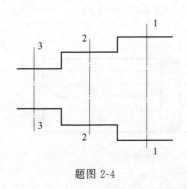

题图 2-4

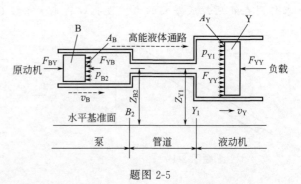

题图 2-5

第3章

液压、气压传动基本元件——泵和马达

液压与气动传动系统中所采用的能源装置主要是泵和空气压缩机，它们将原动机（电动机或内燃机）输出的机械能转换为可以控制和调节的工作流体压力能，泵和空气压缩机是一种能量转换装置，工作原理相同，但工作介质不同。马达是一种将压力能转换成机械能的执行元件，其动力输出形式为连续旋转运动。泵和空气压缩机与马达的工作过程就原理而言是互逆的。

3.1 泵（空气压缩机）与马达的基本特性

3.1.1 泵（空气压缩机）与马达工作原理

泵（压缩机）是依靠密封容积变化的原理来进行工作的，故一般称为容积式泵（压缩机）。图3-1所示为阀配流活塞式泵（压缩机）的工作原理，柱塞2装在缸体3中形成一个密封容积a，柱塞在弹簧4的作用下始终压紧在偏心轮1上。原动机驱动偏心轮1旋转使柱塞2作往复运动，使密封容积a的大小发生周期性的交替变化。当a由小变大时就形成部分真空，经吸油（气）管顶开单向阀6吸入传动介质，实现吸油（气）；反之，当a由大变小时，a腔中吸满的传动介质将顶开单向阀5流入系统，实现压油（气）。这样泵（压缩机）就将原动机输入的机械能转换成流体的压力能，原动机驱动偏心轮不断旋转，泵（压缩机）就不断地吸油（气）和压油（气）。

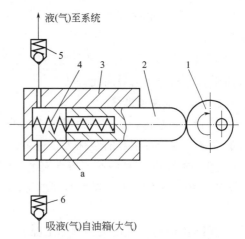

图3-1 阀配流活塞式泵（压缩机）工作原理
1—偏心轮；2—柱塞；3—缸体；4—弹簧；5,6—单向阀

3.1.2 阀配流活塞式泵（压缩机）的特点

具有若干个密封且又可以周期性变化的空间。泵（压缩机）输出流量与此空间的容积变化量和单位时间内的变化次数成正比，与其他因素无关。这是容积式泵（压缩机）的一

个重要特性。

具有相应的配流机构，将吸油（气）腔和排油（气）腔隔开，保证泵（压缩机）有规律地、连续地吸、排流体。泵（压缩机）的结构原理不同，其配油机构也不相同。

容积式泵（压缩机）中的工作腔处于吸油（气）时称为吸油（气）腔。对于泵吸油腔的压力决定于吸油高度和吸油管路的阻力，吸油高度过高或吸油管路阻力太大，会使吸油腔真空度过高而影响泵的自吸能力，压油腔的压力则取决于外负载和排油管路的压力损失，从理论上讲排油压力与泵的流量无关。

容积式泵（压缩机）的理论流量取决于泵（压缩机）的有关几何尺寸和转速，而与工作压力无关。但工作压力会影响泵（压缩机）的内泄漏和流体的压缩量，从而影响泵（压缩机）的实际输出流量，所以泵（压缩机）的实际输出流量随排油压力的升高而降低。

3.1.3 泵的分类

液压泵按其在单位时间内所能输出的油液的体积是否可调节而分为定量泵和变量泵两类；按结构形式可分为齿轮式、叶片式和柱塞式三大类。

气压传动中使用的往复式泵（即空气压缩机）多为活塞式或膜片式。

3.1.4 泵的主要性能参数

3.1.4.1 压力

① 工作压力　泵实际工作时的输出压力称为工作压力。工作压力的大小取决于外负载的大小和排油管路上的压力损失，而与泵的流量无关。

② 额定压力　泵在正常工作条件下，按试验标准规定连续运转的最高压力称为泵的额定压力。

③ 最高允许压力　在超过额定压力的条件下，根据试验标准规定，允许泵短暂运行的最高压力，称为泵的最高允许压力。

3.1.4.2 流量和排量

① 排量 q　泵每转一周，由其密封容积几何尺寸变化计算而得的排出液体的体积称为泵的排量。排量可调节的泵称为变量泵；排量为常数的泵则称为定量泵。

② 理论流量 Q_i　是指在不考虑泵的泄漏流量的情况下，在单位时间内所排出的液体体积的平均值。显然，如果泵的排量为 q，其主轴转速为 n，则该泵的理论流量 Q_i 为

$$Q_i = qn \tag{3-1}$$

③ 实际流量 Q　泵在某一具体工况下，单位时间内所排出的液体体积称为实际流量，它等于理论流量 Q_i 减去泄漏流量 ΔQ，即

$$Q = Q_i - \Delta Q \tag{3-2}$$

④ 额定流量 Q_n　泵在正常工作条件下，按试验标准规定（如在额定压力和额定转速下）必须保证的流量。

3.1.4.3 功率和效率

（1）泵的功率损失　有容积损失和机械损失两部分。

① 容积损失　是指泵流量上的损失，泵的实际输出流量总是小于其理论流量，其主

要原因是泵内部高压腔的泄漏、油液的压缩以及在吸油过程中由于吸油阻力太大、油液黏度大以及泵转速高等导致油液不能全部充满密封工作腔。泵的容积损失用容积效率表示,它等于泵的实际流量 Q 与理论流量 Q_i 之比,即

$$\eta = \frac{Q}{Q_i} = \frac{Q_i - \Delta Q}{Q_i} \tag{3-3}$$

因此泵的实际输出流量 Q 为

$$Q = Q_i \eta_v = qn\eta_v \tag{3-4}$$

式中 q——泵的排量,m^3/r;

  n——泵的转速,r/s;

  η_v——泵的容积效率。

泵的容积效率 η_v 随着泵工作压力的增大而减小,随泵的结构类型不同而异,且恒小于1。

② 机械损失 是指泵在转矩上的损失。泵的实际输入转矩 T_0 总是大于理论上所需要的转矩 T_i,其主要原因是由于泵体内相对运动部件之间因机械摩擦而引起的摩擦转矩损失以及因液体的黏性而引起的摩擦损失。泵的机械损失用机械效率表示,它等于泵的理论转矩 T_i 与实际输入转矩 T_0 之比,设转矩损失为 ΔT,则泵的机械效率为

$$\eta_m = \frac{T_i}{T_0} = \frac{1}{1 + \Delta T/T_i} \tag{3-5}$$

(2) 泵的功率

① 输入功率 P_i 泵的输入功率是指作用在泵主轴上的机械功率,当输入转矩为 T_0、角速度为 ω 时,有

$$P_i = T_0 \omega \tag{3-6}$$

② 输出功率 P 泵的输出功率是指泵在工作过程中的实际吸、压油口间的压力差 Δp 和输出流量 Q 的乘积,即

$$P = \Delta p Q \tag{3-7}$$

式中 Δp——泵吸、压油口之间的压力差,Pa;

  Q——泵的实际输出流量,m^3/s;

  P——泵的输出功率,W。

在实际的计算中,若油箱通大气,泵吸、压油的压力差往往用泵出口压力 p 代入。

(3) 泵的总效率 是指泵的实际输出功率与其输入功率的比值,即

$$\eta = \frac{P}{P_i} = \frac{\Delta p Q_i \eta_v}{T_i \omega / \eta_m} = \eta_v \eta_m \tag{3-8}$$

其中 $\Delta p Q_i / \omega$ 为理论输入转矩 T_i。

由式(3-8)可知,泵的总效率等于其容积效率与机械效率的乘积,所以泵的输入功率也可写为

$$P = \frac{\Delta p Q}{\eta} \tag{3-9}$$

泵的各个参数和压力之间的关系如图 3-2 所示。

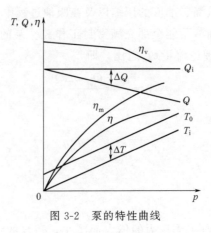

图 3-2 泵的特性曲线

3.2 齿轮泵

在各类容积式泵中,齿轮泵具有结构简单、重量轻、制造容易、成本低、工作可靠、维修方便等特点,因而广泛应用于中低压液压系统中。它的缺点是容积效率低,轴承载荷大,此外流量脉动、压力脉动、噪声都较大。

3.2.1 外啮合齿轮泵

3.2.1.1 工作原理

如图 3-3 所示,齿轮泵的泵体内装有一对互相啮合的齿轮,在齿轮两侧端面有端盖,由于齿轮齿顶与泵体内孔表面间隙很小,齿轮齿侧面与端盖间隙也很小,因而在泵体、端盖和齿轮各齿之间形成了密封工作腔。当齿轮按图 3-3 所示方向旋转时,在啮合点右侧密封腔的轮齿逐渐退出啮合,使空间增大,形成部分真空,油箱中的油液在外界大气压力作用下被吸进来。齿轮泵的吸油腔吸入到齿间的油液在密封的工作空间中,随齿轮旋转被带到啮合点的左侧油腔,由于左侧的轮齿是逐渐进入啮合,使空间减小,所以齿间的油液被挤出,形成了泵的压油腔。油液从压油腔经管路被输送到系统中去。

3.2.1.2 结构

齿轮泵的结构如图 3-4 所示。齿轮 6、7 装在泵体 3 中,由传动轴 5 带动回转。滚针轴承 2 分别装在两侧端盖 1 和 4 中。小孔口为泄油孔,使泄漏出的油液经从动齿轮的中心小孔 c 流回吸油腔。在泵体 3 的两端各有卸荷槽 b,由侧面泄漏的油液经卸荷槽流回吸油腔,这样可以降低泵体与端盖接合面间

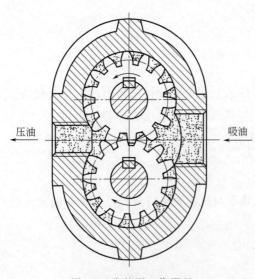

图 3-3 齿轮泵工作原理

泄漏油的压力。

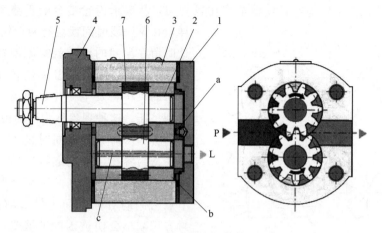

图 3-4 齿轮泵的结构

1,4—端盖；2—滑动轴承；3—泵体；5—传动轴；6—从动齿轮；7—主动齿轮

3.2.1.3 排量计算和流量脉动

齿轮泵的平均排量是两个齿轮齿槽容积的总和，并近似认为齿槽的容积等于轮齿的体积。因此每转的排量 q 为

$$q = 2\pi Dhb = 2\pi z m^2 b \tag{3-10}$$

式中　D——齿轮节圆直径；
　　　h——轮齿有效工作高度，这里 $h=m$；
　　　b——齿宽；
　　　z——齿数；
　　　m——齿轮模数。

考虑到齿槽容积比轮齿的体积稍大，用 6.66 代替 2π，得

$$q = 6.66 z m^2 b$$

若泵的转速为 n，容积效率为 η_v，则泵的输出流量为

$$Q = 6.66 z m^2 b n \eta_v \tag{3-11}$$

实际上，式(3-11) 表示的流量是齿轮泵的平均流量。由于齿轮在啮合过程中，位于不同啮合点处的工作空间容积变化率是不一样的，因此齿轮泵的瞬时流量是脉动的，其流量脉动率 σ 可用式(3-12) 表示。

$$\sigma = \frac{Q_{\max} - Q_{\min}}{Q_{\max}} \tag{3-12}$$

从上面公式可以看出流量和几个主要参数的关系。输油量与齿轮模数 m 的平方成正比。在泵的体积一定时，齿数少，模数就大，故输油量增加，但流量脉动大；齿数增加时，模数就小，输油量减少，流量脉动也小。低压齿轮泵取 $z=13\sim19$，而中高压齿轮泵取 $z=6\sim14$，齿数 $z<14$ 时，要进行修正。输油量和齿宽 b、转速 n 成正比，一般齿宽 $b=(6\sim10)m$，转速 n 为 750r/min、1000r/min、1500r/min，转速过高，会造成吸油不足，转速过低，泵也不能正常工作。一般齿轮的最大圆周速度不应大于 $5\sim6$m/s。

3.2.1.4 困油现象

齿轮泵要能连续供油，且使输油率比较均匀，就要求齿轮啮合的重叠系数 $\varepsilon \geqslant 1$，这样，在某一段时间就会有两对轮齿同时啮合，这时留在齿间的油液就被围困在两对轮齿所形成的封闭体内。随着齿轮转动，这一封闭容积的大小将发生变化，使困在里边的油液受到挤压，这种现象称为困油现象。如图 3-5(a) 所示，两对轮齿同时进入啮合，其间形成了密封容积，齿轮继续回转，这个密封容积就逐渐减小，直到两个啮合点 A、B 位于节点两侧的对称位置 [图 3.5(b)]。这个密封容积减小会使被困的油液受挤压，使压力急剧升高，油液将从各处的缝隙中强行挤出去，使齿轮和轴承受到很大的径向力。齿轮

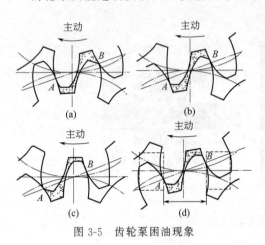

图 3-5　齿轮泵困油现象

继续回转，这个密封容积又逐渐增大，直到如图 3-5(c) 所示增至最大，由于密封容积的增大，就形成了部分真空，使混在油液中的空气分离出来，或者使油液汽化，产生空穴现象，使泵在工作时产生噪声，并影响泵的工作平稳性和寿命。

消除齿轮泵困油现象的方法，通常是在两侧端盖上开卸荷槽，如图 3-5(d) 中虚线所示。卸荷槽间的尺寸应保证困油空间在到达最小位置前与压油腔连通，过了最小位置后与吸油腔连通，处在最小位置时，既不与压油腔相通也不与吸油腔相通。

3.2.1.5 径向力平衡问题

齿轮泵轴承的磨损是影响泵的寿命的主要原因，因此对作用在轴承上的径向力的计算和平衡是设计齿轮泵必须注意的问题。齿轮泵在工作时，作用在齿轮外圆上的压力是不相等的。其中吸油腔一侧压力最低，一般低于大气压力。而在压油腔一侧的压力最高，等于系统的工作压力。由于齿顶与泵体内表面有径向间隙，压力油必然沿径向间隙自压油腔向吸油腔泄漏，并对齿轮产生逐步分级降低的径向压力作用。其压力分布情况如图 3-6 所示。它的合力 F 作用在齿轮轴上，使轴承受到一个径向不平衡力。泵的工作压力越高，这个不平衡力也越大，加剧了轴承的磨损。

为了解决径向力不平衡问题，有的泵在其侧盖或座圈上开有压力平衡槽，使作用的径向力相互平衡。

3.2.1.6 泄漏问题

齿轮泵由于泄漏大（主要是端面泄漏，约占总泄漏量的 70%～80%），且存在径向不平衡力，故压力不易提高。高压齿轮泵主要是针

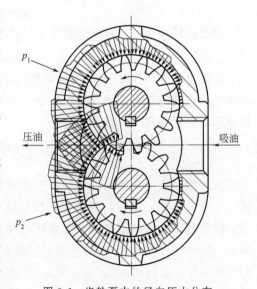

图 3-6　齿轮泵中的径向压力分布

对上述问题采取了一些措施,如尽量减小径向不平衡力和提高轴与轴承的刚度,对泄漏量最大处的端面间隙,采用了自动补偿装置等。下面对端面间隙的补偿装置作简单介绍。

① 浮动轴套式　图 3-7(a) 所示为浮动轴套式的间隙补偿装置。它将泵出口压力油引入齿轮轴上的浮动轴套 1 的外侧 A 腔,在液体压力作用下,使轴套紧贴齿轮 3 的侧面,因而可以消除间隙并可补偿齿轮侧面和轴套间的磨损量。在泵启动时,靠弹簧来产生预紧力,保证了轴向间隙的密封。

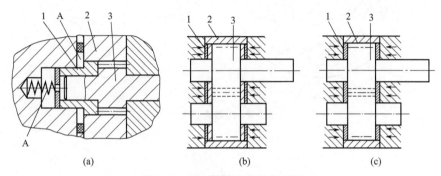

图 3-7　端面间隙补偿装置示意
1—浮动侧板（浮动轴套）；2—壳体；3—齿轮

② 浮动侧板式　这种补偿装置的工作原理与浮动轴套式基本相似,是将泵出口压力油引到浮动侧板 1 的背面 [图 3-7(b)],使之紧贴于齿轮 3 的端面来补偿间隙。启动时,浮动侧板靠密封圈来产生预紧力。

③ 挠性侧板式　图 3-7(c) 所示为挠性侧板式间隙补偿装置,它将泵出口压力油引到侧板的背面后,靠侧板自身的变形来补偿端面间隙,侧板的厚度较薄,内侧面要耐磨（如烧结 0.5～0.7mm 的磷青铜）,这种结构采取一定措施后,易使侧板外侧面的压力分布大体上和齿轮侧面的压力分布相适应。

3.2.2　内啮合齿轮泵

内啮合齿轮泵主要有渐开线齿轮泵和摆线齿轮泵两种类型。如图 3-8(a) 所示,小齿轮和大齿轮的齿形都是渐开线的,两齿轮几何中心、旋转中心都不重合,存在一个偏心距。当小齿轮按图示方向回转时,内齿圈（大齿轮）也以相同方向回转。在轮齿脱开啮合的地方齿间容积逐渐增大,形成真空,油液在大气压力作用下进入其间,这就是泵的吸油腔。在轮齿进入啮合的地方,齿间容积逐渐缩小,油液被强行挤出,形成压油腔。在吸油腔与压油腔之间,有块月牙板,将两工作腔隔开,吸油腔、压油腔通过侧板上的配油窗口与液压系统工作管路相通。这种泵具有结构紧凑、体积小、流量脉动也小等优点,特别是近年来在泵的结构上有新的突破,使其成为具有高性能的一种齿轮泵。

图 3-8(b) 所示为摆线齿形的内啮合齿轮泵（又称转子泵）。其工作原理如图 3-9 所示,它由一对内啮合的转子组成,内转子 1 为外齿轮,中心为 O_1,外转子 2 为内齿轮,中心为 O_2,O_1 和 O_2 间有偏心距 e。内转子比外转子少一个齿,在图 3-9 中内转子为 6 齿,外转子为 7 齿,也有内转子为 4 齿、8 齿或 10 齿的。

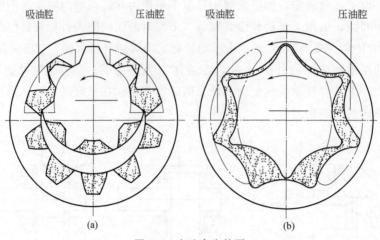

图 3-8 内啮合齿轮泵

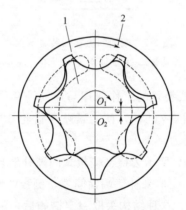

图 3-9 转子泵的工作原理
1—内转子；2—外转子

转子泵与外啮合齿轮泵相比，具有结构紧凑、体积小、零件少、单位体积排油量大、吸入特性好、运动平稳、噪声小、适用于高转速等优点。近年已被人们重视，并进入了系列化生产。这种泵的缺点是齿数少时，压力脉动大，同时在高压低速时容积效率低。目前多用于压力在 2.5MPa 以下的低压系统。

3.3 叶片泵

叶片泵具有结构紧凑、体积小、运转平稳、输油量均匀、噪声小、寿命长等优点，因此在中低压系统中应用非常广泛。随着结构、工艺材料的改进，叶片泵正在向中高压和高压方向发展。它的缺点是结构较复杂，吸油性能较差，对油液的污染也较敏感。

叶片泵主要分两大类，即单作用非卸荷式和双作用卸荷式。单作用式叶片泵由于可以通过改变定子与转子间的偏心距 e 调节泵的流量，所以一般多制成变量泵。双作用式叶片泵一般制成定量泵。

3.3.1 双作用式叶片泵

3.3.1.1 工作原理

双作用式叶片泵的工作原理如图 3-10 所示。它由配油盘、轴、转子、定子、叶片、壳体等零件组成。叶片泵的转子和定子中心重合，定子的内表面由两段长径 R、两段短径 r 的圆弧和四段过渡曲线组成。过渡曲线可以是阿基米德螺旋线，也可以是等加速曲线，目前多用后者。当转子旋转时，叶片在自身离心力和叶片根部压力油（当叶片泵压力建立之后）的作用下，贴紧定子内表面，并在转子槽内作往复运动。当叶片由小半径 r 处向大半径 R 处移动时，则两相邻叶片间的密封容积逐渐增大，形成局部真空而吸油。当叶片由大半径 R 处向小半径 r 处移动时，则两相邻叶片间的密封容积逐渐减小而压油。转子每转一转，泵的

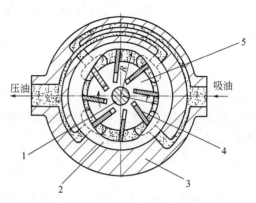

图 3-10 双作用式叶片泵的工作原理
1—泵轴；2—定子；3—壳体；4—叶片；5—转子

每个密封工作腔完成两次吸油和压油过程，所以称为双作用式。这种泵由于定子和转子同心且不可调节，所以多为定量泵。同时由于泵有两个吸油腔和压油腔，而且各自对称分布，所以作用在转子上的液压力是平衡的，因此又称为卸荷式叶片泵。

3.3.1.2 结构与特点

图 3-11 所示为一种双作用定量叶片泵典型结构。泵体分左、右两部分，在左泵体和右泵体内装有定子 5、转子 4、配油盘 2 和 7。转子 4 的槽里装有叶片 9。转子由泵轴 3 带动回转，泵轴由左、右泵体内的两个球轴承支承。

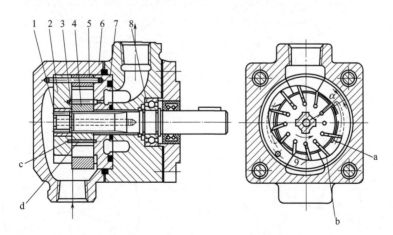

图 3-11 双作用定量叶片泵典型结构
1,8—球轴承；2—左配油盘；3—泵轴；4—转子；5—定子；6—后泵体；7—右配油盘；9—叶片

从图 3-11 可以看出，这种泵的定子、转子、叶片和左、右两个配油盘可先组成一个组件，然后一并装入泵体内。其优点是便于装配和维修，并在拆装过程中保持泵的工作性

能。另外由结构设计保证，右配油盘 7 压向定子的承压面积与推离定子的承压面积之比为 1.25∶1，因此当泵压建立起来之后，在液压力作用下将配油盘 7 压向定子侧面，压力越高，压紧力就越大，因此减少了配油盘端面处的泄漏，提高了容积效率。

为了保证叶片顶部和定子表面紧密接触，减少泄漏，在配油盘的端面上开有与压油腔相通的环槽 c，环槽 c 又与叶片槽底部 d 相通，这样叶片在其自身离心力和压力作用下，紧密地靠在定子的内表面上。

图 3-12(a) 所示为油盘结构，设计成对称形式也是从泵的正、反转需要考虑的。

双作用式叶片泵的定子曲线 [图 3-12(b)] 是由两段大圆弧、两段小圆弧、四段过渡曲线组成的。圆弧和过渡曲线的夹角分别为 β 和 α（图 3-13），两叶片之间的夹角为 $2\pi/Z$，其中，Z 为叶片数，配油盘上封油区的夹角为 ε（图 3-14），这时，想要做到既不泄漏串腔，又不造成困油，则应使

$$\beta \geqslant \varepsilon \geqslant \frac{2\pi}{Z} \tag{3-13}$$

过渡曲线是定子曲线设计中的主要问题。设计过渡曲线时应尽量满足以下条件。

① 叶片能靠在定子的内表面上而不发生脱空现象。
② 叶片在槽中径向移动的速度和加速度应均匀变化。
③ 叶片对定子内表面的冲击尽量小。

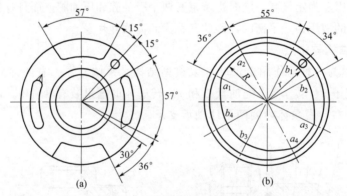

图 3-12 配油盘结构与定子曲线

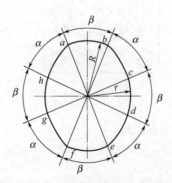

图 3-13 双作用叶片泵定子曲线简图

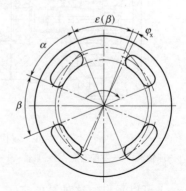

图 3-14 配油盘上的封油区

3.3.1.3 排量计算

双作用式叶片泵的排量计算可以采用环形体积的方法。如图3-15所示，当两相邻叶片从 a、b 转到 c、d 时，排出体积为 M 的油液，从 c、d 转到 e、f 时吸进了体积为 M 的油液，从 e、f 转到 g、h 时，又排出了体积为 M 的油液，从 g、h 转到 a、b 时，又吸进了体积为 M 的油液，这时转子转过一周，两叶片间吸油两次，排油两次，每次体积均为 M。若泵有 Z 个叶片，转子转过一周时，所有叶片间的排油量为 $2Z$ 个 M 体积，此值恰是环形体积的两倍，所以双作用式叶片泵每转的排量 q 为

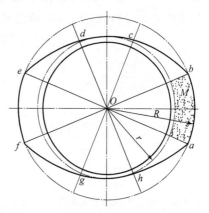

图3-15 双作用叶片泵平均流量计算

$$q = 2\pi(R^2 - r^2)B \tag{3-14}$$

式中 R——定子长半径；
r——定子短半径；
B——转子宽度。

双作用式叶片泵平均理论流量为

$$Q = 2\pi(R^2 - r^2)Bn \tag{3-15}$$

式中 n——转速。

式(3-15)没有考虑到叶片厚度对流量的影响。实际上，由于双作用式叶片泵在其叶片根部一般都通压力油，所以叶片根部小油室不参加泵的吸油和排油，因此叶片在转子槽道中伸缩，对泵的流量是有影响的，当考虑这部分影响时，还应从式(3-15)中把这部分排量损失去掉。设叶片厚度为 S、叶片的倾角为 θ，则转子每转由于叶片所占体积而造成的排量损失 q'' 为

$$q'' = \frac{2B(R-r)}{\cos\theta}SZ \tag{3-16}$$

因此计入叶片厚度的排量和实际输出流量分别为

$$q = 2B\left[\pi(R^2 - r^2) - \frac{R-r}{\cos\theta}SZ\right] \tag{3-17}$$

$$Q = 2B\left[\pi(R^2 - r^2) - \frac{R-r}{\cos\theta}SZ\right]n\eta_v \tag{3-18}$$

对于双作用式叶片泵，如不计叶片厚度的影响，则瞬时流量是均匀的。但是叶片是有厚度的，如果叶片缩回速度不均匀，或者处于压油区定子过渡曲线部分叶片数不能保持一定，则泵的瞬时流量就会出现脉动，即影响瞬时流量的均匀性，但比单作用式叶片泵要小得多。

3.3.2 单作用式叶片泵

3.3.2.1 工作原理

单作用式叶片泵的工作原理如图3-16所示，叶片泵主要由配油盘、泵轴、转子1、定

子2、叶片3、壳体等零件组成。定子具有圆柱形的内表面，定子和转子之间有偏心距 e，叶片安放在转子槽内，并可沿槽道滑动，当转子回转时，叶片靠自身的离心力贴紧定子的内壁，这样在定子、转子、叶片和配油盘间就形成了若干个密封的工作空间。当转子按图 3-16 所示的方向回转时，右边的叶片逐渐伸出，相邻两叶片间的密封容积逐渐增大，形成局部真空，油箱中的油液在大气压力作用下，由泵的吸油口，经配油盘的配油窗口（图 3-16 中曲线形槽孔）进入密封工作腔，这就是泵的吸油过程。左边的叶片被定子的内壁逐渐压入槽里，两相邻叶片间的密封容积逐渐减小，将油液从配油盘的配油窗口、泵的压油口排出，这是泵的压油过程。在泵的吸油腔和压油腔之间，有一段封油区，将吸油腔和压油腔分开。转子不断回转，泵就不断地吸油和排油，泵的转子每转一转，每个工作腔只吸、压油一次，因此称为单作用式叶片泵。这种泵的缺点是作用在转子上的液压力不平衡，使轴承受很大的径向负荷，磨损大，寿命低，一般不宜用在高压场合。

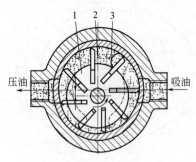

图 3-16 单作用式叶片泵的工作原理
1—转子；2—定子；3—叶片

3.3.2.2 排量计算

单作用式叶片泵的排量计算可用下面方法近似求出，图 3-17 为其计算原理，O_1 为转子中心，r 为转子半径，O_2 为定子中心，R 为定子半径，e 为偏心距。

假设两叶片正好处于 b、a 位置，显然此时两叶片间的容积最大，当转子沿 ω 方向转过 π 个弧度到 c、d 位置时，两叶片则排出体积为 M 的油液，再转 π 个弧度又到 b、a 位置时，两叶片间又吸满了体积为 M 的油液。可见，转子回转一周，两叶片间排出的油液体积为 M。若泵有 Z 个叶片，则排出 Z 块体积为 M 的油液，可以近似地看作大半径为 $R+e$，小半径为 $R-e$ 的圆环体积，因此泵的排量 q 为

$$q = \pi[(R+e)^2 + (R-e)^2]B = 4\pi ReB \quad (3-19)$$

理论流量 Q' 为

$$Q' = 4\pi ReBn \quad (3-20)$$

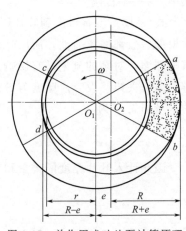

图 3-17 单作用式叶片泵计算原理

式中 R——定子半径；
e——偏心距；
B——转子宽度；
n——转速。

当考虑到容积效率时，则泵的实际流量 Q 为

$$Q = Q'\eta_v = 4\pi ReBn\eta_v \quad (3-21)$$

式中 η_v——泵的容积效率。

对于单作用式叶片泵，叶片厚度对流量的影响可以不考虑，这是因为叶片根部小油室和工作腔相通，正好补偿了工作腔中叶片所占的体积。

3.4 柱塞泵

柱塞泵是依靠柱塞在缸体内作往复运动，使密封工作腔的容积发生变化而实现吸油和压油的。由于柱塞与缸体内孔属于轴孔配合，容易得到高精度的配合，所以这类泵的特点是泄漏小，容积效率高，适用于高压系统。

柱塞泵按柱塞排列方式的不同，可分为径向柱塞泵和轴向柱塞泵两类。

3.4.1 径向柱塞泵

径向柱塞泵的工作原理如图 3-18 所示。径向柱塞泵由柱塞 1、转子（缸体）2、衬套 3、定子 4、配油轴 5 等零件组成。柱塞径向排列安装在转子中，转子由原动机带动连同柱塞一起回转，柱塞在离心力的作用下（或在低压油的作用下）抵紧定子的内壁。当转子如图 3-18 所示作顺时针方向回转时，由于定子和转子间有偏心距 e，则柱塞经上半周时向外伸出，使转子径向孔密封工作空间的容积逐渐加大，产生局部真空，因此便经过衬套（衬套 3 压紧在转子内，并和转子一起回转）上的油孔从配油轴上的吸油口 b 吸油，当柱塞转到下半周时，定子内壁将柱塞向里推，转子径向孔密封工作空间的容积逐渐减小，则向配油轴的压油口 c 压油。转子每回转一周，柱塞在每个径向孔内吸油、压油各一次。转子不断回转，即连续完成输油工作。在转子回转过程中，配油轴是固定不动的，油液从配油轴上半部的两个油孔 a 流入。从下部两个油孔 d 压出。为了实现配油，配油轴在与衬套接触的一段加工出上下两个缺口，形成吸油口 b 和压油口 c，留下部分形成封油区，封油区的宽度应能封住衬套上的径向孔，使吸油口和压油口不连通，但尺寸不能大得太多，以免产生困油现象。

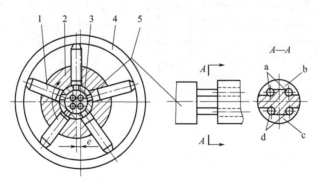

图 3-18 径向柱塞泵的工作原理
1—柱塞；2—转子（缸体）；3—衬套；4—定子；5—配油轴

这种泵的流量因偏心距 e 的大小而不同，有的泵可移动定子，改变偏心距 e，则使泵的排量得到改变。当偏心距从正值变到负值的，泵的输油方向也发生变化，就成了双向变量泵了。

径向柱塞泵主要零件配合表面的加工工艺性好，容易保证配合精度，密封性好，因此容积效率高，一般可达 0.94～0.98。但这种泵的径向尺寸大，转子回转时，活塞与定子间的相对滑动速度较高,产生较大的机械摩擦损失。同时由于配油轴受到径向不平衡液压力作用,使配油轴与衬套的配合表面易磨损,这些都限制了其转速和压力的提高。一般多用在10～20MPa的液压系统中。

3.4.2 轴向柱塞泵

3.4.2.1 工作原理

轴向柱塞泵是将多个柱塞配置在一个共同缸体的圆周上,并使柱塞中心线和缸体中心线平行的一种泵。轴向柱塞泵有两种形式,即直轴式(斜盘式)和斜轴式(摆缸式)。图3-19所示为直轴式轴向柱塞泵的工作原理,这种泵主体由缸体1、配油盘2、柱塞3和斜盘4组成,柱塞沿圆周均匀分布在缸体内,斜盘轴线与缸体轴线倾斜一角度,柱塞靠机械装置或在低压油作用下压紧在斜盘上(图3-19中为弹簧),配油盘2和斜盘4固定不转,当原动机通过传动轴使缸体转动时,由于斜盘的作用,迫使柱塞在缸体内作往复运动,并通过配油盘的配油窗口进行吸油和压油。如图3-19中所示回转方向,当缸体转角在π～2π范围内,柱塞向外伸出,柱塞底部缸孔的密封工作容积增大,通过配油盘的吸油窗口吸油;在0～π范围内,柱塞被斜盘推入缸体,使缸孔容积减小,通过配油盘的压油窗口压油。缸体每转一周,每个柱塞各完成吸、压油一次,如改变斜盘倾角,就能改变柱塞行程的长度,即改变泵的排量,改变斜盘倾角方向,就能改变吸油和压油的方向,即成为双向变量泵。

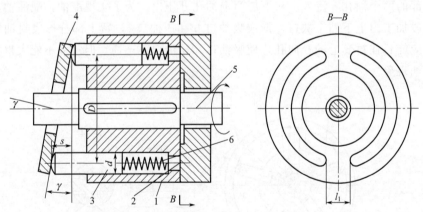

图3-19 直轴式轴向柱塞泵的工作原理
1—缸体;2—配油盘;3—柱塞;4—斜盘;5—传动轴;6—弹簧

配油盘上吸油窗口和压油窗口之间的密封区宽度应稍大于柱塞缸体底部通油孔宽度,但不能相差太大,否则会发生困油现象。一般在两配油窗口的两端部开有小三角槽,以减小冲击和噪声。

斜轴式轴向柱塞泵的缸体轴线相对传动轴轴线成一倾角,传动轴端部用万向铰链、连杆与缸体中的每个柱塞相连接,当传动轴转动时,通过万向铰链、连杆使柱塞和缸体一起转动,并迫使柱塞在缸体中作往复运动,借助配油盘进行吸油和压油。这类泵的优点是变量范围大,泵的强度较高,但和上述直轴式相比,其结构较复杂,外形尺寸和重量均较大。

轴向柱塞泵的优点是结构紧凑、径向尺寸小、惯性小、容积效率高,目前最高压力可达 40.0MPa,甚至更高,但其轴向尺寸较大,轴向作用力也较大,结构比较复杂。

3.4.2.2 排量和流量计算

如图 3-19 所示,柱塞的直径为 d,柱塞分布圆直径为 D,斜盘倾角为 θ 时,柱塞的行程为 $l=D\tan\theta$,所以当柱塞数为 Z 时,轴向柱塞泵的排量为

$$q=\frac{\pi}{4}d^2lZ=\frac{\pi}{4}d^2D\tan\theta Z \tag{3-22}$$

设泵的转速为 n,容积效率为 η_v,则泵的实际输出流量为

$$Q=\frac{\pi}{4}d^2D\tan\theta Zn\eta_v \tag{3-23}$$

实际上,由于柱塞在缸体孔中运动的速度不是恒速的,因而输出流量是有脉动的,当柱塞数为奇数时,脉动较小,且柱塞数多脉动也较小,因而一般常用的柱塞泵的柱塞个数为 7、9 或 11。

3.5 液压马达

液压马达是把液体的压力能转换为机械能的装置,从原理上讲,液压泵可以作液压马达用,液压马达也可作液压泵用。但事实上同类型的液压泵和液压马达虽然在结构上相似,但由于两者的工作情况不同,使两者在结构上也有某些差异,具体如下。

① 液压马达一般需要正反转,所以在内部结构上应具有对称性,而液压泵一般是单方向旋转的,没有这一要求。

② 为了减小吸油阻力,减小径向力,一般液压泵的吸油口比排油口的尺寸大,而液压马达低压腔的压力稍高于大气压力,所以没有上述要求。

③ 液压马达要求能在很宽的转速范围内正常工作,因此应采用液动轴承或静压轴承。因为当液压马达速度很低时,若采用动压轴承,就不易形成润滑滑膜。

④ 叶片泵依靠叶片与转子一起高速旋转而产生的离心力使叶片始终贴紧定子的内表面,起封油作用,形成工作腔。若将其作液压马达用,必须在液压马达的叶片根部装上弹簧,以保证叶片始终贴紧定子内表面,以便液压马达能正常启动。

⑤ 泵在结构上需保证具有自吸能力,而液压马达就没有这一要求。

⑥ 液压马达必须具有较大的启动转矩。启动转矩就是液压马达由静止状态启动时,其轴上所能输出的转矩,该转矩通常大于在同一工作压差时处于运行状态下的转矩,所以,为了使启动转矩尽可能接近工作状态下的转矩,要求液压马达转矩的脉动小,内部摩擦小。

由于液压马达与泵具有上述不同的特点,使很多类型的液压马达和液压泵不能互逆使用。

液压马达按其额定转速分为高速和低速两大类,额定转速大于 500r/min 的属于高速液压马达,额定转速小于或等于 500r/min 的属于低速液压马达。

高速液压马达的基本类型有齿轮式、叶片式和柱塞式等。它们的主要特点是转速较高、转动惯量小,便于启动和制动,调速和换向的灵敏度高。通常高速液压马达的输出转矩不大(仅几十牛·米到几百牛·米),所以又称为高速小转矩液压马达。

高速液压马达的常用基本类型是径向柱塞式,例如单作用曲轴连杆式、液压平衡式和多作用内曲线式等。此外在轴向柱塞式、叶片式和齿轮式中也有低速的结构。低速液压马达的主要特点是排量大、体积大、转速低(有时可达每分钟几转甚至零点几转),因此可直接与工作机构连接,不需要减速装置,使传动机构大为简化,通常低速液压马达输出转矩较大(可达几千牛·米到几万牛·米),所以又称为低速大转矩液压马达。

3.5.1 性能参数

3.5.1.1 排量、流量和容积效率

液压马达的轴每转一周,按几何尺寸计算所排出的液体体积,称为液压马达的排量,有时称为几何排量、理论排量,即不考虑泄漏损失时的排量。

液压马达的排量表示了其工作腔的大小,它是一个重要的参数。液压马达在工作中输出的转矩大小是由负载转矩决定的,但是推动同样大小的负载,工作腔大的液压马达的压力要低于工作腔小的液压马达的压力,所以说工作腔的大小是液压马达工作能力的主要指标,也就是说,排量的大小是液压马达工作能力的重要指标。

根据液压动力元件的工作原理可知,液压马达转速 n、理论流量 Q_i 与排量 q 之间具有下列关系

$$Q_i = nq \tag{3-24}$$

式中 Q_i——理论流量,m^3/s;
n——转速,r/min;
q——排量,m^3/r。

为了满足转速要求,液压马达实际输入流量 Q 大于理论输入流量,则有

$$Q = Q_i + \Delta Q \tag{3-25}$$

式中 ΔQ——泄漏流量。

$$\eta_v = \frac{Q_i}{Q} = \frac{1}{1 + \Delta Q/Q_i} \tag{3-26}$$

实际流量为

$$Q = \frac{Q_i}{\eta_v} \tag{3-27}$$

3.5.1.2 输出的理论转矩

根据排量的大小,可以计算在给定压力下液压马达所能输出的转矩的大小,也可以计算在给定负载转矩下液压马达工作压力的大小。当液压马达进、出油口之间的压力差为 Δp,输入液压马达的流量为 Q,液压马达输出的理论转矩为 T_t,角速度为 ω,如果不计损失,液压马达输入的液压功率应全部转化为液压马达输出的机械功率,即

$$P_q = T_t \omega \tag{3-28}$$

又因为 $\omega = 2\pi n$,$P_q = \Delta p Q = \Delta p q n$,所以液压马达的输出理论转矩为

$$T_t = \Delta p \frac{q}{2\pi} \tag{3-29}$$

3.5.1.3 机械效率

由于液压马达内部不可避免地存在各种摩擦，实际输出的转矩 T 总要比理论转矩 T_t 小些，即

$$T = T_t \eta_m \tag{3-30}$$

式中 η_m——液压马达的机械效率。

3.5.1.4 启动机械效率 η_{m0}

液压马达的启动机械效率是指液压马达由静止状态启动时，其实际输出的转矩 T_0 与它在同一工作压差时的理论转矩 T_t 之比，即

$$\eta_{m0} = \frac{T_0}{T_t} \tag{3-31}$$

3.5.2 齿轮式液压马达

液压马达是将液体的压力能转换成机械能的装置，即输入压力 p 和流量 Q，输出则是转矩 T 和转速 n。齿轮式液压马达的工作原理如图 3-20 所示，P 是两齿轮的啮合点，设齿轮的齿高为 h，啮合点 P 到齿根的距离分别为 a 和 c。由于 a 和 c 都小于 h，所以当压力油作用在齿面上时（如图 3-20 中箭头所示，凡齿面两边受力平衡的部分都未用箭头表示），在两个齿轮上就各有一个使它们产生转矩的作用力 $pB(h-a)$ 和 $pB(h-c)$，其中 p 为输入压力，B 为齿宽。在上述作用力下，两齿轮按图 3-20 所示方向回转，并把油液带到低压腔排出，同时在齿轮式液压马达的输出轴上输出转矩。

齿轮式液压马达由于密封性较差，容积效率较低，所以输入的油压不能过高，因而不能产生较大的转矩，并且由于它的转矩和转速都是随着齿轮的啮合点变化而脉动，因此齿轮式马达一般多用于高转速低转矩的工况。

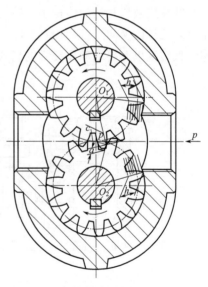

图 3-20 齿轮式液压马达的工作原理

3.5.3 叶片式液压马达

3.5.3.1 工作原理

叶片式液压马达的工作原理如图 3-21 所示。当压力为 p 的油液从进油口进入液压马达的进油腔时，位于进油腔中的叶片 5 因两面均受压力油作用，所以不产生转矩。位于封油区的，叶片 1、3、2、4，一侧受压力油作用，而另一侧受排油腔低压油作用，因此可以产生转矩。叶片 1、3 产生的转矩使转子顺时针回转，叶片 2、4 产生的转矩使转子逆时针回转。

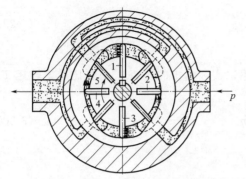

图 3-21 叶片式液压马达的工作原理
1~5—叶片

叶片 1、3 伸出长,作用面积大,叶片 2、4 伸出短,作用面积小,因此在叶片 1、3 和叶片 2、4 所产生的转矩之间存在转矩差,这一转矩差就是叶片式液压马达的输出转矩。定子的长短径差值越大,转子直径越大,以及输入的油压越高,则叶片式液压马达的输出转矩越大。当改变输油方向时,则叶片液压马达将反转。对于一个具体的叶片式液压马达来说,因为结构参数已定,所以其输出转矩 M 决定于输入的油压 p,而转速则决定于输入的流量 Q。

3.5.3.2 结构

叶片式液压马达的结构,与叶片式液压泵相比较,主要有以下不同。

① 叶片式液压马达要求有正、反转,因此叶片在转子槽道中是径向安装的,没有倾斜角度。

② 为了使叶片底部始终都能通压力油,不受液压马达回转方向的影响,在液压马达中装有两个单向阀。

叶片式液压马达的体积小,转动惯量小,动作灵敏,可适应的换向频率较高(可以在千分之几秒内换向),但泄漏较大,不宜在低转速下工作。叶片式液压马达一般适用于高速、低转矩以及要求动作灵敏的场合。

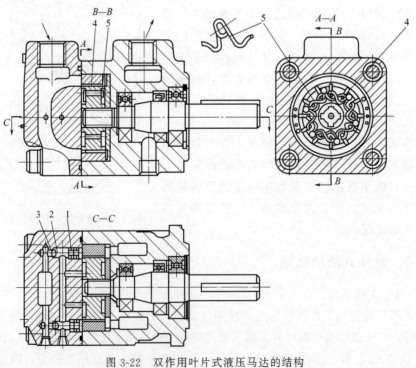

图 3-22 双作用叶片式液压马达的结构
1,3—阀座;2—钢球;4—销子;5—燕式弹簧

双作用叶片式液压马达的结构如图3-22所示。转子两侧面开有环形槽，其间放置燕式弹簧5。弹簧套在销4上，并将叶片压向定子的内表面，防止启动时高、低压腔互相串通，保证液压马达有足够的启动转矩。

为了保证液压马达正、反转变换进、出油口时，叶片底部总是通高压油，以保证叶片与定子紧密接触，用了一组特殊结构的单向阀（梭阀），单向阀由钢球2和阀座1、3组成。叶片沿转子体径向布置，进、出油口大小相同，叶片顶部呈对称圆弧形，以适应正、反转要求。

3.5.4 轴向柱塞式液压马达

3.5.4.1 工作原理

图3-23所示为斜盘式轴向柱塞式液压马达的工作原理。当输入压力油时，压力油将使处于压油腔位置的柱塞顶出，紧紧地抵在斜盘表面上，这时斜盘将给柱塞一反作用力F，其方向垂直于斜盘表面。力F可以分解为两个分力：一个为轴向分力P，力P的大小与压力油作用在柱塞上的力相平衡；另一个为垂直分力T，显然能使缸体产生转矩的就是分力T，其值为

$$T = P\tan\alpha \tag{3-32}$$

式中　α——斜盘的倾斜角。

力T使缸体产生转矩的大小由柱塞在压力区所处的位置决定，即

$$M = Tr = TR\sin\varphi = PR\tan\alpha\sin\varphi \tag{3-33}$$

式中　R——柱塞中心分布圆半径；

　　　φ——柱塞中心线相对于缸体垂直中心线转过的角度。

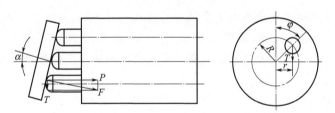

图3-23　斜盘式轴向柱塞式液压马达的工作原理

随着角度φ的变化，柱塞产生的转矩也发生变化。处于压油区各柱塞所产生的转矩之和就是液压马达所产生的总转矩，显然，液压马达的总转矩也是脉动的。当柱塞数目较多且为单数时，则脉动较小。

3.5.4.2 结构

轴向柱塞式液压马达在结构上和轴向柱塞式液压泵基本相同。图3-24所示为轴向柱塞式液压马达的结构。它由传动轴1、斜盘2、缸体10、配油盘7、柱塞8等主要零件组成。斜盘和轴向止推轴承3配合，斜盘倾角不变。右端盖和配油盘7制成一体，并固定不动。为了保证缸体和配油盘相对运动表面的密封性，应使配油盘表面不承受颠覆力矩，以减少磨损，为此将转子分成两段，左半段称鼓轮4，右半段就是缸体。鼓轮4上有可以轴向滑动的推杆9，推杆在柱塞的作用下顶在斜盘上，获得转矩，并通过键带动轴旋转以传

递动力。缸体空套在传动轴上并由鼓轮上的拨销6带动与轴一起转动。由于斜盘对推杆的反作用力造成的颠覆力矩不会作用在缸体和配油盘的配油表面上,柱塞和缸体也只承受轴向力,所以减小了相对运动件间的不均匀磨损,提高了配油表面的密封性能。又由于缸体与传动轴之间接触距离很短,使缸体有一定的自位作用(浮动),能更好地保证配油盘表面和缸体端面的良好接触。同时,缸体在三个均布弹簧5和作用在缸体底部液动力的作用下,压向配油盘表面,保证密封可靠,并使接触面磨损后能自动补偿。由于采取了这些措施,使这种液压马达的容积效率较高,能在较低转速下工作。

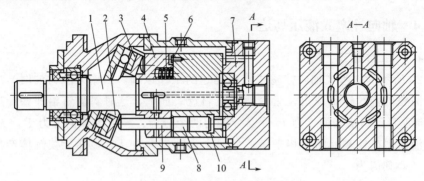

图 3-24　轴向柱塞式液压马达的结构

1—传动轴；2—斜盘；3—止推轴承；4—鼓轮；5—弹簧；6—拨销；7—配油盘；8—柱塞；9—推杆；10—缸体

习 题

3-1　选择题

(1) 液压传动中的工作压力取决于(　　)。

A. 外负载　　　　　　B. 流量　　　　　　C. 速度

(2) 齿轮泵存在径向压力不平衡现象。要减少径向压力不平衡力的影响,目前应用广泛的解决办法有(　　)。

A. 减小工作压力　　　　　　B. 缩小压油口

C. 扩大泵体内腔高压区径向间隙　　　　　　D. 使用滚针轴承

(3) 提高齿轮油泵工作压力的主要途径是减小齿轮油泵的轴向泄漏,引起齿轮油泵轴向泄漏的主要原因是(　　)。

A. 齿轮啮合线处的间隙　　　　　　B. 泵体内壁(孔)与齿顶圆之间的间隙

C. 传动轴与轴承之间的间隙　　　　　　D. 齿轮两侧面与端盖之间的间隙

(4) 泵输出油液的多少,主要取决于(　　)。

A. 额定压力　　　　　　B. 负载

C. 密封工作腔容积大小变化　　　　　　D. 电机功率

(5) 可使齿轮油泵的允许吸油高度增加的因素是(　　)。

A. 泵转速提高　　　　　　B. 吸油管上滤网所选用的额定流量增加

C. 泵输出的压力提高　　　　　　D. 吸油管直径加大

(6) 在液压传动中,液体单位面积上所受的法向力称压力。在泵和马达中常用到的压力有（　　）。

    A. 工作压力　　　　　B. 最大压力　　　　　C. 额定压力　　　　　D. 吸入压力

① 试指出下述情况下系指何种压力：

泵的进口处的压力称为（　　）；

泵实际工作的压力称为（　　）；

马达的输入压力又可称为马达的（　　）；

泵在短时间内超载所允许的极限压力称为（　　）；

泵在连续运转时所允许的最高压力称为（　　）。

② 在上述四种压力中，（　　）是受到外界条件因素变化而变化的（如负载大小、安装位置高度、管路的阻力损失等），而（　　）只是表示该泵的技术指标，并不随外界负载等因素而变化。

(7) 泵单位时间内排出油液的体积称为泵的流量。泵在额定转速和额定压力下的输出流量称为（　　）；在没有泄漏的情况下，根据泵的几何尺寸计算而得到的流量称为（　　），它等于排量和转速的乘积。

    A. 实际流量　　　　　B. 理论流量　　　　　C. 额定流量

(8) 在实验或工业生产中，常把零压差下的流量（即负载为零时泵的流量）视为（　　）；有些泵在工作时，每一瞬间的流量各不相同，但在每转中按同一规律重复变化，这就是泵的流量脉动。瞬间流量一般指的是瞬时（　　）。

    A. 实际流量　　　　　B. 理论流量　　　　　C. 额定流量

(9) 在双作用叶片泵中，当配油窗口的间隔夹角＞定子圆弧部分的夹角＞两叶片的夹角时，存在（　　），当定子圆弧部分的夹角＞配油窗口的间隔夹角＞两叶片的夹角时，（　　）。

    A. 闭死容积大小在变化，有困油现象

    B. 虽有闭死容积，但容积大小不变化，所以无困油现象

    C. 不会产生闭死容积，所以无困油现象

3-2　简答题

(1) 从能量的观点和结构来看，液压泵和液压马达有何异同？

(2) 限压式变量叶片泵的限定压力和最大流量怎样调节？在调节时，叶片泵的压力-流量曲线将怎样变化？

(3) 泵的排量、压力取决于什么？

(4) 什么是齿轮泵的困油现象。

(5) 齿轮泵的泄漏途径有哪些？

(6) 简述柱塞泵的结构及实现变量的方式。

3-3　判断题

(1) 轴向柱塞泵既可以制成定量泵，也可以制成变量泵。

(2) 液压传动适宜于在传动比要求严格的场合采用。

(3) 双作用式叶片马达与相应的双作用式叶片泵结构完全相同。

(4) 液压马达的实际输入流量大于理论流量。

(5) 在齿轮泵中，为了消除困油现象，在泵的端盖上开卸荷槽。

(6) 定量泵是指输出流量不随泵的输出压力改变的泵。

(7) 当泵的进、出口压力差为零时,泵输出的流量即为理论流量。

(8) 配流轴式径向柱塞泵的排量与定子相对转子的偏心距成正比,改变偏心距即可改变排量。

(9) 双作用叶片泵因两个吸油窗口、两个压油窗口是对称布置的,因此作用在转子和定子上的液压径向力平衡,轴承承受径向力小、寿命长。

(10) 液压马达与液压泵从能量转换观点上看是互逆的,因此所有的液压泵均可以用来作液压马达使用。

3-4 计算题

(1) 某泵几何排量为 10mL/r,工作压力为 10^7Pa,转速为 1500r/min,泄漏系数 $\lambda_b = 2.5 \times 10^{-6}\text{m}^3/\text{Pa}\cdot\text{s}$,机械效率为 0.9,试求:

① 输出流量;

② 容积效率;

③ 总效率;

④ 理论输出功率和输入功率;

⑤ 理论转矩和输入转矩。

(2) 某泵几何排量为 12mL/r,工作压力为 10^7Pa,理论流量为 24L/min,容积效率为 0.9,机械效率为 0.8。试求:

① 转速和角速度;

② 输出功率和输入功率;

③ 泵输入轴上的转矩。

(3) 某液压马达几何排量为 250mL/r,入口压力为 10^7Pa,背压为 $5 \times 10^5\text{Pa}$;容积效率和机械效率均为 0.9。若输入流量为 100L/min,试求:

① 理论转速;

② 实际输出转速;

③ 理论转矩;

④ 实际(输出)转矩;

⑤ 输入液压功率;

⑥ 理论输出功率;

⑦ 实际输出功率。

(4) 某定量马达输出转矩为 $25\text{N}\cdot\text{m}$,工作压力为 5MPa,最低转速为 500r/min,最高转速为 2000r/min。机械效率和容积效率均为 0.9,试求:

① 所需的最大输入流量和最小输入流量;

② 最大输出功率和最小输出功率。

(5) 在液压泵实验台测得某液压泵的性能参数如下:泵的吸入压力 $p_{B1} \approx 0$;当泵压出压力 $p_{B2} \approx 0$ 时,测得泵的流量 $Q_B = 25\text{L/min}$,驱动转速 $n_B = 1800\text{r/min}$;当泵压出压力 $p_{B2} = 9.8\text{MPa}$ 时,测得泵的流量 $Q_B = 20\text{L/min}$,驱动转速 $n_B = 1750\text{r/min}$,驱动转矩 $M_B = 24\text{N}\cdot\text{m}$。试求该泵在压出压力为 9.8Ma 时的容积效率、机械效率和总效率。

第4章 液压、气压传动基本元件——阀

任何执行机构都要求产生一定力（或转矩），运动速度可以调节，并可以改变运动方向。因此，在流体系统中，除了能量转换装置——泵和马达（以及工作缸）外，还必须采用各种不同类型的控制阀，组成流体系统的控制调节装置，用来控制和调节由泵输送到各流体执行机构中的流体压力、流量和方向。

4.1 控制阀的基本特性

4.1.1 控制阀的分类

控制阀可按不同的特征进行分类，具体见表 4-1。

表 4-1 控制阀的分类

分类方法	种类	详细分类
按机能分类	压力控制阀	溢流阀、顺序阀、卸荷阀、平衡阀、减压阀、比例压力控制阀、缓冲阀、仪表截止阀、限压切断阀、压力继电器
	流量控制阀	节流阀、单向节流阀、调速阀、分流阀、集流阀、比例流量控制阀
	方向控制阀	单向阀、液控单向阀、换向阀、行程减速阀、充液阀、梭阀、比例方向阀
按结构分类	滑阀	圆柱滑阀、旋转阀、平板滑阀
	座阀	椎阀、球阀、喷嘴挡板阀
	射流管阀	射流阀
按操作方法分类	手动阀	手把及手轮控制阀、踏板控制阀、杠杆控制阀
	机动阀	挡块及碰块控制阀、弹簧控制阀、液压控制阀、气动控制阀
	电动阀	电磁阀、伺服电动机控制阀、步进电动机控制阀
按连接方式分类	管式连接阀	螺纹式连接阀、法兰式连接阀
	板式及叠加式连接阀	单层连接板式阀、双层连接板式阀、整体连接板式阀、叠加阀
	插装式连接阀	螺纹式插装(二、三、四通插装)阀、法兰式插装(二通插装)阀

续表

分类方法	种类	详细分类
按其他方式分类	开关或定值控制阀	压力控制阀、流量控制阀、方向控制阀
按控制方式分类	电液比例阀	电液比例压力阀、电源比例流量阀、电液比例换向阀、电流比例复合阀、电流比例多路阀
	伺服阀	单、两级(喷嘴挡板式、动圈式)电液流量伺服阀、三级电液流量伺服阀
	数字控制阀	数字控制流量阀与方向阀

从液压控制阀的工作压力看，还可分为低压型、中压型和高压型三类。低压型的工作压力为小于 6.3MPa，中压型的工作压力为 6.3～21MPa，高压型的工作压力为 21～32MPa。

气压传动的控制阀压力一般在 0.7～1.2MPa。

控制阀有如下共性：所有阀都由阀体、阀芯和操纵部分（手动、机械、电动）所组成；都是通过改变通流面积或通路来实现操纵控制作用的。

4.1.2 对控制阀的总的基本要求

① 动作灵敏、平稳，冲击和振动要尽量小。
② 液流通过时压力损失要小。
③ 密封性好。
④ 结构紧凑，通用性强。

4.1.3 液压阀的连接方式

① 管式连接：各阀类元件直接用油管相连，不需要专门的连接板，管道较短，但更换元件比较麻烦，元件一般比较分散。

② 板式连接：需要专门的连接板，板的前面安装阀，板的后面接油管，更换元件方便，便于安装维修，同时也便于将元件集中在一起，操作和调整比较方便。

③ 组合块连接：采用通用化组合块，在组合块上加工出压力油路、回油路、控制油路和泄油路等。由于组合块是标准化的液压部件，每个组合块可以是一种流体基本回路，因此设计者只要选择几种标准流体回路的组合块，再自行设计少数的专用块，便可以很方便地组成复杂的液压系统。

④ 叠加阀连接：将元件本身制成各种标准块，直接互相叠装在一起进行液压、气动回路的组合。

4.2 压力控制阀

压力控制阀在流体系统中是用来控制压力的。它是依靠流体压力与弹簧力平衡的原理进行工作的。按结构分为直动式和先导式两种；按用途分为溢流阀、减压阀和顺序阀三种。

4.2.1 溢流阀

溢流阀借助于溢去一定量流体来保证液压、气动系统中压力为一定值，并防止过载。

4.2.1.1 工作原理

(1) 直动式溢流阀　直接改变压迫阀芯的弹簧的预压缩量，以调定溢流阀的工作压力。直动式溢流阀按阀芯形式不同可分为球芯、锥芯和柱芯三种。

图 4-1(a) 所示为柱芯溢流阀。柱芯溢流阀在未工作前，阀口有一定的搭接量（一般为 2mm 左右）。阀打开前，阀芯必须先移动此搭接量。阀打开时，阀芯虽有振动，但阀芯底部不易与阀体发生撞击，故噪声较小。压力油从 P 口进入阀内，少量油液可从阀芯下部有阻尼作用的中心小孔 a 进入阀芯底部，推动阀芯克服弹簧力上升，从而打开阀口使液体节流降压通过，再从回油口 O 流回油箱。借助阀芯阻尼孔的作用，可减小阀芯的振动，提高阀的工作平稳性。但由于动作反应慢，压力超调量较大。

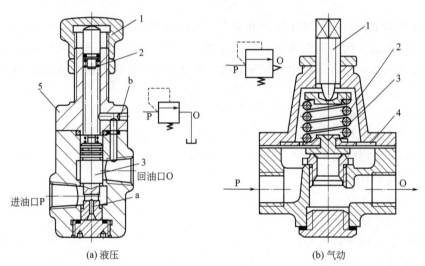

图 4-1　柱芯溢流阀
1—调节手柄；2—弹簧；3—阀芯；4—膜片；5—阀体

通过阀芯上部封液部泄漏的流体，集积在弹簧腔内，这部分泄漏液体可借 b 孔与回油口 O 相通，随同溢流液体一起回油箱。

气动系统用的溢流阀大多用作安全阀。其结构如图 4-1(b) 所示，当进口气压作用于膜片 4 一侧的合力超过调压弹簧 2 的预紧力时，膜片 4 向另一侧弯曲并拉动连在一起的阀芯 3，掀开平面座式阀口将多余的压缩空气排放到大气中，从而保护系统元件。

柱芯溢流阀稳定工作时，阀芯的作用力平衡方程为

$$p\frac{\pi d^2}{4}=k(x_0+x) \tag{4-1}$$

式中　p——进油口压力；
　　　d——阀芯直径；
　　　k——弹簧刚度；

x_0——弹簧的预压缩量；

x——阀口开度。

由式(4-1)，有

$$p = \frac{4k(x_0+x)}{\pi d^2} \tag{4-2}$$

式(4-2)表明，溢流阀的开度 x 随通过的流量增大而增大时，工作压力 p 相应线性增大。

当 $x=0$ 时，可得溢流阀的开启压力 p_k。

$$p_k = \frac{4k}{\pi d^2} x_0 \tag{4-3}$$

当 $x=x_t$ 调定开度时，可得溢流阀的调定压力 p_t。

$$p_t = \frac{4k}{\pi d^2}(x_0+x_t) \tag{4-4}$$

通常溢流阀工作时的阀口开度 x 相对于弹簧预压缩量 x_0 是很小的。分析系统的回路时，一般可以把溢流阀的工作压力 p 近似地视为一个常数，即等于开启压力 p_k。

柱芯溢流阀的阀口属于锐边缝隙节流口，通过节流口的溢流量 Q 可用式(4-5)表示。

$$Q = c\pi dx\sqrt{\frac{2}{\rho}p} \tag{4-5}$$

式中 Q——溢流阀的流量；

c——无量纲流量系数（$c=0.60\sim0.65$）；

d——阀芯直径；

x——阀口开度；

ρ——流体密度；

p——溢流阀进口压力。

式(4-2)减式(4-3)得

$$x = \frac{\pi d^2}{4k}(p-p_k) \tag{4-6}$$

将式(4-6)代入式(4-5)，得溢流阀的流量压力特性。

$$Q = \frac{c\pi^2 d^3}{4k}\sqrt{\frac{2}{\rho}}\left(p^{\frac{3}{2}} - p_k p^{\frac{1}{2}}\right) \tag{4-7}$$

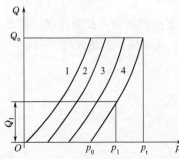

图 4-2 溢流阀的流量-压力特性曲线

根据式(4-7)可画出溢流阀的流量-压力特性曲线，如图4-2所示。

从式(4-7)可看出压力 p 上升至等于开启压力 p_k 时溢流阀开始打开，但溢流量 Q 仍为零。一旦有流量 Q 通过溢流阀时，溢流阀的工作压力 p 就要大于开启压力 p_k。随着溢流量 Q 的增加，工作压力 p 按类似抛物线的曲线规律增加。当 Q 达到溢流阀的额定流量（通常就是泵的全部流量）Q_n 时，压力相应达到最大

值 p_t，p_t 与 p_0 之差 Δp 称为调压偏差。

$$\Delta p = p_t - p_k \qquad (4-8)$$

为使系统工作压力不受执行元件速度变化的影响，溢流阀的调压偏差应越小越好。可以用 $\dfrac{\Delta p}{p_t}$ 来表示相对调压偏差，并由式(4-3) 和式 (4-4) 可得

$$\varphi = \frac{\Delta p}{p_t} = \frac{p_t - p_k}{p_t} = \frac{x_t}{x_0 + x_t} \qquad (4-9)$$

当溢流阀的调定压力为额定压力时，一般 $\varphi = 2\% \sim 5\%$。

从式(4-9) 可以看出，要想缩小溢流阀的调压偏差，只要增大弹簧的预压缩量就可达到目的。增大 x_0 就意味着相应减小弹簧刚度 k。因此溢流阀希望采用刚度较小的软弹簧。

图 4-2 中横坐标为压力，纵坐标为流量，通过调节溢流阀弹簧的预紧力，可以获得溢流阀的无数条流量-压力特性曲线（如图中的曲线 1~4），系统的流量和压力按曲线规律变化（如图中的 Q_1、p_1）。

（2）先导式溢流阀　由主滑阀和先导调压阀两部分组成。其特点是主阀芯上下两端油腔都通进油口 P。先导调压阀关闭时，主阀芯两端承受的油液压力是平衡的。

先导式溢流阀的工作原理如图 4-3 所示。

先导式溢流阀也可以用作卸荷阀，使主油路卸荷，可将远程控制口 K 通过微型电磁滑阀和油箱接通，阀芯上部的压力接近于零，阀芯向上抬到最高位置，由于弹簧很软，所以这时压力油口压力很低，使主油路卸荷，卸荷压力越低，系统的功率损失就越小。

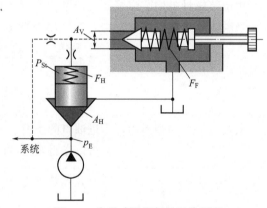

图 4-3　先导式溢流阀的工作原理

图 4-4 所示为先导式溢流阀的结构。下部主阀是柱芯溢流阀，上部先导阀是锥芯溢流阀。油腔 f 和进油口 P 相通，油腔 d 和回油口 O 相通。压力油从油腔 f 进入，通过孔 g 作用于阀芯 7 的下端，同时又经阻尼孔 e 进入阀芯的上部，并经孔 b、孔 a 作用于先导调压锥阀 3 上。当系统压力 p 较低，还不能打开先导调压阀时，锥阀 3 关闭，没有油液经过阻尼孔 e，所以阀芯 7 两端的油压相等，在阀芯上部弹簧 6 的作用下，使阀芯处在最下端的位置，将阀芯封闭。因为弹簧 6 的力量只需克服阀芯的摩擦力，所以可以做得较软。图 4-4 中油口 c 与远程控制口 K 相通。

当系统压力升高到能够打开先导调压阀时，锥阀 3 就压缩调压弹簧 2 将阀口打开，压力油通过阻尼孔 e、孔 b 和孔 a，经锥阀 3，孔 h 流回主阀油腔 d，再流回油箱。由于阻尼孔的作用，产生压力降，所以阀芯 7 下部的油压 p 大于上部的油压 p_1。当阀芯两端压力差所产生的作用超过弹簧 6 的作用时，主阀被顶起，打开主阀，油腔 f 和油腔 d 连通，大量油液通过主阀口节流降压，再经回油口 O 流回油箱。

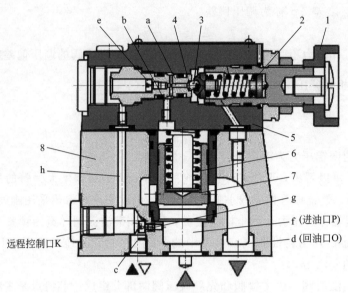

图 4-4 先导式溢流阀的结构

1—调节螺母；2—调压弹簧；3—锥阀；4—先导阀座；5—先导阀体；6—弹簧；7—主阀芯；8—主阀体

用调节螺母 1 调节弹簧 2 的压紧力，就可以调整溢流阀进油口处的压力。

当溢流阀稳定工作时，阀芯的作用力平衡方程为

$$p\frac{\pi d^2}{4} = p_1 \frac{\pi d^2}{4} + k(x_0 + x) \tag{4-10}$$

$$p = p_1 + \frac{4k}{\pi d^2}(x_0 + x) \tag{4-11}$$

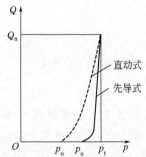

图 4-5 直动式和先导式溢流阀流量-压力特性的比较

从式 (4-11) 可以看出，当进油口的压力 p 较大，由于阀芯上腔有压力 p_1 平衡，弹簧 6 可以做得较软，因此当溢流量变化而引起主阀芯位置 x 改变时，弹簧压力 $\frac{4k}{\pi d^2}(x_0 + x)$ 的变化很小。而且主阀芯上部压力 p_1 在先导阀的调压弹簧调定后基本上是定值，所以进油口压力 p 的数值在溢流量变化时变动较小，即调压偏差小，这就克服了直动式溢流阀调压偏差较大的缺点。图 4-5 所示为直动式和先导式两种溢流阀流量-压力特性的比较。

由于阀芯上阻尼孔 e 的阻尼作用，主阀芯振动较小，因而压力波动小，提高了溢流阀的工作平稳性。

锥阀 3 的阀座孔尺寸较小，调压弹簧 2 相对而言不必很强（当然比弹簧 6 硬得多），调压比较轻便。先导式溢流阀适用于高压。这种溢流阀的最大调定压力为 32MPa。

4.2.1.2 结构特点

① 阀口是常闭的。

② 控制阀口开闭的油液来自进油口。

③ 漏油回油箱采用内泄方式。

4.2.2 减压阀

减压阀是用来降低液压系统中某一部分的压力，使这一部分得到比泵所供油液压力低的稳定压力，用来控制出口压力为定值的。减压阀在各种夹紧系统、控制系统和润滑系统中应用较多。

图 4-6(a) 所示为减压阀用于夹紧油路。泵 1 除供给主工作油缸压力油外，还经减压阀 2、单向阀 3 及换向阀 4 进入夹紧油缸 5。夹紧工件所需力的大小可用减压阀来调节。单向阀可以防止工件在停车时从夹紧装置中掉下来。

图 4-6(b) 所示为气压传动的供气系统，在这种系统中，经减压阀减压后的系统压力保持恒定。一般的安装顺序是气源 1 → 分水滤气器 2 → 减压阀 3 → 油雾器 4 → 换向阀 5 → 气动执行元件。其中 2、3、4 三件是构成气动系统不可缺少的气动三联件。

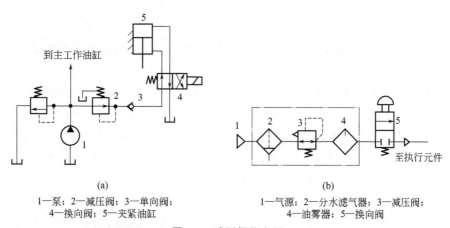

1—泵；2—减压阀；3—单向阀；
4—换向阀；5—夹紧油缸

1—气源；2—分水滤气器；3—减压阀；
4—油雾器；5—换向阀

图 4-6 减压阀的应用

4.2.2.1 工作原理

减压阀也有直动式和先导式两种。由于一般要求输入压力稳定，所以多采用先导式减压阀，但调速阀内的减压阀属直动式。

(1) 直动式减压阀 图 4-7(a) 所示为液压直动式减压阀。高压油从进口 P_1 进入，低压油从出口 P_2 引出。出口 P_2 的低压油可以通过阀芯的径向孔和中心孔进入阀芯的下端油腔，产生向上的推力，推动阀芯克服弹簧的作用力，使阀芯抬起，关闭节流口。

当油液（压力 p_1）未进入减压阀时，阀芯在弹簧力作用下处于最下端位置，阀口全开，所以减压阀是常开阀。

当出口压力 p_2 小于减压阀的调定压力时，阀芯上端的弹簧作用力大于下端的油压推力，阀芯便向下移动，增大节流口的开度 x，以使出口压力 p_2 增高。

当出口压力 p_2 超过减压阀的调定压力时，阀芯下端油压推力大于上端的弹簧作用力，阀芯便向上抬起，减小节流口的开度 x，以使出口压力 p_2 降低。

当出口压力 p_2 降低到与弹簧的调定压力平衡时，节流口便保持适当开度 x，使出口压力保持恒定，阀芯便处于平衡状态。此时阀芯作用的平衡方程为

$$p_2 \frac{\pi d^2}{4} = k(x_0 + x)$$

即
$$p_2 = \frac{4k}{\pi d^2}(x_0 + x) \tag{4-12}$$

式中 p_2——减压阀出口压力;

d——减压阀阀芯直径;

k——弹簧的刚度;

x_0——阀口关闭时弹簧的压缩量;

x——阀口的开度。

式(4-12)中,阀口开度 x 是一个变量,它随进口压力 p_1 和通过阀口的流量 Q 而变。p_1 增大,x 就自动减小;Q 增大,x 就自动增大。虽然 x 是一个变量,但 x 与 x_0 相比是一个较小的值,在初步分析时,可以忽略,因此 p_2 近似为:

$$p_2 = \frac{4k}{\pi d^2} x_0 \tag{4-13}$$

为了使 p_2 因 x 的变化而引起的调压偏差减至最小,减压阀的弹簧也需采用刚度较小的软弹簧。

由于减压阀的出口油液有压力,减压阀的泄油必须专设回油管引回油箱。

图 4-7(b) 所示为气动直动式减压阀。当顺时针方向旋转手柄 1 时,可通过弹簧 2 压缩弹簧 3 并通过膜片 5 使阀芯 8 下移,减压阀口 10 开大,压缩空气经阀口 10 的减压作用后从右端输出,由于此时阀口 10 开大,减压作用减弱,给定输出压力增大;当逆时针旋转手柄 1 时,阀口 10 减小,减压作用增强,给定输出压力减小。

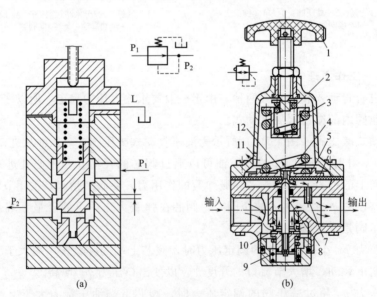

图 4-7 直动式减压阀

1—调压手柄;2—手柄传力弹簧;3—调压弹簧;4—溢流座;5—膜片;6—膜片气室;
7—阻尼孔管;8—阀芯;9—复位弹簧;10—减压阀口;11—泄气孔;12—溢流孔

当输入压力发生波动时，减压阀借助膜片 5 上力的平衡作用自动调节阀口使输出压力稳定不变。若输入压力瞬时升高，经阀口 10 后的输出压力随之升高，通过孔管 7 使膜片气室 6 内的压力也升高，在膜片 5 上产生的气压推力相应增大，于是膜片向上变形，膜片上方弹簧腔内的气体经泄气孔 11 排出，阀芯 8 在复位弹簧 9 的作用下上移，关小阀口 10，节流减压作用加大，输出压力回降，直至给定压力值附近；若输入压力瞬时下降，阀口 10 增大，输出压力增加至给定值附近。

（2）先导式减压阀　图 4-8 所示为先导式减压阀，高压油从油口 d 进入，低压油从油口 f 引出。低压油口 f 通过小孔 g 与阀芯的下端接通，并通过阻尼孔 e 流入阀芯的上腔，又通过孔 b 和孔 a 作用在先导锥阀 3 上。当出油口 f 的压力小于调定压力时，先导锥阀 3 关闭，阻尼孔 e 中没有油液流动，阀芯上下两端压力相等，这时阀芯在弹簧的作用下处于最下端位置，节流口全部打开（尺寸 x）。当出油口 f 的压力超过调定压力时，低压油经过阻尼孔 e 打开先导锥阀 3 流出。由于存在阻尼孔，阀芯下部压力大于上部压力。当这个压力差所产生的作用力大于弹簧力时，阀芯上移，使节流口的缝隙减小，从而降低了出油口的压力，并使作用在阀芯上的油液压力和弹簧力在新的位置上重新达到平衡。因此，当进油压力或流进减压阀的流量变化时，出口处的低压油压力均可维持在调整好的压力附近。

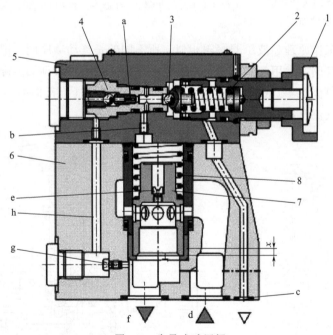

图 4-8　先导式减压阀

1—调节螺母；2—调压弹簧；3—锥阀；4—先导阀座；5—先导阀体；6—主阀体；7—主阀芯；8—弹簧

4.2.2.2　结构特点

① 阀口是常开的。
② 控制阀口开闭的油液来自出油口。
③ 泄油回油箱采用外泄方式。

4.2.3 顺序阀

顺序阀是用来控制液压系统中两个以上工作机构先后动作顺序的。

图 4-9 所示为利用顺序阀实现定位与夹紧顺序动作。系统的压力升到 p_1，推动定位液压缸完成定位，此后系统压力继续升高，达到 p_2 后，打开单向顺序阀，推动夹紧液压缸把工件夹紧。工作压力的关系是 $p_1<p_2<p$，电磁阀换向后，高压油同时进入定位液压缸和夹紧液压缸，拔出定位销，松开工件，此时夹紧液压缸的回油通过单向阀。

顺序阀可分为两类：一类是直接利用阀的进油压力来控制的自控顺序阀；另一类是利用外来油压进行控制的遥控顺序阀。在调压方式上，顺序阀也可分为直动式和先导式两种，一般先导式用于压力较高的液压系统。

图 4-10(a) 所示为液压顺序阀，它是直动式低压顺序阀。其工作原理和溢流阀相似，不同之处是其调定压力要低于进口压力，工作时由于进口压力超过调定压力，阀芯抬起较高，阀口的节流作用不大，出口压力基本上等于进口压力。此外，因为出油口 P_2 仍是通向系统中某一执行元件的压力油路，因此顺序阀的泄油必须设置单独回油管。

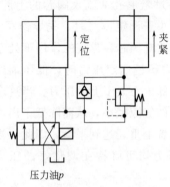

图 4-9 利用顺序阀实现定位与夹紧顺序动作

气动顺序阀工作原理和液压顺序阀相似，所不同的是气动顺序阀一般直接将控制压力作用在阀芯上，且阀芯常用座式结构；因空气可压缩又能经螺纹副间缝隙泄压，故一般不设置专门的外泄口。图 4-10(b) 所示为气动单向顺序阀。气流正向时经顺序阀控制执行元件顺序动作，气流反向时经单向阀排入大气中。

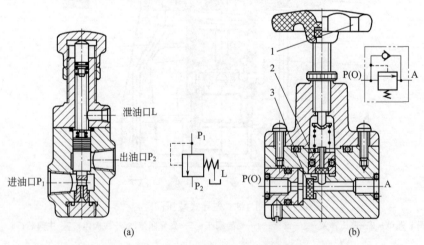

图 4-10 液压顺序阀与气动顺序阀
1—手柄；2—顺序阀阀芯；3—单向阀阀芯

图 4-11 所示为液动顺序阀，它是遥控先导式中压顺序阀。它和自控顺序阀的主要区别在于遥控式的阀芯下部有一个控制口 K。阀口的开闭不由进油压力控制，而由外来控制

油压控制。遥控顺序阀的泄漏油液应从外部回油。遥控顺序阀可作卸荷阀用，P_1 口接泵，P_2 口接油箱，卸荷油压接 K 口，当卸荷油压升高超过阀的调定压力时，顺序阀打开，泵卸荷。

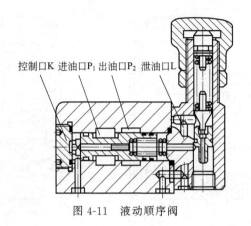

图 4-11　液动顺序阀

4.2.4　压力继电器

4.2.4.1　应用

压力继电器的作用是当液压系统中的油压达到一定数值后，发出信号，操纵电磁阀或通过中间继电器接通下一个动作，借以实现顺序控制和安全保护。

图 4-12 所示为压力继电器的应用。当液压缸碰上死挡铁后，缸的进油腔压力升高，达到调定值，压力继电器 3 发出电信号，使电磁铁 1 断电，电磁铁 2 吸合，液压缸快速退回。

4.2.4.2　工作原理

常见的压力继电器如图 4-13 所示，其控制油口 K 和液压系统相连，当压力油达到调定值时，压力油作用在橡胶薄膜 11 上，通过橡胶薄膜 11 可推动柱塞 10 向上移动，压缩弹簧 2，直到件 4 的肩部碰到套 3 为止。与此同时，柱塞 10 的锥面推动钢球 6 和 7 径向移动，钢球 6 推动杠杆 13 绕销轴 12 逆时针转动，压下微动开关 14 的触点，发出电信号。发出电信号的油压可用弹簧 2 上端的螺钉 1 来调节。

当压力降到一定值时，弹簧 2 和 9 通过钢球 5 和 7 将柱塞 10 压下，这时钢球 6 落入柱塞 10 的锥面槽内，微动开关 14 复位并将杠杆 13 推回，电路断开。弹簧 9 的作用力经钢球 7 作用在柱塞 10 的锥面上，除有一向下的分力要

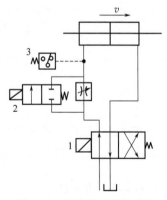

图 4-12　压力继电器的应用
1，2—电磁铁；3—压力继电器

将柱塞 10 往下压外，还有一径向分力，使柱塞 10 的一边紧靠在阀体的内壁上。这样，当柱塞 10 运动时，柱塞和阀体间就有一定的摩擦力。由于摩擦力的方向是和柱塞运动的方向相反，当控制油口 K 中的油压把柱塞向上推时，摩擦力与压力油的作用力方向相反，压力油除要克服弹簧力外，还要克服摩擦力。而当油压降低，弹簧力把柱塞向下推时，摩

擦力与压力油的作用方向相同,所以松开微动开关的油压要比压下微动开关的油压小些。用螺钉8可以调节弹簧9的作用力,因而也就可以调节压下和松开微动开关的油压差值。

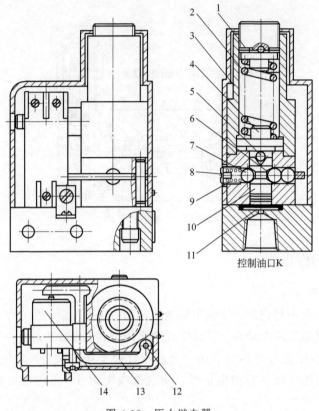

图4-13 压力继电器

1,8—螺钉;2,9—压缩弹簧;3—套;4—弹簧座;5~7—钢球;10—柱塞;
11—橡胶薄膜;12—销轴;13—杠杆;14—微动开关

4.3 方向控制阀

方向控制阀用于控制液压、气动系统中流体方向或通路,以改变执行机构的运动方向和工作顺序。方向控制阀主要有单向阀和换向阀两大类。

4.3.1 单向阀

单向阀的作用是使流体只能向一个方向流动,不能反向流动。对单向阀的性能要求如下。

① 流体正向流通时阻力要小,即压力损失要小。
② 流体不能反向通过,阀芯和阀座接触的密封性要好,应没有泄漏或泄漏很小。
③ 动作应灵敏,工作时不应有撞击和噪声。

普通单向阀的结构如图4-14所示。图4-14(a)所示为液压传动用阀,图4.14(b)所示为气动用阀。其作用均使流体只能沿一个方向流通,反方向截止。正向流通时,依靠液流或气流的压力克服阀芯背面的微弱弹簧力将阀芯推离阀座而实现;反向时,液流、气流的压力推动阀芯将阀口关闭从而切断通路。为减小正向流通时的压力损失,复位弹簧刚度一般均选得很小(如液压阀开启压力仅为 0.03～0.05MPa,气动阀则更小,为 0.009～0.025MPa)。如把液压单向阀的弹簧替换为刚度较大者,则单向阀可作背压阀用。

单向阀中的弹簧主要用来克服阀芯的摩擦阻力和惯性力,使其关闭迅速可靠,所以弹簧压力应较小,以免流体正向通过时产生过大的压力降。

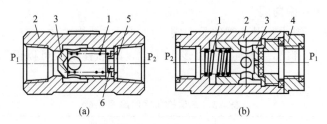

图 4-14　常用的中压型单向阀
1—弹簧;2—阀体;3—阀芯;4—过渡接头;5—挡圈;6—弹簧座

可以发现液压阀和气动阀的阀口密封方式不同:液压阀采用金属锥面(或球面)与阀座的高精度密配方式;气动阀大多采用以软质材料为垫的端面截止方式。前者常称为硬质密封,后者常称为软质密封。

普通单向阀的性能参数主要有正向最小开启压力、正向流动时的压力损失和反向泄漏量。

除了普通单向阀外,还有液控单向阀,如图 4-15 所示。当控制油口 K 不通过压力油时,油只可以从进油口 P_1 进入,顶开阀芯从出油口 P_2 流出,反向不通。当控制油口 K 接通压力油时,活塞 1 左部受油压作用,而活塞的右腔是和泄油口相通的(图中未表示),所以活塞 1 向右运动,借顶杆 2 将锥芯 3 向右顶开,于是 P_1 和 P_2 两腔接通,油液可以从两个方向自由流动。液控单向阀的最小液控压力为主油路压力的 30%～40%。

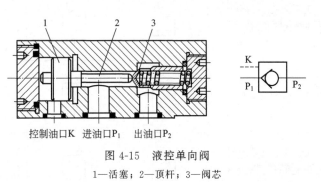

图 4-15　液控单向阀
1—活塞;2—顶杆;3—阀芯

4.3.2　换向阀

换向阀的作用是利用阀芯和阀体的相对运动来变换流体的流动方向,接通或关闭回路。换向阀的应用很广,种类也多。对换向阀的主要要求如下:

① 流体流经换向阀的压力损失要小。
② 各关闭阀口泄漏要小。
③ 换向阀要可靠，换向要平稳迅速。

根据阀芯运动方式的不同，换向阀可分为滑阀式和转阀式两种，滑阀式应用较广。
根据阀芯操作方式的不同，换向阀可分为手动、机动、电磁、液动、电液动等。
根据工作位数的不同，换向阀可分为两位、三位等。
根据控制的通道数不同，换向阀可分为二通、三通、四通、五通等。

4.3.2.1 滑阀式换向阀

（1）结构主体 阀体和滑动阀芯是滑阀式换向阀的结构主体。表 4-2 列出了三位换向阀的滑阀机能，可以看出，阀体上开有多个通口，阀芯移动后可以停留在不同的工作位置上。

表 4-2 三位换向阀的滑阀机能

滑阀机能	中间位置时的滑阀状态	中间位置的符号		中间位置时的性能特点
		三位四通	三位五通	
O 型				各油口全部关闭，系统保持压力，油缸封闭
H 型				各油口 A、B、P、O 全部连通。油泵卸荷，油缸两腔连通
Y 型				油口 A、B、O 连通，P 口保持压力，油缸两腔连通
J 型				P 口保持压力，A 口封闭，B 口和回油口 O 接通
C 型				A 口通压力油，B 口与回油 O 不通
P 型				P 口和 A、B 两油口都连通，回油口封闭
K 型				油口 P、A、O 连通，油泵卸荷，B 口封闭

续表

滑阀机能	中间位置时的滑阀状态	中间位置的符号 三位四通	中间位置的符号 三位五通	中间位置时的性能特点
X型	O(O₁) A P B O(O₂)	A B / P O	A B / O₁ P O₂	油口 A、B、P、O 半开启接通，P 口保持一定压力
M型	O(O₁) A P B O(O₂)	A B / P O	A B / O₁ P O₂	油口 P、O 连通，油泵卸荷，A、B 两油口都封闭
U型	O(O₁) A P B O(O₂)	A B / P O	A B / O₁ P O₂	A、B 两油口接通，P、O 两油口封闭，油缸两腔连通，P 口保持压力

（2）滑阀的操纵方式　常见的滑阀操纵方式如图 4-16 所示。

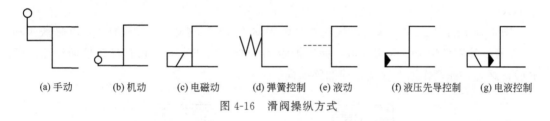

(a) 手动　　(b) 机动　　(c) 电磁动　　(d) 弹簧控制　　(e) 液动　　(f) 液压先导控制　　(g) 电液控制

图 4-16　滑阀操纵方式

4.3.2.2　手动换向阀

图 4-17 所示为三位四通手动换向阀。图 4-17(a) 所示为自动复位式。P 为压力油入口，A、B 为工作油口，分别接通液压马达（或液压缸），O 为回油口。油槽 a 通过阀芯上的中心孔和回油口 O 相通。当手柄上端向左扳时，阀芯右移，P 口和 B 口接通，A 口和 O 口接通。当手柄上端向右扳时，阀芯左移，这时 P 口和 A 口接通，B 口通过环槽 a 和阀芯上的中心孔与 O 口连通，实现了换向。放松手柄时，右端的弹簧能自动将阀芯恢复到中间原位，使油路断开，所以称为自动复位式。这种滑阀能定位在两端位置上。如果要滑阀在三个位置上都能定位，可以将右端的弹簧部分改为图 4-17(b) 所示的钢球定位式结构，在阀芯右端的一个径向孔中装有一个弹簧和两个钢球，可以在三个位置上实现定位。

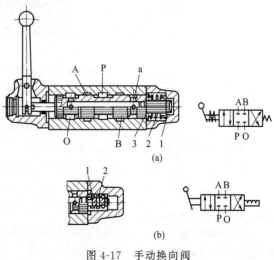

图 4-17　手动换向阀

1—阀芯；2—弹簧；3—密封圈

4.3.2.3 电磁换向阀

电磁换向阀是利用电磁铁推动阀芯移动来控制油流方向的阀类。电磁铁是由按钮开关、限位开关、行程开关或其他电气元件的电信号来控制的。采用电磁换向阀可使操作轻便,实现远距离自动控制,因此其应用广泛。

电磁换向阀按使用的电源不同有交流(D型)和直流(E型)两种。交流电磁阀电源电压为220V(也有38V或36V的),直流电磁阀电源电压为24V或110V。电流电压波动不得超过额定电压的85%~105%,电压太高易烧坏电磁铁,电压太低则吸力不够,工作不可靠。直流电磁铁启动力小,换向冲击小,寿命长,不会过载烧坏,工作可靠,但其换向时间较长,且需要直流电源,交流电磁铁不需要特殊的电源,电磁铁吸力大,换向时间短,但是换向冲击大,噪声大,过载易烧坏,可靠性不及直流电磁铁。

为了提高电磁铁的可靠性,可采用湿式电磁铁。湿式电磁铁浸在工作油中,取消了推杆处的密封,因此摩擦力小,复位性能好,冷却润滑好,工作寿命长。

对于行程长、流量大(63L/min)或者要求换向时间可调的换向阀,不能直接用电磁铁推动阀芯,要采用电液换向阀及其他的方式进行换向。

电磁换向阀一般有二位二通、二位三通、二位四通、二位五通、三位四通和三位五通等形式。

图4-18所示为二位三通电磁换向阀,由阀体1、滑阀阀芯2、接线柱3、电磁铁4和5、弹簧6等零件组成。线圈通电,衔铁被吸动,推动顶杆使滑阀阀芯移动接通油路。断电后,阀芯在弹簧作用下复位,使油路换向。

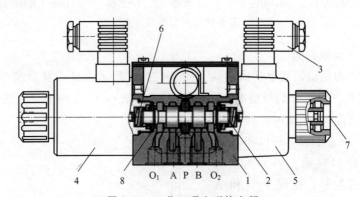

图4-18 二位三通电磁换向阀

1—阀体;2—滑阀阀芯;3—接线柱;4,5—电磁铁;6—弹簧;7—按钮;8—弹簧座

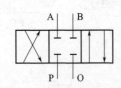

图4-19 三位四通电磁换向阀的内部通道

P—压力油口(油泵出口);O—四油口(泄油口);A,B—工作油口

三位四通电磁换向阀当阀芯处于中间位置时,阀的内部通道如图4-19所示。

O型中位机能特点是油口全部关闭,油液不流动,执行元件可在任意位置被锁止。由于液压缸内充满油液,从静止到启动较平稳,但换向时冲击较大。

H型中位机能特点是油口全部连通,泵卸荷,液压缸处于浮动状态。由于回油口通油箱,在停车时,执行元件中的油液流回油箱,再次启动时,易产生冲击。由于油口全通,换向时比 O 型平稳,但冲击量较大,换向精度较低。当用于单杆液压缸时,中位机能不能使液压缸在任意位置停止。

M 型中位机能的特点是压力油口 P 与回油口 O 连通,其余封闭,泵卸荷,液压缸可在任意位置停止,启动平稳,换向时有冲击现象。

其他中位机能的特点可依此类推。在分析和选择阀的中位机能时,通常考虑以下几点。

① P 口关闭,系统保压,泵能用于多缸系统。P 口不太通畅地与 T 口接通时(如 X 型),系统能保持一定的压力供控制油路使用。

② P 口通畅地与 T 口接通时,系统卸荷。

③ 阀在中位时,液压缸某腔如通油箱,则启动时该腔内因无油液起缓冲作用,启动不太平稳。

④ 阀在中位,当 A、B 两口互通时,卧式液压缸呈"浮动"状态,可利用其他机构移动工作台,调整其位置。当 A、B 两口关闭或与 P 口连接(在非差动情况下),则可使液压缸在任意位置处停下来。三位五通换向阀的机能与上述相仿。

4.3.2.4 液动换向阀

液动换向阀是靠压力油推动阀芯达到换向目的的。图 4-20 所示为三位四通液动换向阀。当控制油路的压力油从阀右边的油口进入滑阀右腔时,阀芯被推向左,使 P 口与 B 口接通,A 口与 O 口接通。当控制油路的压力油从阀左边的油口进入滑阀左腔时,阀芯被推向右,实现了油路的换向。当两个控制压力油口都不通压力油时,阀芯在两端弹簧作用下恢复到中间位置。当对液动换向阀的换向性能有较高要求时,液动换向阀的两端装有可调节的单向节流阀,用来调节阀芯的移动速度。

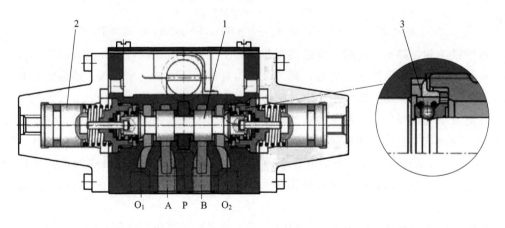

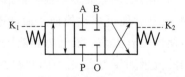

图 4-20 三位四通液动换向阀

1—滑阀阀芯;2—液控阀芯;3—可调单向节流阀

4.3.2.5 电液动换向阀

电液动换向阀是电磁滑阀和液动滑阀的组合。电磁滑阀起先导作用,它可以改变控制液流的流向,以改变液动滑阀的阀芯位置,所以能够用较小的电磁铁来控制较大的液流。常用的有二位四通电液动换向阀和三位四通电液动换向阀等。

图4-21所示为一种电液动换向阀,它是一个由电磁阀和液动阀组成的复合阀,电磁阀控制油流的流动方向,改变液动阀阀芯的位置,起着"先导"的控制作用,液动阀则以其阀芯位置的变化改变主油路上油流方向,起着"放大"的控制作用。

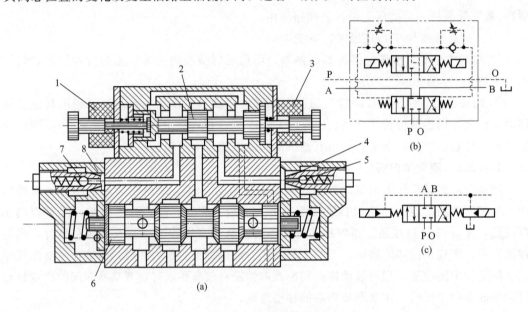

图4-21 电液动换向阀
1,3—电磁铁;2—电磁阀阀芯;4,8—节流阀;5,7—单向阀;6—液动阀阀芯

电磁铁1和3都不通电时,电磁阀阀芯2处于中位,液动阀阀芯6因其两端都接通油箱,也处于中位。电磁铁1通电时,阀芯2移向右位,压力油经单向阀7接通阀芯6的左端,开度由节流阀8的开口大小决定。阀芯2和6由各自的定位套定位。

在电液动换向阀中,控制主油路的阀芯6不是靠电磁铁吸力直接推动的,而是靠电磁铁操纵控制油路上的压力油推动的,因此推力可以很大而操纵又可以很方便。此外,阀芯6向右或向左移动的速度可以分别由节流阀4或8来调节,这就使系统中的执行元件能够得到平稳无冲击的换向,所以这种操纵方式的换向性能是较好的,适用于高压、大流量的场合。

换向阀的主要性能,以电磁换向阀的项目为最多,主要包括下面几项。

① 工作可靠性。这是指电磁铁通电后能可靠地换向,而断电后能可靠地复位。工作可靠性主要取决于设计和制造,与使用也有关系。液动力和液压卡紧力的大小对工作可靠性影响很大,而这两个力与通过阀的流量和压力有关。所以电磁阀也只有在一定的流量和压力范围内才能正常工作。这个工作范围的极限称为换向界限,如图4-22所示。

② 压力损失。由于电磁阀的开口很小,故液流流过阀口时产生较大的压力损失。一般阀体铸造流道中的压力损失比机械加工流道中的损失小。

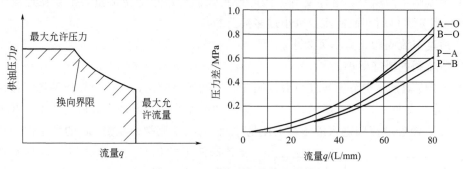

图 4-22 电磁换向阀的换向界限

③ 内泄漏量。在各个不同的工作位置，在规定的工作压力下，从高压腔漏到低压腔的泄漏量为内泄漏量。过大的内泄漏量不仅会降低系统的效率，引起过热，而且还会影响执行机构的正常工作。

④ 换向时间和复位时间。换向时间指从电磁铁通电到阀芯换向终止的时间；复位时间指从电磁铁断电到阀芯回复到初始位置的时间。减少换向时和复位时间可提高机构的工作效率，但会引起液压冲击。交流电磁阀的换向时间一般为 0.03～0.05s，换向冲击较大；而直流电磁阀的换向时间为 0.1～0.3s，换向冲击较小。通常复位时间比换向时间稍长。

⑤ 换向频率。这是指在单位时间内阀所允许的换向次数。目前单电磁铁的电磁阀的换向频率一般为 60 次/min。

⑥ 使用寿命。这是指使用到电磁阀某一零件损坏，不能进行正常的换向或复位动作，或使用到电磁阀的主要性能指标超过规定指标时所经历的换向次数。

电磁阀的使用寿命主要决定于电磁铁。湿式电磁铁的寿命比干式的长，直流电磁铁的寿命比交流的长。

⑦ 滑阀的液压卡紧现象。一般滑阀的阀孔和阀芯之间有很小的间隙，当缝隙均匀且缝隙中有油液时，移动阀芯所需的力只需克服黏性摩擦力，数值是相当小的。但在实际使用中，特别是在中、高压系统中，当阀芯停止运动一段时间后（一般约为 5min 以后），这个阻力可以大到几百牛顿，使阀芯很难重新移动，这就是液压卡紧现象。

4.4 流量控制阀

流量控制阀依靠改变节流元件工作开口的大小来调节通过阀的流量，以改变执行机构的运动速度，液流经小孔或狭缝时，会遇到阻力，阀口的通流面积越小，油液流过时的阻力就越大，因而通过的流量就越小。常用的流量控制阀有普通节流阀、调速阀、温度补偿调速阀、溢流节流阀以及这些阀和单向阀、行程阀的各种组合等。

对流量控制阀性能的主要要求如下。

① 当阀前后的压力差变化时，通过阀的流量变化要小。

② 当油液的温度变化使油液的黏度变化时，通过节流阀的流量变化要小。

③ 节流阀不易堵塞，这样使节流阀能得到较低的最小稳定流量，不会在连续工作一段时间后因节流口堵塞而使流量减小过多甚至断流。

④ 通过节流阀的压力损失要小。

⑤ 节流阀的泄漏要小。

在液压传动系统中节流元件与溢流阀并联于液压泵的出口，构成恒压油源，使泵出口的压力恒定。如图 4-23(a) 所示，此时节流阀和溢流阀相当于两个并联的液阻，泵输出流量 q_p 不变，流经节流阀进入液压缸的流量 q_1 和流经溢流阀的流量 Δq 的大小由节流阀和溢流阀液阻的相对大小来决定。若节流阀的液阻大于溢流阀的液阻，则 $q_1 < \Delta q$，反之则 $q_1 > \Delta q$。节流阀是一种可以在较大范围内以改变液阻来调节流量的元件，因此可以通过调节节流阀的液阻，来改变进入液压缸的流量，从而调节液压缸的运动速度，但若在回路中仅有节流阀而没有与之并联的溢流阀，如图 4-23(b) 所示，则节流阀就起不到调节流量的作用。泵输出的液压油全部经节流阀进入液压缸。改变节流阀节流口的大小，只是改变液流流经节流阀的压力降。节流口小流速快，节流口大流速慢，而总的流量是不变的，因此液压缸的运动速度不变。所以，节流元件用来调节流量是有条件的，即要求有一个接受节流元件压力信号的环节（与之并联的溢流阀或恒压变量泵），通过这一环节来补偿节流元件的流量变化。

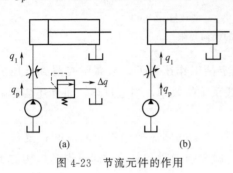

图 4-23 节流元件的作用

4.4.1 节流口的形式与流量特性

4.4.1.1 节流口的形式

节流口的形式很多，图 4-24 所表示的是几种常用的节流口。图 4-24(a) 所示为针式节流口，针阀作轴向移动，调节环形通道的大小以调节流量。图 4-24(b) 所示为偏心式节流口，在阀芯上开了一个截面为三角形（或矩形）的偏心槽，当转动阀芯时，就可以调节通道的大小以调节流量。图 4-24(c) 所示为轴向三角沟式节流口，在阀芯端部开有一个或两个斜的三角沟，轴向移动阀芯时，就可以改变三角沟通流面积的大小。图 4-24(d) 所示为周向缝隙式节流口，阀芯上开有狭缝，油液可以通过狭缝流入阀芯内孔再经左边的孔流出，旋转阀芯就可以改变缝隙式节流口通流面积的大小。图 4-24(e) 所示为轴向缝隙式节流口，在套筒上开有轴向缝隙，轴向移动阀芯就可以改变缝隙通流面积的大小以调节流量。

4.4.1.2 节流口的流量特性

液流通过薄壁小孔（小孔的长径比 $l/d \leqslant 0.5$ 时，可以视为薄壁小孔）的流量公式为

$$Q = CA\sqrt{\frac{2\Delta p}{\rho}} \tag{4-14}$$

液流通过细长孔（孔的长径比 $l/d \geqslant 4$）的流量公式为

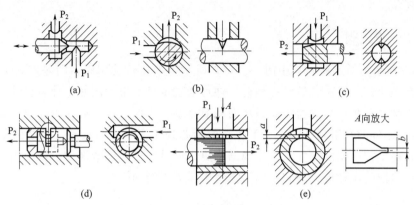

图 4-24 几种常用的节流口

$$Q = \frac{\pi d^2 \Delta p}{128 \mu l} \tag{4-15}$$

对于实际使用中的各种节流阀,其形状可能在薄壁孔和细长孔两种情况之间,它们的流量特性可以表示为

$$Q = kA \Delta p^m \tag{4-16}$$

式中 k——由节流口的断面形状及大小和油液性质决定的系数;

m——由节流口形状决定的指数,一般在 0.5~1 的范围内,近似于薄壁孔时,接近 0.5;近似于细长孔时,接近于 1;

A——节流口的通流面积。

对比图 4-24 所示的各种节流口,图 4-24(a) 所示的针式节流口和图 4-24(b) 所示的偏心式节流口,由于节流通道较长,因而节流口前后压力差和温度的变化对流量的影响较大,也较容易堵塞,所以一般应用在性能要求不高的地方。图 4-24(e) 所示的轴向缝隙式节流口,由于在节流口上部铣了一个槽,使节流口的厚度减薄到 0.07~0.09mm,成为薄壁式节流口,性能比较好,可以得到较小的稳定流量。

在液压系统中,希望节流口大小调好后,流量 Q 稳定不变。但实际上流量会有变化,特别是流量小时变化较大。根据流量公式,可以看出影响流量稳定与否的有下面几个因素。

① 节流阀前后的压力差 Δp。流量公式中包含 Δp^m,m 越大,Δp 变化后对流量的影响就越大,因此薄壁孔比细长孔好。

② 油的温度。油温影响油液的黏度,油温高时油液的黏度降低。对细长孔,当油温升高时,油液的黏度降低,流量 Q 就会增加。而对于薄壁孔,油液的黏度对流量的影响很小。此外,对于同一个节流口,在小流量时,节流口的截面较小,节流口的长度相对地就比较长,所以油温的影响也会增大。

③ 节流口是否堵塞。节流阀可能因油液中有杂质或由于油液的极化分子和氧化后析出的胶质等造成部分堵塞,这样就改变了原来调节好的节流口大小,因而使流量发生变化。通流面积与湿周长度的比值称为水力半径。一般通流面积越大、节流通道越短和水力半径越大时,节流口就越不容易堵塞。此外,油液的质量或过滤的精度较好时,也不容易

产生堵塞现象。

4.4.2 节流阀

图 4-25 所示为节流阀，其中图 4-25(a) 所示为液压传动用阀，图 4-25(b) 所示为气动用阀。在图 4-25(a) 中，转动手柄时，便可通过推杆 3 带动阀芯 1 轴向移动，改变节流口（图中为轴向三角槽）的通流面积从而调节流量。为保证阀芯移动时轻便自如，特将进口油液经过 a、b 两孔引到阀芯上、下腔，使阀芯处于压力平衡状态。阀芯的复位和定位由弹簧 5 紧贴推杆 3 实现。气动节流阀结构更为简单，松开锁紧螺母，转动阀杆再锁紧即可完成调节，因气压较低，阀芯动作无需考虑压力平衡的问题。

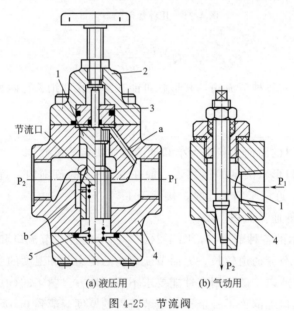

(a) 液压用　　(b) 气动用

图 4-25　节流阀

1—阀芯；2—阀盖；3—推杆；4—阀体；5—弹簧

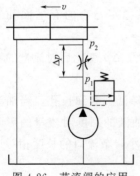

图 4-26　节流阀的应用

节流阀在系统中用来调节执行机构的运动速度，图 4-26 所示为把节流阀串联在油路系统中，通过节流调节液压缸运动速度。

这种节流阀通过的流量受阀两端的压力差变化的影响很大，随着压力差的减小，通过阀的流量按抛物线规律下降。

4.4.3 调速阀

调速阀是由一个节流阀和一个减压阀组合而成的。由于减压阀的作用使调速阀中通过的流量几乎可以不受节流口两端压力差波动的影响，大大提高了流量的稳定性。图 4-27(a) 所示为调速阀的工作原理，图 4-27(b) 所示为调速阀的符号，图 4-27(c) 所示为调速阀的简化符号。

图 4-27(a) 中液压缸活塞被压力油 p 推动以速度 v 向左运动，回油 p_2 通过减压阀的槽 a，经阀芯台肩形成的节流口减压后降为 p_3 由槽口流出，压力 p_3 再引到减压阀阀芯右端（无弹簧端的两个端面），然后进入节流阀。减压阀的有弹簧端则接到节流阀后端，设压力为 p_4（往往 p_4 不为零）。略去阀杆上的摩擦力和阀芯本身自重，则阀芯上的力平衡方程式为

$$p_3 F_{阀} = S + p_4 F_{阀} \tag{4-17}$$

即
$$p_3 - p_4 = \frac{S}{F_{阀}}$$

式中 S——弹簧力；

$F_{阀}$——阀芯的有效作用面积；

p_3——节流阀前（b 腔）的压力；

p_4——节流阀后的压力。

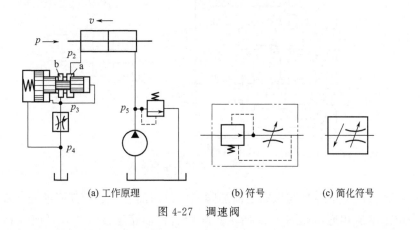

(a) 工作原理　　(b) 符号　　(c) 简化符号

图 4-27　调速阀

设计时，减压阀的弹簧很软，而且工作中阀芯的移动量很小，因而等式的右端 $S/F_{阀}$ 可视为常量，所以压力 $\Delta p = p_3 - p_4$ 也基本上是常量。因此调速阀工作时通过的流量基本不变，虽然外加载荷的变化造成压力的波动，但调整好的活塞运动速度保持稳定。

调速阀正常工作时，要有一定的压力差（0.4～0.5MPa），因为压力差很小时，减压阀阀芯在弹簧作用下移至最右侧，减压阀的节流口全部打开，这时的性能和节流阀完全一样，只有当压差大于上述值时，减压阀才能起稳定节流阀两端压力差的作用。

4.5　多路换向阀

多路换向阀是由两个以上的换向阀为主体组合而成的组合阀。根据不同液压系统的要求，常将主安全阀、单向阀、过载阀、补油阀、分流阀、制动阀等阀类组合在一起。由于多路换向阀具有结构紧凑、管路简单、压力损失小和安装简便等优点，常用于行走车辆的操纵机构。按照阀体的结构形式，多路换向阀分为整体式和分片式。整体式多路换向阀是将多个换向阀及某些辅助阀装在同一阀体内。这种换向阀具有结构紧凑、重量轻、压力损

失小、压力高、流量大等特点,但阀体铸造技术要求高,比较适合在相对稳定及大批量生产的机械上使用。分片式换向阀是用螺栓将进油阀体、各片换向阀体、回油阀体组装在一起,其中换向阀的片数可根据需要加以选择。分片式多路换向阀可按不同使用要求组装成不同的多路换向阀,通用性较强,但加工面多,出现渗油的可能性也较大。按照油路连接方式,多路换向阀可分为并联、串联和串并联等形式。

并联就是从进油口来的油可直接通到各阀的进油腔,各阀的回油腔又直接通到多路换向阀的总回油口,如图 4-28 所示。采用这种油路连接形式后,滑阀可各自独立操作;当同时操纵各换向阀时,压力油总是先进入油压较低的执行元件,只有当各元件进油腔的油压相等时,各执行元件才能同时工作。此时,分配到各执行元件的油液仅是泵流量的一部分。该阀的压力损失一般较小。

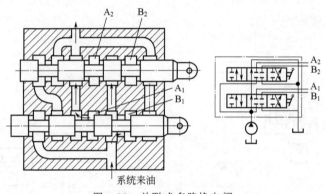

图 4-28 并联式多路换向阀

串联是各阀的进油腔都与该阀之前的阀的中位回油道相通,其回油腔又都和该阀之后的阀的中位进油道相通,如图 4-29 所示。采用这种油路连接方式,可使各阀所控制的执行元件同时工作,条件是液压泵输出的油压要大于所有正在工作的执行元件两腔压力差之和。该阀的压力损失一般较大。

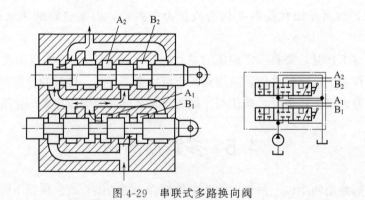

图 4-29 串联式多路换向阀

图 4-30 所示为 DF 型串并联式多路换向阀。这种阀有两联,采用整体式结构。阀下联为三位六通滑阀,中位为封闭状态;上联为四位六通滑阀,包括封闭和浮动状态,油路采用串并联形式。当下联处于封闭状态时,上联与压力油接通。阀内设有安全阀和过载补油阀。

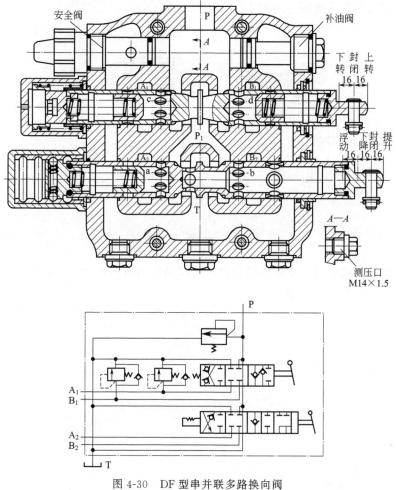

图 4-30　DF 型串并联多路换向阀

4.6　比例阀

比例阀是一种按输入的电信号连续地、按比例地控制液压系统的压力和流量的阀。前面讨论的控制阀多具有开关控制的性质，不能进行连续控制，若要对液压系统的参数进行连续控制，则需使用伺服阀。伺服阀由于价格高，维护保养要求严格，限制了它在一般液压系统中的广泛使用。比例阀的组成是把普通的压力阀、流量阀和换向阀的控制部分换上比例电磁铁，用比例电磁铁的吸力来改变阀的参数以进行比例控制。

4.6.1　电磁比例压力阀

图 4-31 所示为电磁比例压力阀（溢流阀）。它由普通先导式溢流阀和比例电磁铁组成，其工作原理与先导式溢流阀相似。不同之处是普通溢流阀的调压多是用手调，而电磁比例溢流阀的压力是由电磁铁产生的电磁力推动推杆，压缩弹簧作用在锥阀上，顶开锥阀的压力 p，即是调整压力，电磁力的大小与通入比例电磁铁的电流成比例，因此改变电流

的大小,即可调节溢流阀压力的大小。

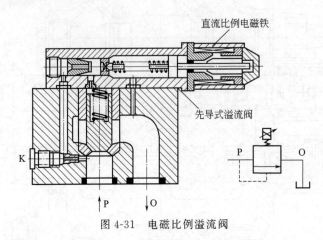

图 4-31 电磁比例溢流阀

电磁比例压力阀可接受电信号的指令,连续地控制液压系统压力,使压力与输入电信号成比例地变化。其基本关系为

$$F_D = K_t I \qquad (4\text{-}18)$$

$$F_S = pA \qquad (4\text{-}19)$$

由于 $F_D = F_S$,所以

$$pA = K_t I, \quad p = \frac{K_t I}{A} = K_p I \qquad (4\text{-}20)$$

式中 F_D——电磁力;
    F_S——弹簧压缩力;
    K_t——比例常数;
    K_p——比例常数;
    A——锥阀在阀座上的受压面积;
    I——通入比例电磁铁中的电流。

当电流 I 连续或按一定程序变化,则比例阀所控制的压力也是与输入电信号成比例或按一定程序变化的。

图 4-32 所示为比例溢流阀的 p-I 特性曲线。压力 p 与电流 I 的关系应该是线性的,但由于磁性材料和运动部件的黏滞摩擦影响,使 p-I 上升与下降曲线不重合。从图 4-32 中可以看出,在电流上升到 I_0 时,输出压力 p_A(A 点)。继续增大控制电流,压力将按比例增加,直到 I_M 时,压力为 p_M(C 点)。当控制电流减小时,压力不按原来的曲线下降,而控制电流为零时,输出压力为 p_A,而在控制电流从零到 I_0 范围内输出压力不变,出现不灵敏区。

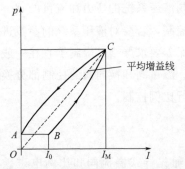

图 4-32 比例溢流阀的 p-I 特性曲线

4.6.2 电磁比例流量阀

电磁比例流量阀由调速阀和比例电磁铁组合而成。如图 4-33 所示。外部信号输入时，节流阀的阀芯在弹簧力与比例电磁铁的电磁力作用下保持平衡，该位置对应节流阀的一定的开口量 x，通过节流口的流量可按小孔流量特性方程决定。

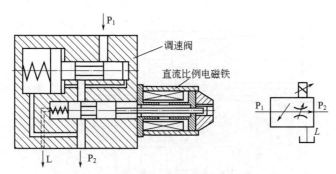

图 4-33 电磁比例流量阀

$$Q = KA\Delta p^m \tag{4-21}$$

因为减压阀保证了卸荷基本恒定，所以

$$Q \propto A = bx \tag{4-22}$$

又

$$F_D = K_t I$$

$$F_S = K_S x$$

因 $F_D = F_S$，故

$$K_t I = K_S x$$

所以

$$x = \frac{K_t I}{K_S}$$

即

$$Q \propto \frac{K_t}{K_S} bI \tag{4-23}$$

式中 K_t——比例常数；

K_S——弹簧刚度；

b——节流口宽度。

由式(4-23)可以看出，只要改变输入电流的大小，就可以控制调速阀的流量，其流量-电流特性曲线与 p-I 特性曲线相似。

4.6.3 电磁比例方向阀

图 4-34 所示为电磁比例方向阀，是电磁比例压力阀与液动换向阀的组合，常用电磁比例减压阀作为先导阀。利用电磁比例减压阀的出口压力来控制液动阀的正反开口量，从而控制液压系统的流量大小和液流方向。

当电信号输给比例电磁铁 8 时，其推杆使减压阀阀芯向右移动。这时油液压力 p 经减压阀减为 p_1，从油道 2 进入液动阀 5 的右端，推动阀 5 向左移动，使 B 腔与压力油

（p）相通，在油道 2 内设有反馈孔 3，将油液（p_1）引至减压阀右端，形成压力反馈。当 p_1 与比例电磁铁的电磁力相等时，减压阀处于平衡位置，液动换向阀有一个相应的开口量，压力油（p）与 A 腔的通油原理同上。通过电磁比例方向阀的液流流量大小和液流方向可以由输入电信号连续控制。另外，在液动换向阀的两端盖上分别设有节流阀 6 和 7，可以根据需要调节液动换向阀换向时间。

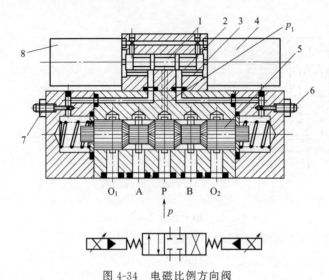

图 4-34　电磁比例方向阀

1—阀芯；2—油道；3—反馈孔；4,8—比例电磁铁；5—液动阀；6,7—节流阀

习 题

4-1　填空题

（1）溢流阀的进口压力随流量变化而波动的性能称为（　　），性能的好坏用（　　）或（　　）、（　　）评价。显然（　　）小好，（　　）和（　　）大好。

（2）溢流阀为（　　）压力控制，阀口常（　　），先导阀弹簧腔的泄漏油与阀的出口相通。定值减压阀为（　　）压力控制，阀口常（　　），先导阀弹簧腔的泄漏油必须（　　）。

（3）调速阀由（　　）和节流阀（　　）而成，旁通型调速阀由（　　）和节流阀（　　）而成。

4-2　选择题

（1）大流量的系统中，主换向阀应采用（　　）换向阀。

A. 电磁　　　　　　B. 电液　　　　　　C. 手动

（2）利用三位四通换向阀（　　）中位机能可以使系统卸荷。

A. O 型　　　　　　B. M 型　　　　　　C. Y 型

（3）有两个调整压力分别为 5MPa 和 10MPa 的溢流阀串联在泵的出口，泵的出口压力为（　　）；有两个调整压力分别为5MPa和10MPa内控外泄式顺序阀串联在泵的出口，泵的出口压力为（　　）。

A. 5MPa　　　　　B. 10MPa　　　　　C. 15MPa

（4）为保证负载变化时，节流阀的前后压力差不变，即通过节流阀的流量基本不变，往往将节流阀与（　　）串联组成调速阀，或将节流阀与（　　）并联组成旁通型调速阀。

A. 减压阀　　　B. 定差减压阀　　　C. 溢流阀　　　D. 差压式溢流阀

（5）三位四通电液换向阀的液动滑阀为弹簧对中型，其先导电磁换向阀中位必须是（　　）机能，而液动滑阀为液压对中型，其先导电磁换向阀中位必须是（　　）机能。

A. H型　　　　　B. M型　　　　　C. Y型　　　　　D. P型

（6）当控制阀的开口一定，阀的进、出口压力差 $\Delta p < (3\sim5)\times10^5$ Pa 时，随着压力差 Δp 变小，通过节流阀的流量（　　），通过调速阀的流量（　　）。

A. 增加　　　　B. 减少　　　　C. 基本不变　　　　D. 无法判断

（7）当控制阀的开口一定，阀的进、出口压力差 $\Delta p < (3\sim5)\times10^5$ Pa 时，当负载变化导致压力差 Δp 增加时，节流阀流量（　　），调速阀流量（　　）。

A. 增加　　　　B. 减少　　　　C. 基本不变　　　　D. 无法判断

（8）当控制阀的开口一定，阀的进、出口压力相等时，通过节流阀的流量为（　　），通过调速阀的流量为（　　）。

A. 0　　　　　B. 某调定值　　　　C. 某变值　　　　D. 无法判断

4-3　简答题

（1）顺序阀有哪几种控制方式和泄油方式？举例说明。

（2）什么是换向阀的"位"和"通"？举例说明。

（3）液压系统的压力决定于外负载，而压力控制阀也控制系统的压力，试问两者有何区别？

（4）液压控制阀有哪些共同点？对其应有哪些基本要求？

（5）使用液控单向阀时应注意哪些问题？

（6）选择三位换向阀的中位机能时应考虑哪些问题？

（7）什么是溢流阀的开启压力和调整压力？

（8）使用顺序阀时应注意哪些问题？

（9）为什么顺序阀的弹簧腔泄漏油分内泄和外泄两种？可否全部采用外泄？

（10）为什么调速阀能够使执行元件的运动速度稳定？

（11）调速阀和旁通型调速阀（溢流节流阀）有何异同点？

4-4　判断题

（1）背压阀的作用是使液压缸的回油腔具有一定的压力，保证运动部件工作平稳。

（2）比例溢流阀不能对进口压力进行连续控制。

（3）高压大流量液压系统常采用电液换向阀实现主油路换向。

（4）先导式溢流阀主阀弹簧刚度比先导阀弹簧刚度小。

（5）滑阀为间隙密封，锥阀为线密封，后者不仅密封性能好而且开启时无死区。

（6）节流阀和调速阀都是用来调节流量及稳定流量的流量控制阀。

（7）单向阀可以用来作背压阀。

（8）同一规格的电磁换向阀机能不同，可靠换向的最大压力和最大流量不同。

（9）因电磁吸力有限，对液动力较大的大流量换向阀应选用液动换向阀或电液换向阀。

（10）串联了定值减压阀的支路，始终能获得低于系统压力调定值的稳定的工作压力。

4-5 分析题

（1）如题图 4-1 所示的离合器压盘回路的工作原理，试回答以下三个问题：

① 如何压下离合器压盘？如何控制液压缸对离合器压盘的压下力？

② 如何保压（使液压缸在某一恒定位置保持一定的压力顶住离合器压盘的回弹）？

③ 此处换向阀是何种机能？是否可用 O 型、M 型或 H 型代替？

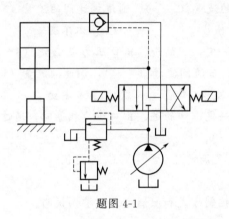

题图 4-1

（2）试分析如题图 4-2 所示的多级压力控制回路的工作原理。

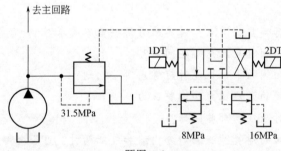

题图 4-2

第5章

液压、气压传动基本元件——缸

动力缸是将流体的压力能转变为机械能的能量转换装置。动力缸一般用于实现直线往复运动或回转往复运动。

液压缸根据其结构特点,可以分为活塞式、柱塞式和回转式三大类。以下主要以活塞式液压缸为例进行说明。

气压传动中采用的活塞缸也有类似结构,只不过由于气压传动工作压力较低等原因,气缸的材料、密封及缓冲设计等往往有些区别,如可采用质轻的铝合金、减小动密封处的摩擦等。

5.1 常用动力缸

5.1.1 单活塞杆液压缸

单活塞杆液压缸的特点是仅在液压缸的一腔中有活塞杆,使液压缸两腔的有效工作面积不相等,活塞杆直径越大,有效工作面积相差越大。在两腔分别输入油量相同的情况下,活塞往复运动速度不相等,在供油压力一定的情况下作用到活塞两侧的力量大小也不相等。这种液压缸多用于工作行程不长的地方,因单杆伸出过长较易下垂,对工作不利。

图 5-1 所示为单活塞杆液压缸,主要由活塞杆 3、缸盖 1、缸筒 4、活塞 7、缸底 2 和导向套 6 等组成。

压力油进入液压缸右腔,推动活塞向左移动。油缸左腔的油液从液压缸侧面的孔排出。当活塞运动接近终点时,回油腔的油液必须经活塞外圆端部的轴向三角槽流出,使油液受到节流而起缓冲作用。

单杆活塞缸的计算简图如图 5-2 所示。在单杆活塞缸中,由于缸两腔的有效工作面积不相等,所以左右两腔的流量与速度、牵引力与压力之间的关系式不一样。在图 5-2(a)中,当压力油输入无杆腔时,输入的流量 Q_1 为

$$Q_1 = \frac{\pi}{4} D^2 v_1 \tag{5-1}$$

或

$$v_1 = \frac{4Q_1}{\pi D^2} \tag{5-2}$$

式中 Q_1——输入无杆腔的流量;

v_1——活塞（或缸体）的运动速度。

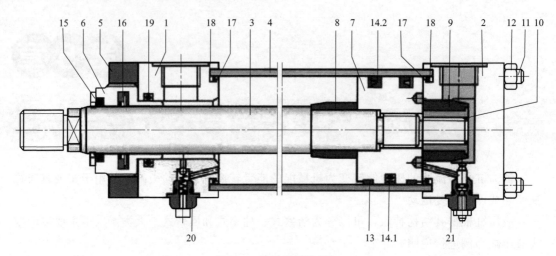

图 5-1 单活塞杆液压缸

1—缸盖；2—缸底；3—活塞杆；4—缸筒；5—法兰；6—导向套；7—活塞；8,9—缓冲套；10—螺纹衬套；11—拉杆；12—螺母；13—弹性环；14.1—活塞密封（T形）；14.2—活塞密封（A形）；15—清洁环；16—活塞杆密封；17,19—O形密封圈；18—垫圈；20—排气单向阀；21—节流阀

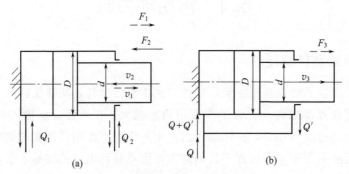

图 5-2 单活塞杆缸的计算简图

活塞上的推力 F_1 为

$$F_1 = \frac{\pi}{4}D^2 p_1 - \frac{\pi}{4}(D^2-d^2)p_2 = \frac{\pi}{4}D^2(p_1-p_2) + \frac{\pi}{4}d^2 p_2 \tag{5-3}$$

式中 p_1, p_2 ——进油压力和回油压力。

当压力油输入有杆腔时，输入的流量 Q_2 为

$$Q_2 = \frac{\pi}{4}(D^2-d^2)v_2 \tag{5-4}$$

或

$$v_2 = \frac{4Q_1}{\pi(D^2-d^2)} \tag{5-5}$$

式中 Q_2——输入有杆腔的流量；

v_2——活塞（或缸体）的运动速度。

活塞上的推力 F_2 为

$$F_2 = \frac{\pi}{4}(D^2-d^2)p_1 - \frac{\pi}{4}D^2 p_2 = \frac{\pi}{4}D^2(p_1-p_2) - \frac{\pi}{4}d^2 p_1 \tag{5-6}$$

图 5-2(b) 所示为左、右两腔同时通压力油，即差动连接。开始时差动缸左右两腔的油液压力相同，但由于无杆腔面积大于有杆腔的有效面积，故活塞将向右运动。

$$Q+Q' = Q + \frac{\pi}{4}(D^2-d^2)v_3 = \frac{\pi}{4}D^2 v_3 \tag{5-7}$$

$$v = v_3 = \frac{4Q}{\pi d^2} \tag{5-8}$$

活塞上的推力 F_3 为

$$F_3 = p_1(A_1 - A_2) = \frac{\pi}{4}[D^2 - (D^2-d^2)] = \frac{\pi}{4}d^2 p_1 \tag{5-9}$$

由此可见，差动连接时液压缸推力比非差动连接时小，速度比非差动连接时大，利用这个特点，可实现执行机构快速前进、后退和慢速工进的工作循环。

5.1.2 双活塞杆液压缸

如图 5-3 所示，双活塞杆液压缸的特点是被活塞分隔开的液压缸两腔中都有活塞杆伸出，动力是活塞杆传递的。两活塞杆直径相等。当流入液压缸两腔中的油量相同时，活塞往复运动的速度也相等。

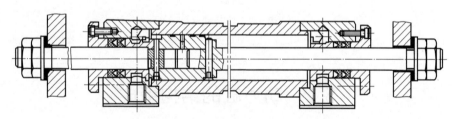

图 5-3 实心双活塞杆液压缸

如图 5-4 所示，需要输入缸内的流量可根据活塞的面积和要求的运动速度算出，流量 Q 的计算公式为

$$Q = \frac{\pi}{4}(D^2-d^2)v \tag{5-10}$$

式中 D, d——液压缸内径和活塞杆直径；
v——活塞（或缸体）的运动速度。

由式(5-10)可得活塞的运动速度为

$$v = \frac{4Q}{\pi(D^2-d^2)}$$

液压缸牵引力和油压之间的关系为

$$F = \frac{\pi}{4}(D^2-d^2)(p_1-p_2) \tag{5-11}$$

式中 p_1, p_2——进油压力和回油压力。

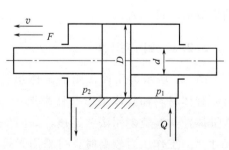

图 5-4 双活塞杆缸的计算简图

5.1.3 膜片式气缸

图 5-5 所示为膜片式气缸,高弹性材料制成的膜片 2 通过弹性卡箍 3 由上盖 1 和下座 4 夹紧,并形成上腔 a 和下腔 b,a 为工作腔,孔 c 接压缩空气,孔 d 通大气。弹簧 5 用于推杆 8 的复位。这种气缸的行程短,但摩擦极小,因此适用于低压、响应较快的场合。由于膜片及弹簧变形阻力的原因,输出推力随行程增大而减小。其变化关系随膜片材料、膜片及弹簧的几何尺寸变化而不同。选用时应考虑其技术参数或特性曲线。

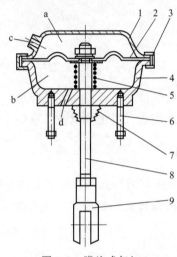

图 5-5 膜片式气缸

1—上盖;2—膜片;3—卡箍;4—下座;5—复位弹簧;6—螺栓;7—防尘套;8—推杆;9—接头

5.2 动力缸的结构组成

图 5-6 所示为单杆活塞式液压缸,它由缸体组件和活塞组件两个基本部分组成。缸体组件包括缸体 5、端盖 1 和 8 等,活塞组件包括活塞 3、活塞杆 4 等,这两部分在组装后用四根长拉杆 6 串起来,并用螺母固紧。为了保证液压缸具有可靠的密封性,在前、后端盖和缸体之间,缸体和活塞之间,活塞杆和后端盖之间以及活塞和活塞杆之间都分别设置了相应的密封件。活塞杆的伸出端由装有刮油、防尘装置 9 的导向套 10 支承。为了防止活塞在两端对端盖的撞击,在前、后缸盖中都设置了由单向阀和节流阀组成的缓冲装置。

5.2.1 缸体组件

图 5-7 所示为几种常用的缸体组件结构。在设计时,主要应根据液压缸的工作压力、缸体材料和具体工作条件来选用不同的结构。一般工作压力低的地方,常采用铸铁缸体,其端盖多用法兰连接,如图 5-7(a) 所示。这种结构易于加工和装拆,但外形尺寸大。工作压力较高时,可采用无缝钢管的缸体,它与端盖的连接方式如图 5-7(b)、

(c) 所示。采用半环连接 [图 5-7(b)] 装拆方便，但缸壁上开了槽，会减弱缸体的强度。采用螺纹连接 [图 5-7(c)] 外形尺寸小，但缸体端部需加工螺纹，使结构复杂，加工和装拆不方便。

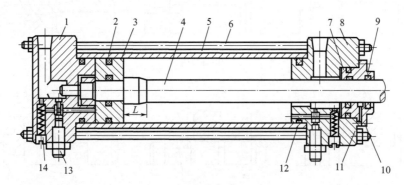

图 5-6 单杆活塞式液压缸
1—前端盖；2,7,12—密封件；3—活塞；4—活塞杆；5—缸体；6—长拉杆；
8—后端盖；9—刮油、防尘装置；10—导向套；11—螺钉；13—节流阀；14—单向阀

5.2.2 活塞组件

图 5-8 所示为几种常用的活塞结构，其中，图 5-8(a)～(c) 所示为整体活塞，图 5-8(d) 所示为分体活塞。

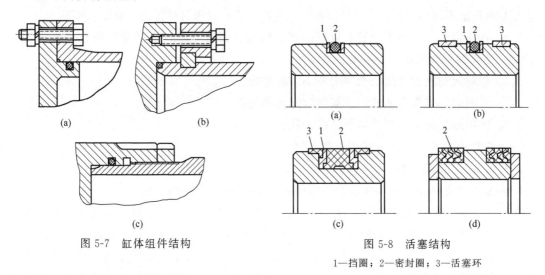

图 5-7 缸体组件结构　　　　图 5-8 活塞结构
1—挡圈；2—密封圈；3—活塞环

常用活塞与活塞杆的连接方式如图 5-9 所示。所有的连接结构均需有锁紧措施，以防止活塞杆往复运动时松动，另外如选用螺纹连接结构，必须有一个轴肩定位以防螺纹的间隙引起活塞的径向松动。

由于活塞组件在液压缸中是一个支承件，必须有足够的耐磨性能，所以活塞材料一般采用铸铁，而活塞杆采用钢材。

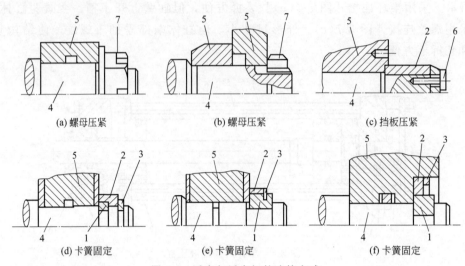

图 5-9 活塞与活塞杆的连接方式

1—卡环；2—轴套；3—弹簧圈；4—活塞杆；5—活塞；6—螺钉；7—锁紧螺母

5.2.3 密封装置

液压缸中的密封主要指活塞和缸体之间、活塞杆和端盖之间的密封，它是用来防止内、外泄漏的，液压缸中密封性能的好坏，直接影响到液压缸的工作性能和效率，因此在设计时应根据液压缸不同的工作条件来选用相应的密封方式。对密封装置的一般要求如下。

① 在一定工作压力下，具有良好的密封性能。最好是随压力的增加能自动提高密封性能，使泄漏不致因压力升高而显著增加。

② 相对运动表面之间的摩擦力要小，且稳定。

③ 要耐磨，工作寿命长，或磨损后能自动补偿。

④ 使用维护简单，制造容易，成本低。

液压缸中常见的密封方式有下列几种。

5.2.3.1 间隙密封

间隙密封是靠相对运动件配合表面间微小间隙防止泄漏的（图 5-10）。其密封性能与间隙大小、压力差、配合表面长度、直径以及加工质量有关。为了提高其密封性能，在活塞上常开有深 0.3~0.5mm 的截面为三角形的环形槽（也称平衡槽），在环形槽中形成等压区，使作用在活塞上的径向液压力得到平衡，有使活塞自动对中的作用，从而减小了活塞和油缸配合表面间的摩擦力，并减少了泄漏量。间隙密封结构简单，摩擦力小，在滑阀中也被广泛采用。但是其密封性能不能随压力的增大而提高，且磨损后不能自动补偿间隙。当活塞直径大时，配合表面很大，要保证缸体很高的加工精度有一定困难，且不经济，因此一般在液压缸中较少采用，而仅用于直径小、运动速度快的低压液压缸中。

5.2.3.2 活塞环密封

如图 5-11(a) 所示，在活塞的环形槽中，嵌放有开口的金属活塞环，其形状如图 5-11(b) 所示。活塞环依靠其弹性变形所产生的张力紧贴于油缸内壁，从而实现密封。

这种密封装置的密封效果较好，能适应较大的压力变化和速度变化，耐高温，使用寿命长，易于维护保养，并能使活塞有较长的支承面。缺点是制造工艺复杂，因此只适用于高压、高速或密封性能要求较高的场合。

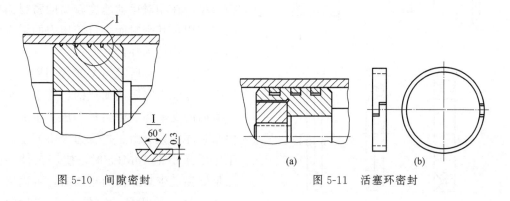

图 5-10　间隙密封　　　　　　　图 5-11　活塞环密封

5.2.3.3　密封圈密封

密封圈密封是液压元件中应用最广的一种密封方式，优点如下。

① 密封圈结构简单，制造方便，是大量生产的标准模压件，所以成本低。

② 能自动补偿磨损。

③ 油液的工作压力越高，密封圈在密封面上贴得越紧，其密封性能可随着压力的加大而提高，因而密封可靠。

④ 被密封的部位表面不直接接触，所以加工精度可以较低。

⑤ 既可用于固定件，也可用于运动件。密封圈的材料应具有较好的弹性，适当的机械强度，耐热耐磨性能好，摩擦因数小，与金属接触不互相粘着和腐蚀，与液压油有很好的相容性。目前用得最多的是耐油橡胶，其次是尼龙和聚氨酯等。密封件的形状应使密封可靠、耐久、摩擦阻力小、容易制造和拆装，特别是应能随压力的升高而提高密封能力和利于自动补偿磨损。

常用密封圈按其断面形状来分，可分为 O 形密封圈和唇形密封圈，而唇形密封圈中又可分为 Y 形、V 形等密封圈，现分述如下。

图 5-12(a) 所示为 O 形密封圈的形状，其外侧、内侧及端部都能起密封作用。O 形密封圈装入沟槽时的情况如图 5-12(a) 右图所示，图中 δ_1 和 δ_2 为 O 形密封圈装配后的预变形量，它们是保证间隙的密封性所必须具备的，预变形量的大小应选择适当，过小时会由于安装部位的偏心、公差波动等而漏油，过大时对运动件上用的 O 形密封圈来说，摩擦阻力会增加，所以固定件上 O 形密封圈的预变形量通常取大些，而运动件上 O 形密封圈的预变形量应取小些，由安装沟槽的尺寸来保证。用于各种情况下的 O 形密封圈尺寸，连同安装它们的沟槽的形状、尺寸和加工精度等可从设计手册中查到。O 形密封圈一般用于低于 10MPa 的工作压力下，当压力过高时，可设置多道密封圈，并应加用密封挡圈，以防止 O 形密封圈从密封槽的间隙中被挤出。O 形密封圈的优点是简单、可靠、体积小、动摩擦阻力小、安装方便、价格低，故应用极为广泛。

图 5-12(b) 所示为 Y 形密封圈，一般用耐油橡胶制成，它在工作时受液压力作用使

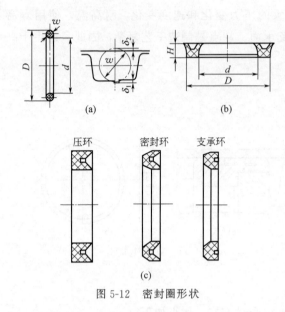

图 5-12 密封圈形状

唇张开，分别贴在轴表面和孔壁上，起到密封作用。为此，在装配时应注意使唇边开口面对有压力的油腔。这种密封圈因摩擦力小，在相对运动速度较高的密封面处也能应用，其密封能力可随压力的增大而提高，并能自动补偿磨损。

图 5-12(c) 所示为 V 形密封圈，它是用多层涂胶织物压制而成的，并由三个不同截面的支承环、密封环和压环组成，其中密封环的数量由工作压力大小而定。当工作压力小于 10MPa 时，使用三件一套已足够保证密封。压力更高时，可以增加中间密封环的数量。它与 Y 形密封圈一样，在装配时也必须使唇边开口面对压力油的作用方向。V 形密封圈的接触面较长，密封性好，但摩擦力较大，在相对速度不高的活塞杆与端盖的密封处应用较多。

图 5-13(a)～(c) 分别表示了 O 形、V 形和 Y 形密封圈在活塞杆和端盖密封处的应用情况。对于工作环境较脏的液压缸来说，为了防止脏物被活塞杆带进液压缸，使油液污染，加速密封件的磨损，需在活塞杆密封处设置防尘圈。防尘圈应放在朝向活塞杆外伸的一端，如图 5-13(d) 所示。

在泵、液压马达和摆动缸的转轴上，通常采用回转轴密封圈，其形状如图 5-14 所示。它由耐油橡胶压制而成，内部有一个断面为直角形的金属骨架 1。内唇由一根螺旋弹簧 2 收紧在轴上，防止油液沿轴向泄漏到壳体外面去。其工作压力一般不超过 0.1MPa，最大允许速度为 4～8m/s，且应在有润滑的情况下工作。

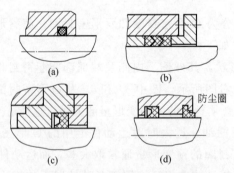

图 5-13 活塞杆和端盖处的密封装置

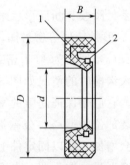

图 5-14 回转轴密封圈
1—金属骨架；2—螺旋弹簧

5.2.4 缓冲装置

当液压缸所驱动的工作部件质量较大，移动速度较快时，由于具有的动量大，致使在行程终了时,活塞与端盖发生撞击,造成液压冲击和噪声,甚至严重影响工作精度和发生破坏性事故,因此在大型、高速或要求较高的液压缸中往往需设缓冲装置。尽管液压缸中的缓冲装置结构形式很多,但其工作原理都是相同的。当活塞在接近端盖时,增大液压缸回油阻力,使缓冲油腔内产生足够的缓冲压力,使活塞减速,从而防止活塞撞击端盖。

液压缸上常用的缓冲装置如图 5-15 所示。图 5-15(a) 为间隙缓冲装置,当活塞移近端盖时,活塞上的凸台进入端盖的凹腔,将封闭在回油腔中的油液从凸台和凹腔之间的环状间隙 δ 中挤压出去,吸收了能量,形成缓冲压力,从而使活塞减慢了移动速度。这种缓冲装置结构简单,但缓冲压力不可调节,且实现减速所需行程较长,适用于移动部件惯性不大,移动速度不高的场合。图 5-15(b) 所示为可调节流缓冲装置,它不但有凸台和凹腔等结构,而且在端盖中还装有针形节流阀 1 和单向阀 2。当活塞移近端盖时,凸台进入凹腔,由于凸台和凹腔之间有 O 形密封圈挡油,所以回油腔中的油液只能经针形节流阀流出,由于回油阻力增大,因而使活塞受到制动作用。这种缓冲装置可以根据负载情况调节节流阀开口的大小,改变吸收能量的大小,因此适用范围较广,当活塞移近液压缸端盖时,活塞与端盖间的油液经轴向三角槽流出,而使活塞受到制动作用,在实现缓冲过程中能自动改变其节流口大小,因而使缓冲作用均匀,冲击压力小,制动位置精度高。

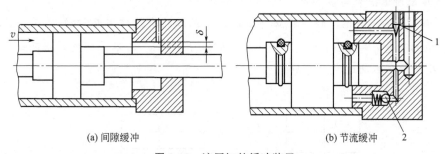

(a) 间隙缓冲　　　　　　　　(b) 节流缓冲

图 5-15　液压缸的缓冲装置

1—针形节流阀;2—单向阀

习　题

5-1　选择题

(1) 液压缸的运动速度取决于(　　)。

A. 压力和流量　　　　　　B. 流量　　　　　　C. 压力

(2) 要实现快速运动可采用(　　)回路。

A. 差动连接　　　　　　B. 调速阀调速　　　　　　C. 大流量泵供油

(3) 双作用多级伸缩式液压缸,外伸时推力和速度逐级变化,结果是(　　)。

A. 推力和速度都增大　　　　　　B. 推力和速度都减小

C. 推力增大,速度减小　　　　　　D. 推力减小,速度增大

5-2　简答题

(1) 液压缸为什么要设置缓冲装置?试说明缓冲装置的工作原理。

(2) 柱塞缸有何特点？

(3) 液压缸哪些部位需要密封？常见的密封方法有哪几种？

(4) 某液压系统执行元件采用单杆活塞缸，进油腔面积 $A_1=20\text{cm}^2$，回油腔面积 $A_2=12\text{cm}^2$，活塞缸进油管的压力损失 $\Delta p_1=0.5\text{MPa}$，回油管的压力损失 $\Delta p_2=0.5\text{MPa}$，泵进油管的压力损失 $\Delta p_3=0.5\text{MPa}$，缸的负载 $F=2400\text{N}$。

① 试求缸的负载压力 p_L；

② 试判断在计算泵的工作压力 p_P 时应该选用下述哪个公式。

公式一：$p_P=p_L+\Delta p_1+\Delta p_2+\Delta p_3$

公式二：$p_P=p_L+\Delta p_1+\Delta p_2$

公式三：$p_P=p_L+\Delta p_1+\Delta p_2\dfrac{A_2}{A_1}$

公式四：$p_P=p_L+\Delta p_1+\Delta p_2-\Delta p_3$

5-3 计算题

(1) 某液压系统执行元件为双杆活塞式液压缸，液压缸的工作压力 $p=3.5\text{MPa}$，活塞直径 $D=9\text{cm}$，活塞杆直径 $d=4\text{cm}$，工作速度 $v=1.52\text{cm/s}$，问液压缸能克服多大的阻力？液压缸所需流量为多少？

(2) 如题图 5-1 所示，两串联双杆活塞式液压缸的有效作用面积 $A_1=50\text{cm}^2$，$A_2=20\text{cm}^2$，泵的流量 $q_p=3\text{L/min}$，负载 $F_1=5\text{kN}$，$F_2=4\text{kN}$，不计损失，求两缸工作压力 p_1、p_2 及两活塞运动速度 v_1、v_2。

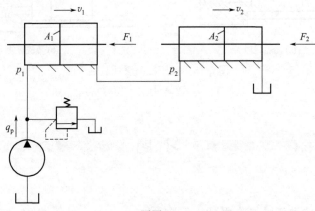

题图 5-1

(3) 设有两个柱塞缸，缸筒内径均为 D、柱塞直径均为 d。其中一个缸筒固定，柱塞移动，另一个柱塞固定，缸筒移动。若这两个液压缸压入同样的流量 Q_Y 和压力 p_{Y1} 的液体，试问它们所产生的速度 v_Y 和推力 F_Z 分别为多少？

第6章 辅助元件

在液压与气动系统中,除了动力装置、执行元件和调节控制元件外,还有一些必需的辅助元件。这些辅助元件的性能,对系统的工作性能、效率、噪声和寿命等将产生直接的影响。因此,在设计、选用时应加以足够的重视。

6.1 液压系统的主要辅助元件

液压系统中除液压泵、液压缸、液压马达、液压阀以外的其他各类组成元件,如油箱、滤油器、蓄能器、压力表、密封件、油管等,统称为辅助装置(元件)。它们是液压系统中不可缺少的组成部分。

6.1.1 滤油器

灰尘、铁屑等脏物侵入油箱,以及由于零件的磨损、装配时元件及油管中的残留物(切屑、氧化皮等)和油液氧化变质析出物等混在油路系统中,会导致相对运动零件的划伤、磨损甚至卡死,或者堵塞节流阀和管道小孔,所以必须对油液进行过滤。对过滤器的基本要求如下。

① 较好的过滤能力,即能阻挡一定尺寸以上的机械杂质。
② 通油性能好,即油液全部通过时不致引起过大的压力损失。
③ 过滤材料耐腐蚀,在一定温度下工作有足够的耐久性。
④ 滤油器有足够的机械强度,容易清洗,便于更换滤芯。

滤油器精度分四级:粗滤油器(滤去杂质直径大于0.1mm);普通滤油器(滤去杂质直径为0.1~0.01mm);精滤油器(滤去杂质直径为0.01~0.005mm);特精滤油器(滤去杂质直径为0.005~0.001mm)。

滤油器是从流体中分离固态颗粒的设备。用于分离液体中的固态颗粒或气体中的尘埃的过滤器,是由纤维或细小过滤颗粒组成的。表6-1为不同传动介质的过滤要求。

表6-1 不同传动介质的过滤要求

需过滤介质	流体			
介质主要作用	传递力	减少摩擦阻力	热量传递	元件的清洁
介质类型	液压油 防火流体 水	液压油 润滑油 润滑油脂	保温油 冷却油 水 液压油	机油 油水乳化液 冷清洗剂

续表

需过滤介质	流体					
系统类型	液压系统		润滑系统		冷却系统 传热系统	清洗系统
	固定式	移动式	循环润滑	功耗润滑		
举例	机床 铸造厂 重工业	建筑机械 市政机械 造船业	齿轮箱 压缩机 装载机	单路系统 多路系统 机床	塑料融化 轮压机	检测仪器 工件冷却 制成品 清洗
滤油器选用准则	运动部件之间的狭窄缝隙； 大体积油箱； 需要好的过滤精度	运动部件之间的狭窄缝隙； 小体积油箱； 需要中等过滤精度	磨损剧烈； 粗过滤通常已足够	运动部件之间的狭窄缝隙； 需要平均过滤精度	去除炭渣； 需要好的过滤精度	新制成品的污染防止； 粗过滤足够
要求过滤等级	3～20μm	6～30μm	10～100μm	10～30μm	3～20μm	3～100μm

6.1.1.1 滤油器的类型

(1) 网式滤油器（图6-1）　以铜丝网为过滤材料制成，一般装在液压泵吸油管路入口处，避免吸入较大的杂质，以保护液压泵。结构简单，通过性能好，但过滤精度低。也可用较密的铜丝网或多层铜丝网制成过滤精度较高的滤油器，装在压油管路中使用，如用于调速阀的入口处。

(2) 线隙式滤油器（图6-2）　用铜线或铝线绕在筒形芯架上，利用线间缝隙过滤油液，主要用于压油管路中。若用于液压泵吸油口，则只允许通过其额定流量的1/2～2/3，以免泵的吸油口压力损失过大。这种滤油器结构简单，过滤精度较高，但过滤材料强度较低，不易清洗。

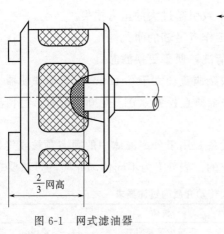

图6-1　网式滤油器

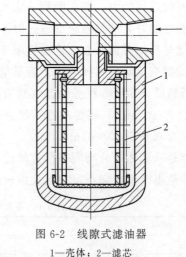

图6-2　线隙式滤油器
1—壳体；2—滤芯

(3) 金属烧结式滤油器（图6-3）　滤芯用青铜粉压制后烧结而成，具有杯、管、碟、板等形状，依靠其粉末颗粒间的间隙微孔滤油。选择不同粒度的粉末能得到不同的过滤精度，目前常用的过滤精度一般为 0.01～0.1mm。这种滤油器的强度高，耐腐蚀性好，制造简单，适合进行精过滤，是一种使用日趋广泛的精滤油器。缺点是清洗比较困难，如有颗粒脱落会影响过滤精度，最好与其他滤油器配合使用。

(4) 纸芯滤油器（图 6-4） 滤芯一般采用机油微孔滤纸制成，如图 6-4 所示，纸芯 1 做成折叠形是为了增加过滤面积。纸芯绕在带孔的镀锡铁皮骨架 2 上，以支撑纸芯免被压力油压破。这种滤油器的过滤精度超过 0.005mm，是精滤油器。缺点是纸芯易堵塞，无法洗清，需经常更换纸芯。

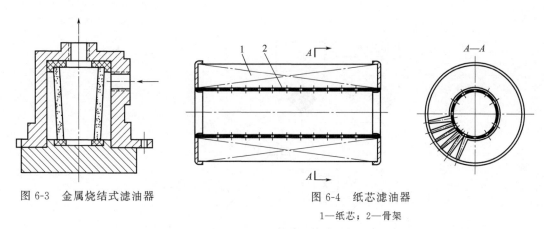

图 6-3 金属烧结式滤油器

图 6-4 纸芯滤油器
1—纸芯；2—骨架

(5) 磁性滤油器 依靠磁性材料把混在油中的铁屑、铸铁粉之类的杂质吸住，过滤效果好。这种滤油器常与其他种类的滤油器配合使用。

6.1.1.2 滤油器的选用

选用滤油器时应考虑以下三个问题。

(1) 滤孔尺寸 滤芯的滤孔尺寸可根据过滤精度或过滤比的要求来选取。

(2) 通过能力 滤芯应有足够的通流面积。通过的流量越高，则要求通流面积越大。一般可按要求通过的流量，由样本选用相应规格的滤芯。

(3) 耐压 包括滤芯的耐压以及壳体的耐压，主要是在设计时考虑滤芯有足够的通流面积，使滤芯上的压降足够小，以避免滤芯被破坏。当滤芯堵塞时，压降便增加，故要在滤油器上装置安全阀或发信装置报警。必须注意滤芯的耐压与滤油器的使用压力是两回事。当提高使用压力时，只需考虑壳体（以及相应的密封装置）是否能承受，而与滤芯的耐压无关。

6.1.1.3 滤油器的安装

(1) 安装在吸油路上 在泵的吸油路上安装滤油器可保护液压系统所有元件，但由于泵的吸油口一般不允许有较大阻力，因此只能安装网孔较大的滤油器，过滤精度低，而且液压泵磨损产生的颗粒仍将进入系统内，这种安装方式主要起保护液压泵的作用。近来也有在某些泵的自吸能力强、系统要求较高的液压泵的吸油口处安装网孔较细小的滤油器的趋势，从而在系统中其他地方可不必再安装滤油器。

(2) 安装在压油路上 这种安装方法对泵以外的元件都有保护作用，但是滤油器在压力作用下，必须有足够的强度，因而滤油器重量加大。可与滤油器并联一个旁通阀或堵塞指示器，以提高安全性。

（3）安装在回油路上　这种安装方法可降低对滤油器的强度要求，但只能经常清除油中杂质，不能保证杂质不进入系统。

（4）安装在旁路上　主要装在溢流阀的回油路上，这时不是所有的油量都通过滤油器，这样可降低通过滤油器的流量，但不能保证杂质不进入系统。

在液压系统中为获得好的过滤效果，上述几种安装方法经常综合起来采用。特别是在一些重要元件（如伺服阀、节流阀）的前面，单独安装一个精滤油器来保证其正常工作（图6-5）。

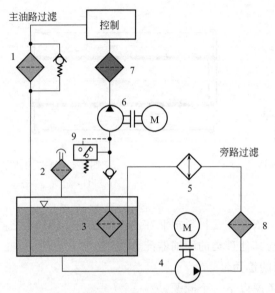

图6-5　滤油器的布置

1—回油路滤油器；2—滤油器和空气滤清器；3—吸油滤油器；4—液压泵；5—冷却器；6—液压泵；7—高压滤油器；8—旁路滤油器；9—防吸空继电器

6.1.2　油箱

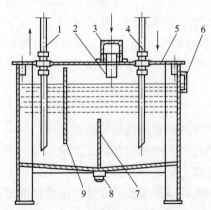

图6-6　分离式油箱的结构简图

1—吸油管；2—滤油网；3—注油口；4—回油管；5—上盖；6—油面指示器；7,9—隔板；8—油阀

油箱的作用是保证供给系统充分的工作油液，同时具有沉淀油液中的污物、逸出油中的空气和散热的作用。通常油箱的有效容积取为液压泵每分钟流量的3~6倍。

油箱分总体式和分离式两种。总体式油箱利用设备内腔作油箱。总体式油箱结构紧凑，但散热不利。分离式油箱是设置一个与设备分开的油箱，这是常用的一种油箱。

图6-6所示为分离式油箱的结构简图，吸油管1和回油管4中间有两个隔板7和9，隔板7用于阻挡沉淀物进入吸油管，隔板9用于阻挡泡沫

进入吸油管,油阀 8 用于定期释放沉淀物,滤油网 2 用于加油口。彻底清洗油箱时可将上盖 5 拆开。

油箱的结构设计应注意以下几个问题。

① 油箱要有足够的刚度和强度。油箱一般用 2.5～4mm 的钢板焊接而成,尺寸高大的直油箱要加焊角板、筋条以增加刚度。泵和电机直立安装时,振动一般比横放安装时要好。

② 吸油管和回油管之间的距离应尽量远些,最好用隔板隔开两管,以增加油液循环流动距离,使油液有足够长的时间放出气泡和沉淀杂质。隔板高度约为最低油面高度的 2/3。

吸油管离油箱底面的距离应不小于管径的 2 倍,距油箱侧面的距离应不小于管径的 3 倍,以使油流畅通。回油管应插入最低油面以下,以防回油冲入油液使油中混入气泡。回油管管端切成 45°,以增大排油口面积,排油口应面向箱壁,利于散热。泄油管不应插入油中,以免增大元件泄漏腔处的背压。

吸油管入口处最好装粗滤油器,其额定通过流量应为液压泵流量的 2 倍以上。

6.2 气动系统的主要辅助元件

在气动系统中,从空压机压出的压缩空气经冷却和油水分离后进入储气罐。来自储气罐的压缩空气在进入系统时,一般都还需要除水和过滤,有时还要注入润滑剂,工作时还应消除排气噪声。因此,气动系统中除前面介绍的主要元件和装置外,还需有气动辅助元件。在气动系统中,常将减压阀和分水滤气器、油雾器组装在一起构成气动三联件,这是多数气动系统中不可缺少的装置。

6.2.1 分水滤气器

分水滤气器是气动回路中用来清除气源中的水分、油分及灰尘的辅助元件,如图 6-7 所示。进入分水滤气器的压缩空气被引入旋风叶子 1,通过叶子上许多成一定角度的缺口使空气产生沿切线方向的高速旋转,空气中较大的水滴、油滴和灰尘便获得较大离心力并高速与存水杯 2 内壁碰撞,从而从气体中分离出来,沉淀于杯底。然后,空气再通过滤芯 4,滤除杂质和灰尘等,洁净的空气便从输出口输出。挡水板 3 的作用是防止气体旋转的旋涡卷起杯中积存的污水。为保证分水滤气器正常工作,应及时将杯中污水通过排水阀 5 放掉。排水阀有手动和自动两种,可根据具体系统选用。

常用的分水滤气器为 QSL 型,其分水效率在 75% 以上,滤灰效率大于 95%。若需要获得更高的滤灰效率,

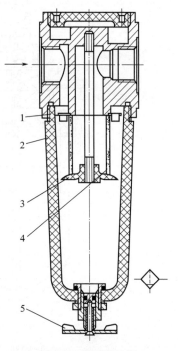

图 6-7 分水滤气器
1—旋风叶子;2—存水杯;3—挡水板;
4—滤芯;5—手动排水阀

可再采用纤维过滤器，它可得到99.9%以上的净化效果。分水滤气器的工作环境温度为5~60℃，并要求其排水性能良好。

分水滤气器主要根据气动系统所需要的过滤精度和所用空气流量进行选择。分水滤气器必须垂直安装，并将放水阀朝下，依阀体箭头所示的方向为气体流动方向来安装管路。分水滤气器可单独使用，也可与减压阀、油雾器组合使用。当组合使用时，必须将分水滤气器装于进气的最前面，其次是减压阀，最后是油雾器。

6.2.2 油雾器

油雾器是一种特殊的注油装置，它将润滑油雾化后注入空气流中，随压缩空气流入需要润滑的部位，达到润滑的目的。除了无油润滑型以外，一般气动系统均需油雾器。

油雾器有一次油雾器（普通油雾器）和二次油雾器，常用一次油雾器，如图6-8所示。压缩空气从输入口进入后，从主气道流出。同时，气流通过中间立柱上正对来流方向的小孔1，经截止阀2（钢球被压离上阀座时）进入储油杯3的上腔，使杯内油面加压。立柱背面小孔9与视油器8相通。因立柱上小孔1处压力高于小孔9处压力，借助这两点压力差，使润滑油4经吸油管5将单向阀6的钢球顶起。钢球上部管道有一个边长小于钢球直径的四方孔，故钢球不会将上部管道封死。润滑油经针阀7流入视油器8内，再从立柱上的小孔9出来，被高速气流冲散雾化后随主气流从输出口输出。视油器上的针阀7用于调节滴油量，使滴油量可在0~200滴/min范围内调节。

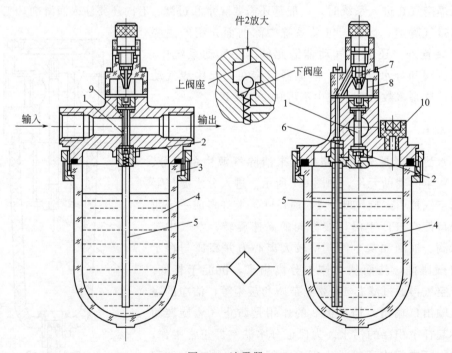

图6-8 油雾器

1,9—小孔；2—截止阀；3—储油杯；4—润滑油；5—吸油管；
6—单向阀；7—针阀；8—视油器；10—油塞

该油雾器可以在不停气的情况下加油。当需要加油时，拧松油塞 10，在油杯中气压降至大气压的过程中，截止阀和单向阀的钢球都分别压在各自的阀座上（其中，截止阀的钢球被压缩空气压在下阀座上），封住了储油杯的进气道，便可从加油口加油。加油完毕，重新拧紧油塞。压缩空气通过截止阀座上的沟槽泄漏到油杯上腔，使上腔压力不断上升，直到将截止阀和单向阀的钢球从各自的阀座上重新推开，油雾器便又开始正常工作。

储油杯内的油面不能太高，一般不能超过截止阀外螺母的下平面。如果油杯全被油灌满，气压将失去对油面的加压作用，造成滴油中断，油雾消失。

油雾器的供油量应根据气动装置的情况确定。一般以 $10m^3$ 空气供给 1mL 润滑油的供油量选用。油雾器要垂直安装，油杯在下方，并尽可能安装在比润滑部位高的地方，且进出口方向不要装反。油雾器要安装在分水滤气器后，以防止水分进入油杯内使油液发生乳化。

6.2.3 消声器

执行元件完成动作时，压缩空气便经排气口排入大气，由于压力较高，一般排气速度接近声速，空气急剧膨胀，引起气体振动，便产生了强烈的排气噪声。排气的速度和功率越大，噪声也越大，有时可达 100～120dB。噪声是一种公害，它使工作环境恶化，人体健康受到损害，工作效率降低。为降低噪声，可在排气口安装消声器。消声器通过阻尼或增加排气面积等方法来降低排气速度和消耗功率，达到降低噪声的目的。常用的消声器有三种，即吸收型、膨胀干涉型和膨胀干涉吸收型。

（1）吸收型消声器　它是通过吸声材料消声的。吸声材料有玻璃纤维、毛毡、泡沫塑料、烧结材料等。将这些材料装于消声器内，使气流通过时受到阻力，声波被吸收一部分转化为热能而达到消声目的。一般情况下，要求通过消声器的气流流速不超过 1m/s，以减小压力损失，提高消声效果。该种消声器具有良好的消除中、高频噪声的性能，一般可降低噪声 20dB 以上。

（2）膨胀干涉型消声器　该种消声器的结构很简单，相当于一段比排气孔口径大的管件。当气流通过时，气流在里面扩散、膨胀、碰撞反射、互相干涉，减弱了噪声强度，最后通过非吸声材料制成的、开孔较大的多孔外壳排入大气。主要消除中、低频噪声，尤其是低频噪声。

（3）膨胀干涉吸收型消声器　它是前两种消声器的综合应用，其结构如图 6-9 所示。气流由上端盖上的斜孔引入，在 A 室扩散、减速、碰壁撞击后反射到 B 室，气流束互相冲撞、干涉，进一步减速，再通过敷设在消声器内壁的吸声材料排向大气。该种消声器消声效果好，低频可消声 20dB，高频可消声约 45dB。

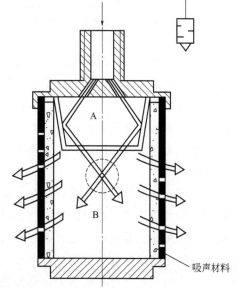

图 6-9　膨胀干涉吸收型消声器

消声器主要根据排气口连接直径的大小及噪声频率范围来选择。

6.3 储能元件与管件和密封

6.3.1 蓄能器与储气罐

6.3.1.1 用途

蓄能器与储气罐在系统中主要用于以下场合。

(1) 吸收冲击压力和压力脉动　在液压系统中，如图 6-10 所示，液压泵的突然停止或启动、液压阀突然关闭或开启、液压缸突然运动或停止时将出现液压冲击，液压泵工作时也会产生压力脉动，这些都将对系统带来不利影响。蓄能器能够吸收这些液压冲击和压力脉动的能量，大大减小其幅值。图 6-11 所示蓄能器装在液压泵出口处，可吸收液压泵的脉动压力以及泵、阀等液压件突然启停、换向引起的液压冲击。

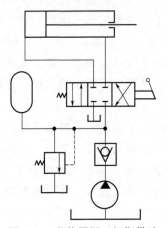
图 6-10　蓄能器用于短期供油

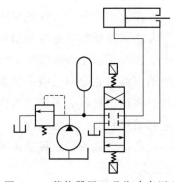
图 6-11　蓄能器用于吸收冲击压力

在气动系统中，空气压缩机输出的气流脉动性很大，气压也不稳定，使用储气罐能增加输出气流的连续性及气压的稳定性，让空压机间歇工作。

(2) 维持系统压力　若液压缸需要在相当长一段时间内保压而无动作，这时可令液压泵卸荷，用蓄能器保压并补充系统泄漏。图 6-12 所示是蓄能器用于夹紧油路中，当系统达到夹紧压力时液压泵卸荷，靠蓄能器补偿保持夹紧，图中单向阀用来防止蓄能器压力油向液压泵回油。

(3) 用作辅助和应急动力源　在周期性动作的液压、气动系统中，液压泵和空气压缩机可按平均流量选用，在只需要小流量时，多余的流量储存于蓄能器或储气罐中，在需要大流量时，由蓄能器或储气罐快速释放给系统。这样可以减小电机功率消耗，降低系统温升。若遇停电或液压泵、空气压缩机发生故障时，蓄能器或储气罐能继续给系统提供能量，在一定时间内维持系统压力，防止造成机件损坏及其他事故发生。图 6-13 中蓄能器作应急动力源用。

另外，储气罐还有进一步分离空气中部分水分、油分和杂质的作用。

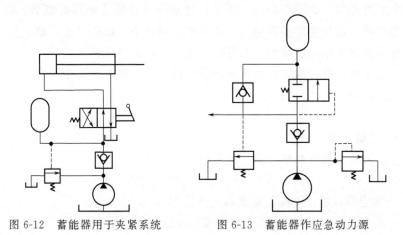

图 6-12　蓄能器用于夹紧系统　　图 6-13　蓄能器作应急动力源

6.3.1.2　种类

蓄能器根据蓄能方式分为重力式、弹簧式、充气式等几种，应用最多的是弹簧式、充气式，这里仅介绍充气式蓄能器。

(1) 活塞式蓄能器　如图 6-14(a) 所示，活塞 1 的上腔中充有高压气体，下腔与液压系统管路相通。活塞随蓄能器中油压的增减在缸筒内移动。这种蓄能器结构简单，油气隔离，油液不易氧化又能防止气体进入，工作可靠，寿命长；缺点是活塞有一定惯量，并在密封处有摩擦阻力。主要用来吸收冲击压力，用来蓄压。

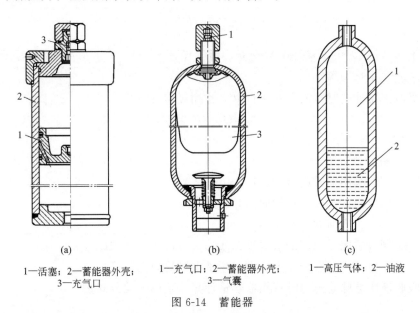

(a)　　　　　　　　　(b)　　　　　　　　　(c)

1—活塞；2—蓄能器外壳；　　1—充气口；2—蓄能器外壳；　　1—高压气体；2—油液
3—充气口　　　　　　　　　3—气囊

图 6-14　蓄能器

(2) 气囊式蓄能器　如图 6-14(b) 所示，气囊 3 用特殊耐油橡胶制成，固定在壳体的上半部。气体从充气口 1 充入，气囊外面为压力油。在蓄能器下部有一受弹簧力作用的提升阀，它的作用是防止油液全部排出时气囊胀出壳体之外。这种蓄能器的优点是气囊的惯性小，因而反应快，容易维护，重量轻，尺寸小，安装容易；缺点是气囊制造困难。

（3）气瓶式蓄能器　如图6-14(c)所示，这是一种直接接触式蓄能器。腔内盛油液，同时充有高压气体。这种蓄能器容量大，体积小，惯性小，反应灵敏；缺点是气体容易混入油液中，使油液的可压缩性增加，并且耗气量大，必须经常补气。

储气罐一般采用焊接结构，有立式和卧式两种。立式储气罐用得较多，其高度为直径的2~3倍，进气管在下，出气管在上。储气罐上应装有压力表、安全阀、清洗用操作孔及排放油水的管阀。

6.3.1.3　容量计算

（1）储存能量时蓄能器容量计算　由气体定律可知

$$p_0 V_0^n = p_1 V_1^n = p_2 V_2^n = 常数 \tag{6-1}$$

式中　V_0——蓄能器容量（供油前蓄能器气体体积）；
　　　V_1——压力为p_1时气体体积（即蓄能器充油后气体的体积）；
　　　V_2——压力为p_2时气体体积（即蓄能器排油后气体的体积）；
　　　p_1——最高工作压力；
　　　p_2——最低工作压力；
　　　p_0——充气压力（供油前蓄能器充气压力）；
　　　n——指数，当蓄能器用于保持系统压力、补偿泄漏时，其缓慢释放能量，认为气体在等温条件下工作，取$n=1$；当蓄能器用来大量供应油液时，其迅速释放能量，可认为气体在绝热条件下工作，取$n=1.4$。

从上面的公式中可以看出，当工作压力从p_1降为p_2时，蓄能器排出的油量为

$$\Delta V = V_2 - V_1 = p_0^{\frac{1}{n}} V_0 \left[\left(\frac{1}{p_2}\right)^{\frac{1}{n}} - \left(\frac{1}{p_1}\right)^{\frac{1}{n}} \right] \tag{6-2}$$

理论上$p_0 = p_2$，由于系统中有泄漏，为了保证系统压力为p_2时蓄能器还可能补偿泄漏，取$p_2 = (0.8 \sim 0.85) p_0$。

（2）吸收液压冲击时蓄能器容量计算　常用经验计算为

$$V_0 = \frac{0.004 Q p_2 (0.0164 L - t)}{p_2 - p_1} \tag{6-3}$$

式中　V_0——蓄能器容量；
　　　Q——阀口关闭前管内流量，L/min；
　　　t——阀口由开到关的持续时间，s；
　　　p_1——阀口关闭前的工作压力，bar；
　　　p_2——阀口关闭后允许的最大冲击压力，bar，一般可取$p_2 = 1.5 p_1$；
　　　L——发生冲击的管子长度，即液压油源到阀口的长度，m。

（3）吸收液压泵脉动压力时蓄能器容量计算　常用经验公式为

$$V_0 = \frac{qi}{0.6k} \tag{6-4}$$

式中　q——泵的排量，L/r；
　　　i——排量变化率$\frac{\Delta q}{q}$；

Δq——超过平均排量的过剩排出量，L；

k——液压泵的压力脉动率，$k=\dfrac{\Delta p}{p_B}$；

Δp——液压泵的压力脉动，bar；

p_B——液压泵的工作压力，bar。

储气罐用作辅助和应急动力源时，容积 V_G 按式(6-5)取辅助、应急两种情况计算后的较大值。

$$V_G = \frac{p_a(Q_{zmax}-Q_z)t}{p_1-p_2} \tag{6-5}$$

式中 Q_{zmax}——气动系统最大自由空气消耗流量，m^3/min；

t——系统最大耗气流量下的工作时间或停电后应急源应维持的系统正常工作时间；

p_1——储气罐内充入的压缩空气的压力，MPa；

p_2——系统所需的工作压力，MPa；

Q_z——空气压缩机或外部管网的供气量（自由空气流量），m^3/min，作应急源计算时取 $Q_z=0$；

p_a——基准大气压，$p_a=0.1013$MPa。

6.3.2 管道元件及密封

6.3.2.1 油管

液压系统中使用的油管，有钢管、铜管、尼龙管、橡胶管和塑料管等。

钢管、铜管和尼龙管属硬管，用于连接相对位置不变的固定元件。钢管能承受高压，但不能任意弯曲，常用于装配方便的压力管道处。铜管弯曲方便，便于装配，但不能承受高压。尼龙管耐压可达 2.5MPa，在油中加热到 160~170℃ 后可任意弯曲，常用作回油路。

橡胶管、塑料管属软管，用于两个相对运动元件之间的连接。橡胶管分高压和低压两种。高压橡胶管是在橡胶管中间加一层或几层编织钢丝而成。低压橡胶管则以编织棉、麻线代替编织钢丝，多用于低压回油管道。软管弯曲半径应大于 9 倍外径，至少应在离接头 6 倍直径处弯曲，因此软管所占空间大。在液压缸和调速阀间不宜接软管，否则运动部件容易产生爬行。软管长度一般应有富裕，接上后应避免油管受拉或扭，如图 6-15(a)、(b) 所示；接头处应避免油管受弯，如图 6-15(c)、(d) 所示；可将油管缚在一个可弯曲的薄钢板上，使油管重量由钢板承受，如图 6-15(e) 所示。

6.3.2.2 管接头

管接头种类很多，按管接头的通路分有直通、角通和四通等；按管接头与液压件连接的方式分有螺纹式、法兰式等；按管接头与油管的连接方式分有焊接式、卡套式、扩口式、快换式等。

焊接式管接头如图 6-16(a) 所示，它用于钢管连接中。这种管接头结构简单，连接牢固。缺点是装配时球形接头 1 需与油管焊接。

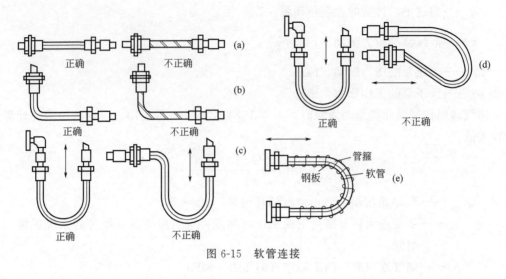

图 6-15 软管连接

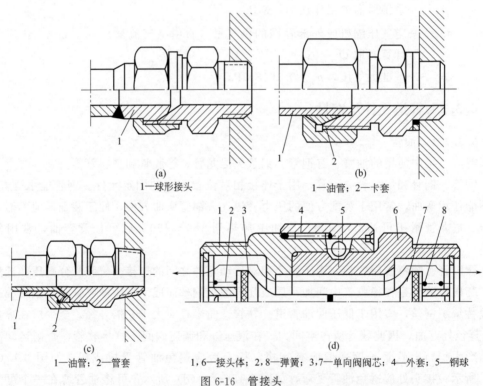

图 6-16 管接头

卡套式管接头如图 6-16(b) 所示,也用在钢管连接中,利用卡套 2 卡住油管 1 进行密封,轴向尺寸要求不严,装拆简便,不需要事先焊接或扩口。要用精度高的冷拔无缝钢管制作油管。

扩口式管接头如图 6-16(c) 所示,适用于铜管和薄壁钢管。它利用油管 1 管端的扩口在管套 2 的压紧下进行密封,结构简单,装拆方便,但承压能力较低。

快换式管接头如图 6-16(d) 所示。这种管接头能快速装拆,适用于经常装拆的地方。

图 6-16(d) 中为油路接通时的情况，外套 4 把钢球 5 压入槽底使接头体 1 和 6 连接起来。单向阀阀芯 3 和 7 互相挤紧顶开，使油路接通。当需拆开时，可用力把外套向左推，同时拉出接头体 1，管路就断开了。与此同时，单向阀阀芯 3 和 7 分别在各自的弹簧 2 和 8 的作用下外伸，顶在接头体 1 和 6 的阀底上，使两边管子内的油封闭在管中不致流出。

6.3.2.3 密封

液压系统的漏油问题是一个十分严重的问题。液压系统漏油污染环境，使系统不能很好地工作。解决密封问题是一个很重要的课题。需要密封的地方可以分为三种情况：相接的固定件、直线移动件、转动件。这里仅介绍固定件间的密封，如管接头处、端盖处、元件与连接板间的密封。

（1）纸垫 两个平面接触由于微观的不平度影响，即使两个面压得很紧，压力油也会从接触面渗出。如在两个平面间增加一张纸垫，可以改善密封性能。纸垫可用描图纸或绘图纸。纸垫密封一般只适合于低压。

（2）铜垫或铝垫 这种密封只要保证有足够均匀的压紧力，便能承受很高的压力。铜垫第二次使用时要经过回火。

（3）密封胶 管螺纹等连接要用密封胶，它可自由成型，能在复杂形状表面上成型，因此可降低零件的加工精度。涂胶前先要去除零件上的油、水、灰尘和铁锈，一般两边各涂 0.06～0.1mm 厚的密封胶，然后经过一段时间干燥再紧固。

（4）O 形圈 接口为圆孔时，可采用 O 形圈密封。采用 O 形圈密封要注意 O 形圈槽的尺寸，要保证一定的压缩量（固定密封时最佳初始压缩量取 15%～20%）。这种密封装置作用可靠，适用范围广，非圆形孔也可采用 O 形圈密封。

习 题

6-1 简答题

（1）液压系统中常用的辅助装置有哪些？各起什么作用？

（2）常用的密封件有哪些？应用在什么场合？

（3）密封装置应满足哪些基本要求？

（4）常用滤油器有哪些？一般安装在液压系统中的什么位置？

（5）蓄能器的类型有哪些？各有何特点？

（6）怎样确定油箱的容积？

（7）怎样选择不同位置上滤油器的精度？

（8）油箱的主要作用是什么？

6-2 计算题

在最高工作压力为 20MPa 降到最低工作压力为 10MPa 的液压系统中，假设蓄能器的充气压力为 9MPa 时，供给 5L 液体，问需用多大容量的蓄能器？

第7章 液压、气压传动基本回路

液压系统由若干个液压基本回路组合而成,液压基本回路是由液压元件组成并能完成特定功能的典型回路。按其功用的不同,液压基本回路主要包括压力控制回路、速度控制回路和方向控制回路。图 7-1 所示为液压元件组合成的液压系统,用这些元件就可以控制液压缸的运动方向(方向控制阀),控制液压缸的运动速度(流量控制阀),限制液压缸的负荷(溢流阀),防止系统在静止时通过液压泵完全卸荷(单向阀),防止液压泵停止时,带载液压缸的回缩(单向阀)。

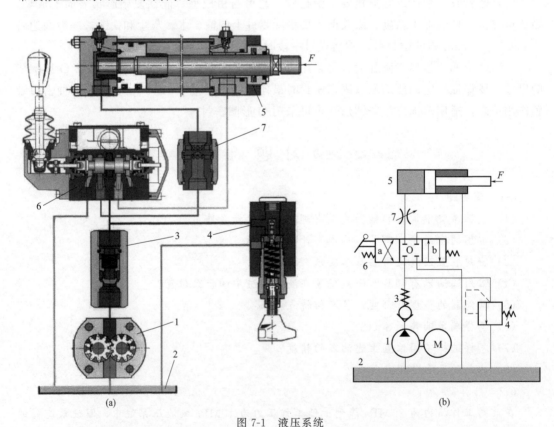

图 7-1 液压系统
1—液压泵;2—液压油箱;3—单向阀;4—溢流阀;5—液压缸;6—换向阀;7—节流阀

7.1 压力控制回路

7.1.1 调压回路

7.1.1.1 限压回路

图 7-2 所示为变量泵与溢流阀组成的限压回路。系统正常工作时溢流阀关闭,系统压力由负载决定;当负载压力超过溢流阀的开启压力时,溢流阀打开,这时系统压力为最大值。此处溢流阀起限压、安全保护作用。

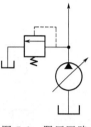

图 7-2 限压回路

7.1.1.2 多级调压回路

当液压系统调压范围较大或工作机构需要两种或两种以上不同工作压力时,需要采用多级调压回路,如图 7-3 所示。图 7-3(a) 所示为二级调压回路,当两个压力阀的调定压力值满足 $p_A > p_B$ 时,液压系统可通过二位二通阀得到 p_A 和 p_B 两种压力。图 7-3(b) 所示为三级调压回路,当 A、B、C 三个溢流阀的调定值满足 $p_A > p_B$,$p_A > p_C$,$p_B \neq p_C$ 时,通过三位四通阀系统可得到 p_A、p_B 和 p_C 三种压力。图 7-3(b) 中,溢流阀 A、B、C 的流量都应与泵的流量一致;而图 7-3(a) 中,溢流阀 A 与泵的流量一致,B 为小流量溢流阀。

7.1.1.3 保压回路

有些执行机构在某一工作阶段需要液压泵卸荷,或当系统压力变动时,为保持执行机构稳定的压力,可在液压系统中设置保压回路。图 7-4 所示为由液控单向阀 4 和电接点式压力表 5 实现自动补油的保压回路。换向阀 3 的 1DT 通电,压力油进入液压缸 6 的上腔。当上腔压力达到电接点式压力表预定的上限值时,电接点式压力表发出信号,使换向阀 3 换成中位,这时液压泵 1 卸荷,液压缸由液控单向阀保压;由于回路存在泄漏,经过一段时间后,液压缸上腔的压力将下降到预定的下限值,这时电接点压力表又发出信号使 1DT 通电,液压泵工作对液压缸上腔补油,使其压力回升。如此反复,直到保压过程结束。这种回路的保压时间长,压力稳定性好。

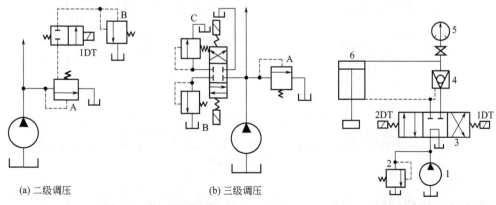

(a) 二级调压　　　　(b) 三级调压

图 7-3 多级调压回路　　　　图 7-4 自动补油保压回路

1—液压泵;2—溢流阀;3—换向阀;4—液控单向阀;5—电接点式压力表;6—液压缸

7.1.2 增压和减压回路

7.1.2.1 增压回路

增压回路是用来提高液压系统局部工作压力以便获得高于液压泵供油压力的回路。图7-5所示为一单向增压回路。换向阀3右位工作时,压力油 p_a 进入增压器4的a腔,b腔的压力油 p_b 进入液压缸7的上腔,由于 $A_a > A_b$, $p_b = (A_a/A_b)p_a$,所以入 $p_b > p_a$,起到了增压作用。换向阀3左位工作时,增压器活塞向左移动,这时液压缸7靠弹簧复位,增压器的b腔靠油箱5补油。

7.1.2.2 减压回路

当多执行机构系统中某一分支油路需要稳定或低于主油路的压力时,可在系统中设置减压回路。一般在所需的支路上串联减压阀即可得到减压回路,如图7-6所示。图7-6(a)所示为由单向减压阀组成的单级减压回路,换向阀1左位工作时,液压泵同时向液压缸3、4提供压力油,进入液压缸4的油压由溢流阀调定,进入液压缸3的油压由单向减压阀调定,液压缸3所需的工作压力必须低于液压缸4所需的工作压力。图7-6(b)所示为二级减压回路,主油路压力由溢流阀1调定,压力为 p_1;减压油路压力为 $p_2(p_2<p_1)$。换向阀4在图7-6(b)所示位置时,p_2 由减压阀2调定;当换向阀4下位工作时,p_2 由溢流阀3调定。溢流阀3的调定压力必须小于减压阀2的调定压力。一般减压阀的调定压力至少比主系统压力低0.5MPa才能稳定工作。

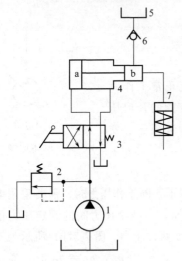

图 7-5 增压回路
1—液压泵;2—溢流阀;3—换向阀;
4—增压器;5—油箱;6—单向阀;
7—液压缸

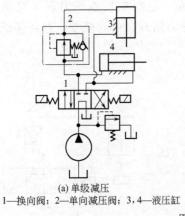

(a) 单级减压
1—换向阀;2—单向减压阀;3,4—液压缸

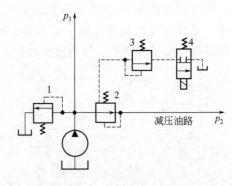

(b) 二级减压
1,3—溢流阀;2—减压阀;4—二位二通换向阀

图 7-6 减压回路

7.1.3 卸荷回路

当液压系统的执行机构短时间停止工作或者停止运动时,为了减少损失,应使泵在空

载（或输出功率很小）的工况下运行。这种工况称为卸荷，这样既能节省功率损耗，又可延长泵和电机的使用寿命。

图 7-7 所示为几种卸荷回路。图 7-7(a) 所示为采用具有 H 型（或 M 型、K 型）滑阀中位机能的换向阀构成的卸荷回路。其结构简单，但不适于用单泵驱动两个或两个以上执行元件的系统。图 7-7(b) 所示为由二位二通电磁换向阀组成的卸荷回路，该换向阀的流量应和泵的流量相适应，宜用于中小流量系统中。图 7-7(c) 所示为将二位二通换向阀安装在溢流阀的远控油口处，卸荷时，二位二通阀通电，泵的大部分流量经溢流阀流回油箱，此处的二位二通阀为小流量的换向阀，由于卸荷时溢流阀全开，当停止卸荷时，系统不会产生压力冲击，适用于高压大流量场合。

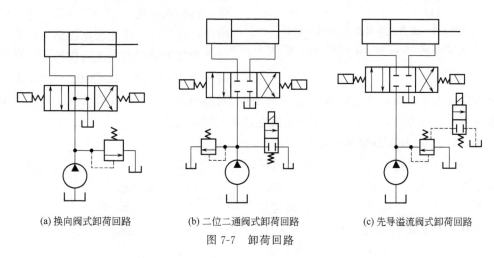

(a) 换向阀式卸荷回路　　(b) 二位二通阀式卸荷回路　　(c) 先导溢流阀式卸荷回路

图 7-7　卸荷回路

7.1.4　顺序回路

顺序回路是实现多个执行机构按规定的顺序依次动作的回路，按控制原理可分为压力控制、行程控制和时间控制三大类。

7.1.4.1　压力控制顺序回路

图 7-8 所示为顺序阀构成的压力控制顺序回路。换向阀 1 在图 7-8 所示位置时，液压缸 6 左腔进油，这时顺序阀 4 关闭，液压缸 6 活塞右行到位后，使系统压力升高，顺序阀 4 开启，液压缸 7 活塞右行直至到位；当换向阀 1 电磁铁通电时，液压缸 7 活塞左行到位后，系统压力升高，顺序阀 2 开启，液压缸 6 活塞左行直至到位。这样就完成了①→②→③→④工序的顺序动作。

为了保证顺序阀动作的可靠性，顺序阀的调定压力应比前一动作所需最大压力高 1MPa 左右。压力冲击和运动部件的卡死都会引起顺序阀的误动作，

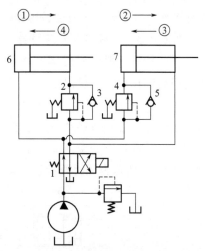

图 7-8　顺序阀控制的顺序回路
1—换向阀；2,4—顺序阀；
3,5—单向阀；6,7—液压缸

因此这种回路只宜用于缸数不多、负载变化不大的场合。

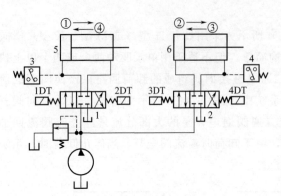

图 7-9 压力继电器控制的顺序回路
1,2—换向阀；3,4—压力继电器；5,6—液压缸

图 7-9 所示为由压力继电器控制的压力顺序回路。1DT 通电，液压缸 5 活塞右行到位后，系统压力升高，压力继电器 3 发出信号，使 3DT 通电，液压缸 6 活塞右行直至到位；当 1DT、3DT 断电，4DT 通电时，液压缸 6 活塞左行到位，使系统压力升高，压力继电器 4 发出信号，使 2DT 通电，液压缸 5 活塞左行直至到位，这样就实现了①→②→③→④工序的顺序动作。为了防止继电器误发信号，一般压力继电器的调定压力应比前一动作最高压力高出 0.3~0.5MPa，且应比溢流阀的调定压力至少低 0.3~0.5MPa。压力继电器控制的顺序回路可靠性差，只宜用于负载变化不大的场合，且同一系统中压力继电器不宜用得过多。

7.1.4.2 行程控制顺序回路

图 7-10 所示为行程阀控制的顺序回路。当电磁铁 1DT 通电时，液压缸 A 活塞向右运动，当运动到一定位置时，压下行程阀阀芯，使液压缸 B 活塞向右运动直至到位；当 1DT 断电时，液压缸 A 活塞向左运动，直至撞块脱离行程阀阀芯后，行程阀复位，液压缸 B 活塞向左运动，这样就完成了①→②→③→④工序的顺序动作。这种回路工作可靠，但顺序动作一旦确定，再改变较困难。

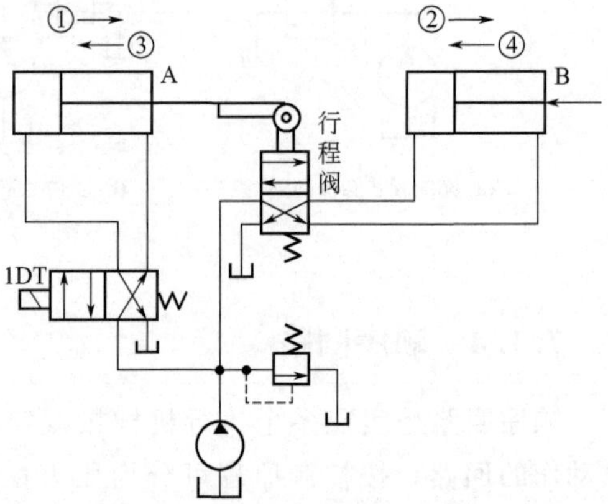

7.1.4.3 时间控制顺序回路

时间控制一般由延时阀实现，一个执行机构开始动作后，经过规定的时间，另一执行机构才开始工作。

图 7-10 行程阀控制的顺序回路

图 7-11 所示为延时阀。它由二位三通液动换向阀和单向节流阀组成。当油口 1 与压力油接通，阀芯向右移动，阀芯右端的油液经节流阀排出，使油口 1、2 接通。调节节流阀的开度，即可改变接通油口 1、2 所需的时间。

图 7-12 所示为延时阀控制的顺序回路。1DT 通电时，液压缸 6 左腔进油，液压缸 6

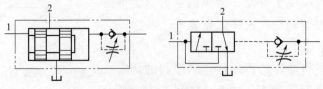

图 7-11 延时阀
1,2—需要延时控制的油口

活塞向右运动，同时油口 1 进入压力油，使延时阀阀芯右移，经调定时间后，油口 1 与 2 接通，液压缸 7 左腔开始进油，其活塞向右运动；当 1DT 断电，2DT 通电时，液压缸 6、7 的活塞同时返回，同时压力油经单向阀推动延时阀阀芯左移，使油口 1、2 断开，阀芯恢复到原位。这样实现了①→②的顺序动作。这种延时阀的调定时间易受油温影响，很少单独使用，一般多采用行程-时间控制。

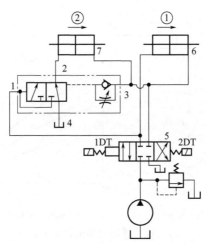

图 7-12 延时阀控制的顺序回路
1~4—延时阀的 4 个油口；5—换向阀；6,7—液压缸

7.2 速度控制回路

速度控制回路往往是液压系统中的核心部分，其工作的好坏对液压系统的性能起着重要的作用。速度控制回路主要包括调速回路、限速回路、制动回路、速度换接回路和同步回路等。

7.2.1 调速回路

调速回路是用来调节执行元件工作速度的回路。它在很多液压系统中起决定性的作用。调速回路主要包括节流调速回路和容积调速回路。调速回路应满足如下条件。
① 调速范围：满足执行元件对速度的要求，并在该范围内能平稳地实现无级调速。
② 速度刚度：当负载变化时，工作部件的调定速度不变或变化较小，即速度刚度好。
③ 回路效率：回路功率损耗要小，即发热少，效率高。

7.2.1.1 节流调速回路

节流调速回路是通过改变流量控制阀节流口的大小，以调节通过流量控制阀的流量，实现对执行元件速度的调节。它主要由定量泵、溢流阀、流量控制阀和定量执行元件等组成。

(1) 进油路节流调速回路　将流量控制阀装在执行元件的进油路上，如图 7-13 所示，定量泵的输出流量为 Q_P，经节流阀调节后得到流量 Q_1，其余流量 ΔQ 经溢流阀流回油箱。调节节流阀的开度，可得到不同的活塞运动速度 $v = Q_1/A_1$。回路中泵的出口压力 p_P 由溢流阀调定，而 p_1 由负载决定。此处回油管直接通油箱，$p_2 \approx 0$。由活塞的力平衡方程得

$$p_1 = \frac{F}{A_1}$$

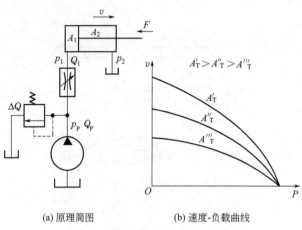

(a) 原理简图　　(b) 速度-负载曲线

图 7-13　进油路节流调速回路

则进入液压缸左腔的流量为

$$Q_1 = Q_P - \Delta Q = CA_T(p_P - p_1)^m$$

即

$$v = \frac{CA_T(p_P - F/A_1)^m}{A_1} = \frac{CA_T(p_P A_1 - F)^m}{A_1^{m+1}} \tag{7-1}$$

式中　v——活塞运动速度；

　　　C——与节流口形式、液流状态、油液性质等有关的流量系数；

　　　A_T——节流阀通流面积；

　　　p_P——液压泵输出压力，即溢流阀的调定压力；

　　　F——作用在液压缸上的总负载；

　　　m——由节流阀节流口形式决定的节流阀指数。

进油路节流调速回路的特性如下。

① 速度-负载特性　调速回路中执行元件的工作速度与负载之间的关系，称为速度-负载特性。由式(7-1)可得到速度-负载曲线，当 p_P 和 A_T 调定后，则活塞的运动速度随负载的增加而减小，如图 7-13(b) 所示；当负载 $F_{max} = p_P A_1$，即 $p_1 = p_P$ 时，泵的输出流量全部从溢流阀溢走，这时活塞速度为零。从图 7-13(b) 中可以看出，不同的节流阀开口度，对应着不同的速度-负载曲线。

活塞运动速度受负载影响的大小，可用速度刚度 K_v 表示，它定义为速度-负载曲线上某点处斜率的负倒数，即

$$K_v = \frac{-1}{\dfrac{\partial v}{\partial F}} = -\frac{\partial F}{\partial v} \tag{7-2}$$

由式(7-1)和式(7-2)得

$$K_v = \frac{A_1^{m+1}}{mCA_T(p_P A_1 - F)^{m-1}} = \frac{p_P A_1 - F}{mv} \quad (7-3)$$

从式(7-3)可以看出，当节流阀开度调定后，负载越小，速度刚度越大，即速度稳定性越好，当负载一定时，节流阀通流面积 A_T 越小，速度刚度也越大，另外，提高溢流阀的调定压力，增大液压缸的有效工作面积 A_1 或减小节流阀指数 m，都能提高速度刚度，但这些参数受阀的结构、负载工作要求的限制。

② 功率和效率特性 液压泵的输出功率为

$$N_P = p_P Q_P \quad (7-4)$$

若忽略执行元件的泄漏、摩擦及管路压力损失，其有效功率为

$$N_1 = p_1 Q_1 \quad (7-5)$$

回路功率损失 ΔN 为

$$\Delta N = N_P - N_1 = p_P Q_P - p_1 Q_1 = p_P (Q_1 + \Delta Q) - (p_P - \Delta p) Q_1$$
$$= p_P \Delta Q + \Delta p Q_1 \quad (7-6)$$

式中 Δp——节流压力损失，$\Delta p = p_P - p_1$。

由式(7-6)可以看出，该调速回路功率损失由两部分组成，即由溢流阀造成的溢流损失 $p_P \Delta Q$ 和由节流阀产生的节流损失 $\Delta p Q_1$。这两部分功率损失都转换为热能，使油温升高，因此应尽量减少功率的损失。

当执行机构的负载不变，即 p_P、p_1 和 Δp 都基本不变时，其功率-速度曲线如图 7-14 所示。有效功率 N_1 和节流损失 $\Delta p Q_1$ 随速度 v 线性增加，而溢流损失 $p_P \Delta Q$ 随 v 线性减小。

回路效率为

$$\eta = \frac{p_1 Q_1}{p_P Q_P} = \frac{p_1 Q_1}{(p_1 + \Delta p) Q_P} \quad (7-7)$$

式(7-7)说明 Q_1/Q_P 越大，效率越高；p_1/p_P 越大，效率也越高。一般 $\Delta p \geqslant 0.2 \sim 0.3 \text{MPa}$，节流阀才能正常工作。

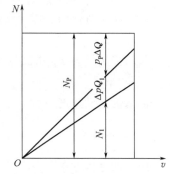

图 7-14 进油路节流调速回路在负载恒定时的功率-速度曲线

当执行机构的负载 F 为变化值时，泵的输出压力 p_P 按最大负载调定，工作压力 p_1 随负载而变，这时系统的输出功率为

$$N_1 = p_1 Q_1 = p_1 CA(p_P - p_1)^m$$

输出功率在 $p_1 = 0$ 与 $p_1 = p_P$ 之间有一极大值，即

$$N_{1\max} = \frac{CA_T}{m} \left(\frac{mp_P}{m+1} \right)^{m+1}$$

图 7-15 所示为变负载下，当 $m = 1/2$ 时的功率-负载曲线。回路效率为

$$\eta = \frac{p_1 Q_1}{p_P Q_P} \leqslant \frac{N_{1\max}}{p_P Q_P}$$

即
$$\eta \leqslant \frac{CA_T}{Q_P(m+1)}\left(\frac{mp_P}{m+1}\right)^m \tag{7-8}$$

以上分析说明，进油路节流调速回路宜用于负载不变或变化很小的低速小功率场合，以便获得较好的速度稳定性和较高的回路效率。

（2）回油路节流调速回路　将流量控制阀装在执行元件的回油路上，如图7-16所示。调节节流阀的通流面积，即调节流量 Q_2，从而控制活塞的运动速度 v。定量泵输出的多余流量从溢流阀流回油箱，即

$$Q_P = Q_1 + \Delta Q$$

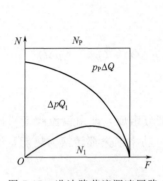

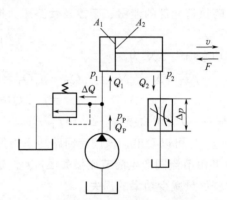

图7-15　进油路节流调速回路
在变负载下的功率-负载曲线

图7-16　回油路节流调速回路

泵的输出压力 p_P 由溢流阀调定，它取决于负载的大小和背压 p_2，即

$$p_P A_1 = F + p_2 A_2$$

活塞的运动速度 v 为

$$v = \frac{Q_2}{A_2} = \frac{CA_T p_2^m}{A_2} = \frac{CA_T(p_P A_1 - F)^m}{A_2^{m+1}} \tag{7-9}$$

回路速度刚度 K_v 为

$$K_v = -\frac{\partial F}{\partial v} = \frac{A_2^{m+1}}{mCA_T(p_P A_1 - F)^{m-1}} = \frac{p_P A_1 - F}{mv} \tag{7-10}$$

比较式(7-1)和式(7-9)、式(7-3)和式(7-10)，其形式完全相同，说明回油路节流调速与进油路节流调速的速度-负载特性和速度刚度都相似。

泵的输出功率 N_P 为

$$N_P = p_P Q_P \tag{7-11}$$

执行元件的有效功率 N_1 为

$$N_1 = Fv = (p_P A_1 - p_2 A_2)v = p_P Q_1 - p_2 Q_2 \tag{7-12}$$

功率损失 ΔN 为

$$\Delta N = N_P - N_1 = p_P \Delta Q + p_2 Q_2 \tag{7-13}$$

显然，回油路节流调速回路的功率损失和进油路节流调速回路相似，即也是由溢流损

失 $p_P \Delta Q$ 和节流损失 $p_2 Q_2$ 组成,所以两者的功率特性和效率特性也相似。

回油路节流调速回路能承受"负方向"的负载(即与活塞运动方向相同的负载),而进油路节流调速回路不能承受"负方向"的负载。在回油路节流调速回路中,液压缸回油腔的背压 p_2 是一种阻尼力,此力不但有限速作用,且对运动部件的振动有抑调作用,有利于提高执行元件的运动平稳性。另外,回油路节流调通回路中,通过节流阀的油液流回油箱,有利于系统散热。

(3) 旁路节流调速回路　将流量控制阀装在与执行元件并联的支路上,如图 7-17 所示。调节节流阀的通流面积 A_T,亦即调节经节流阀流回油箱的流量 Q_2,从而间接地对进入液压缸的流量 Q_1 进行控制,即

$$Q_1 = Q_P - Q_2$$

此处溢流阀为安全阀,当系统正常工作时,安全阀关闭,因而泵的输出压力 p_P 是随负载 F 而变化的,即

$$p_P = p_1 = \frac{F}{A_1}$$

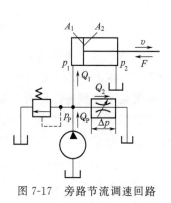

图 7-17　旁路节流调速回路

又因

$$Q_2 = CA_T p_1^m = CA_T \left(\frac{F}{A_1}\right)^m$$

因此活塞的运动速度为

$$v = \frac{Q_1}{A_1} = \frac{Q_P - CA_T \left(\dfrac{F}{A_1}\right)^m}{A_1} \tag{7-14}$$

① 速度-负载特性和速度刚度　由式(7-14)可得图 7-18 的速度-负载曲线,其速度刚度为

$$K_v = -\frac{\partial F}{\partial v} = \frac{A_1^2}{mCA_T \left(\dfrac{F}{A_1}\right)^{m-1}} = \frac{A_1 F}{m(Q_P - vA_1)} \tag{7-15}$$

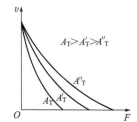

图 7-18　旁路节流调速回路的速度-负载曲线

式中　A_1——液压缸无杆腔的承压面积;

　　　m——由节流阀节流口形式决定的节流阀指数;

　　　C——与节流口形式、液流状态、油液性质等有关的流量系数;

　　　A_T——节流阀通流面积;

　　　F——作用在液压缸上的总负载。

当负载 F 不变时,节流阀通流面积 A_T 越小,速度刚度越好;当 A_T 调定后,负载 F 越大,速度刚度越好。另外,增大活塞承压面积 A_1,减小节流阀指数 m,或减小流量系数 C,都能提高速度刚度。

② 功率和效率特性　液压泵的输出功率 N_P 随负载变化而变化,即

$$N_P = p_P Q_P = \frac{F}{A_1} Q_P \tag{7-16}$$

功率损失显然只有节流损失 ΔN，即

$$\Delta N = p_1 Q_2 = CA_T \left(\frac{F}{A_1}\right)^{m+1} \tag{7-17}$$

执行元件的有效功率 N_1 为

$$N_1 = p_1 Q_1 = p_1 (Q_P - CA_T p_1^m) \tag{7-18}$$

则回路效率为

$$\eta = \frac{N_1}{N_P} = \frac{Q_1}{Q_P} = 1 - \frac{CA_T (F/A_1)^m}{Q_P} \tag{7-19}$$

显然，当节流阀调定后，其效率随负载的增加而减小；当负载不变时，节流阀的通流面积 A_T 越大，其效率越小。

旁路节流调速回路由于泵的出口压力随负载变化而变化，所以其回路效率比进油路和回油路节流调速回路高。它适用于负载变化小，对运动平稳性要求不高的高速大功率系统，但不能承受"负方向"的负载。

(4) 采用调速阀的节流调速回路　上述几种调速回路，当节流阀调定后，执行元件的速度随负载变化而变化。若要执行元件的速度稳定性好，则可采用由调速阀或溢流节流阀组成的节流调速回路。

图 7-19(a) 所示为调速阀进油路节流调速回路，其中溢流阀的调定压力是根据最大负载、管路和其他阀的压力损失、调速阀所必需的最小压差来调节的。由于定差减压阀的调节作用，当负载在一定范围内变化时，使节流阀节流口两端的压差为恒值，不随负载的变化而变化，所以 Q_1 基本不变，活塞的运动速度 v 不受负载变化的影响而保持不变，其速度-负载曲线如图 7-19(b) 所示。

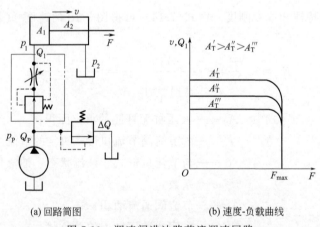

(a) 回路简图　　　　　　(b) 速度-负载曲线

图 7-19　调速阀进油路节流调速回路

调速阀和节流阀进油路节流调速回路从功率上比较，显然前者多了一项减压损失。一般调速阀上压差不得小于 0.5MPa，高压调速则为 1MPa，因而泵的输出压力 p_P 比相应的节流调速要高些，所以调速阀调速的功率损失也略大些。但调速阀调速回路的低速性能、调速范围、速度刚度等都大大好于对应的节流阀调速回路。

调速阀同样也有回油路调速和旁路调速回路，溢流节流阀则只能组成进油路节流调速

回路。

7.2.1.2 容积调速回路

容积调速回路主要由变量泵或变量马达和安全阀等组成，它通过改变变量泵或变量马达的排量来实现速度的调节。

容积调速回路具有效率高（因为既无节流损失又无溢流损失）、温升小的特点，可以组成闭式回路。但其结构复杂，成本较高，一般用于功率较大或对发热有严格要求的系统。

容积调速回路通常有三种基本形式：变量泵和定量执行元件组成的容积调速回路，定量泵和变量马达组成的容积调速回路，变量泵和变量马达组成的容积调速回路。

（1）变量泵和定量执行元件组成的容积调速回路

① 变量泵和液压缸组成的容积调速回路　如图 7-20 所示，液压缸活塞运动速度由变量泵的排量调节，回路中最大压力由安全阀限定。

若不计液压泵以外元件的泄漏，活塞的运动速度为

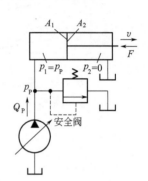

图 7-20　泵-缸组成的开式
容积调速回路

$$v = \frac{Q_P}{A_1} = \frac{Q_t - k_1 F/A_1}{A_1} \qquad (7\text{-}20)$$

式中　v——活塞运动速度；

　　　Q_P——变量泵的实际输出流量；

　　　A_1——液压缸无杆腔的承压面积；

　　　Q_t——变量泵的理论流量；

　　　k_1——变量泵的泄漏系数；

　　　F——作用在液压缸上的总负载。

图 7-21 所示为该回路的速度-负载曲线，速度刚度为

$$K_v = \frac{A_1^2}{k_1} \qquad (7\text{-}21)$$

显然，加大活塞承压面积 A_1 和减小变量泵的泄漏，都可以提高系统速度刚度。从图 7-21 中可以看出，当泵的理论流量较小时，会出现活塞停止运动的现象，这是由于泵的理论流量等于泵的泄漏量的缘故，所以这种回路的低速承载能力差。

② 变量泵和定量马达组成的容积调速回路　图 7-22 所示为变量泵和定量马达组成的闭式容积调速回路，泵的转速 n_P 和液压马达的排量 q_m 均为常数。改变变量泵 3 的排量，即可调节定量液压马达 5 的转速。系统正常工作时，安全阀 4 关闭；补油泵 1 用来补油，以改善系统的吸油状态，同时起冷却系统的作用；低压溢流阀 6 用来调节泵 1 的工作压力。

速度特性是指马达的输出转速随变量泵排量变化的关系曲线。若忽略回路中的泄漏损失，则马达的转速为

$$n_m = \frac{n_P q_P}{q_m} \qquad (7\text{-}22)$$

式中　n_m——马达的输出转速；

n_P——变量泵的转速,为定值;
q_P——变量泵的排量;
q_m——马达的排量,为定值。

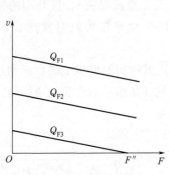

图 7-21 泵-缸式容积调速
回路的速度-负载曲线

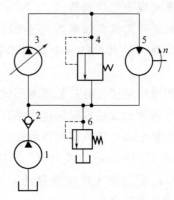

图 7-22 变量泵-定量马达闭式容积调速回路
1—补油泵;2—单向阀;3—变量泵;
4—安全阀;5—定量液压马达;6—低压溢流阀

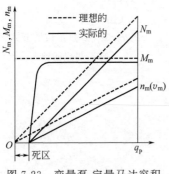

图 7-23 变量泵-定量马达容积
调速回路特性曲线

由此可见,马达的转速与泵的排量成正比,图 7-23 中 n_m-q_P 曲线为虚线,由于回路中泄漏的存在,当变量泵的流量小到不足以补充回路的泄漏时,液压泵就不能驱动液压马达,$n_m = 0$,所以存在一速度死区。

转矩特性和功率特性是指液压马达的输出转矩和功率分别与变量泵排量 q_P 之间的关系。若不考虑回路的各种损失,并设低压溢流阀 6 的调定压力为 p_0,则马达的输出转矩为

$$M_m = \frac{1}{2\pi} q_m (p_P - p_0) \tag{7-23}$$

式中 M_m——马达的输出转矩;
p_P——液压泵的出口压力。

显然,当液压马达驱动的负载不变时,p_P 为常量,所以转矩 M_m 不随 q_P 的变化而变化,因此称为恒转矩调速。图 7-23 中 M_m-q_P 曲线为虚线,同样由于机械摩擦和泄漏的存在,转矩曲线也有一死区存在,实际 M_m-q_P 特性曲线如图 7-23 中实线所示。

回路中液压马达的输出功率 N_m 为

$$N_m = 2\pi \frac{M_m n_P}{q_m} q_P \tag{7-24}$$

显然,在恒负载下,马达的输出功率 N_m 与变量泵的排量 q_P 成正比,如图 7-23 中 N_m-q_P 虚线所示,计入摩擦和泄漏损失,N_m-q_P 曲线如实线所示。

该调速回路具有较大的调速范围,可无级调速,适用于恒转矩调速。

(2)定量泵和变量马达组成的容积调速回路 图 7-24 所示为定量泵和变量马达组

成的容积调速回路。改变变量马达的排量 q_m，即可调节马达的转速 n_m。泵 1 的输出流量 Q_P 为恒值，但输出的压力 p_P 随负载而变；阀 3 为安全阀；泵 4 是低压补油泵，用来改善系统的吸油状态，并对系统起冷却作用；低压溢流阀 5 用来调节补油泵 4 的压力。

① 速度特性　若忽略回路中的泄漏和摩擦损失，变量马达的转速 n_m 为

$$n_m = Q_P / q_m \tag{7-25}$$

式(7-25)说明液压马达输出的转速与马达的排量成反比。若考虑到各种损失，其 n_m-q_m 曲线如图 7-25 中实线所示。在这种调速回路中，不用双向变量马达换向。因为换向时要经过马达排量为零的位置，这时理论上马达转速为无穷大，这是不允许的。实际上变量马达的转速虽不会到达无穷大，但可能超过马达允许的最高转速，也是应该避免的。所以在这种回路中，一般不采用双向变量马达换向。

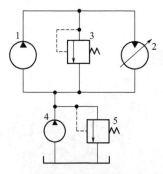

图 7-24　定量泵-变量马达容积调速回路
1—定量泵；2—变量马达；3—安全阀；
4—补油泵；5—溢流阀

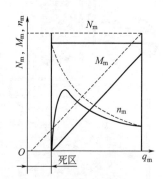

图 7-25　定量泵-变量马达容积
调速回路特性曲线

② 转矩和功率特性　若忽略回路中的泄漏和摩擦损失，液压马达的输出转矩为

$$M_m = \frac{(p_P - p_0) q_m}{2\pi} \tag{7-26}$$

输出功率为

$$N_m = 2\pi n_m M_m = Q_P (p_P - p_0) \tag{7-27}$$

显然，当外负载不变时，p_P 不变，p_0 由低压溢流阀 5 调定，也为常量。所以变量马达的转矩 M_m 与其排量 q_m 成正比关系，而马达的输出功率为一恒值，即不随 q_m 变化，因此称这种调速方式为恒功率调速。同样，当考虑到系统的容积损失和摩擦损失时，其 M_m-q_m、N_m-q_m 特性曲线如图 7-25 中实线所示。

(3) 变量泵和变量马达组成的容积调速回路

图 7-26 所示为变量泵和变量马达组成的容积调速回路。双向变量泵 1 不仅可改变流量，而且可改

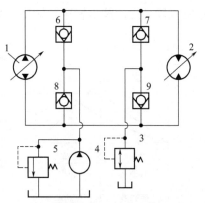

图 7-26　变量泵-变量马达容积调速回路
1—变量泵；2—变量马达；3—安全阀；
4—补油泵；5—低压溢流阀；6～9—单向阀

变液流方向;为了改善泵1的吸油性并冷却系统,增设了低压补油泵4;阀3为系统安全阀;低压溢流阀5调节补油泵的出口压力;单向阀6和8用于实现双向补油;而单向阀7和9使安全阀3能在两个方向起安全作用。

从图7-25中可以看出,变量泵和变量马达组成的容积调速回路实际上是上述两种调速回路的组合。由于泵和马达的排虽均可改变,所以扩大了调速范围,扩大了液压马达输出功率和转矩的选择余地。下面介绍变量泵和变量马达组成的容积调速回路的常用调节方法。

图7-27为变量泵和变量马达组成的容积调速回路结构示意,结构与图7-26基本对应。

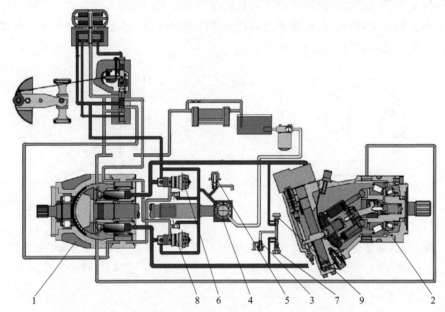

图7-27 变量泵-变量马达容积调速回路结构示意
1—变量泵;2—变量马达;3—安全阀;4—补油泵;5—低压溢流阀;6~9—单向阀

首先,将马达的排量 q_m 调至最大,并使之恒定,然后将变量泵的排量 q_P 由小调大,这时液压马达的输出转速和输出功率也随之增大,而输出转矩不变,如图7-28所示。这一阶段与变量泵-定量马达容积调速相似,为恒转矩调速。

然后,将变量泵的排量调定在上述的最大值并使之恒定。再调节变量马达的排量 q_m,使之由大到小。这时马达的输出转矩随之减小,但输出速度继续上升,功率保持恒定。这一阶段与定量泵-变量马达容积调速相似,为恒功率调速。图7-28为双向变量泵的流量为一个方向调节时的输出特性曲线。

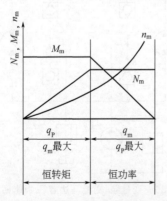

图7-28 变量泵-变量马达容积调速回路的输出特性曲线

7.2.2 限速回路

限速回路也称平衡回路。当工作机构的运动方向和负载重力方向一致（如起重机吊物下放和挖掘机下坡）时，为了控制执行机构的速度大小，可设置限速回路。

图 7-29 所示为外控平衡阀限速回路。当左路进入压力油时，油液经单向阀进入液压缸的无杆腔，活塞上升，有杆腔回油流回油箱；当右路进入压力油时，只有当进油压力达到平衡阀的调定压力时，活塞才能下降，无杆腔回油经平衡阀的节流口流回油箱。若下降速度超过了设计速度，则有杆腔由于泵供油不足而压力下降，这时平衡阀阀芯在弹簧力的作用下，自动关小节流口，以增大回油阻力，消除超速现象。此处的平衡阀还具有使活塞在任一位置锁紧的功能。

图 7-30 所示为挖掘机行走机构和起重机回转机构上应用的一种限速回路，它是通过两个外控单向节流阀来限速的。在图 7-30 所示位置时，压力油经左路单向阀供给液压马达，当机器下坡或重物下放时，马达转速有增大的可能。这时左边进油路压力下降，控制油路自动调小右边节流阀的通流面积，从而达到限速的目的。同理可知，当右路进入压力油时，回路也可限速。

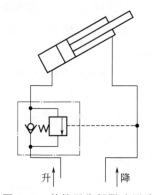

图 7-29　外控平衡阀限速回路

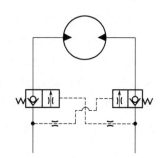

图 7-30　外控单向节流阀限速回路

7.2.3　制动回路

当执行机构需要停止运动时，需要对执行机构进行制动。液压缸通常采用换向阀进行制动。而对制动的平稳性要求高时，可采用一些缓冲装置。以下是对液压马达进行制动的两种回路。

图 7-31 所示为用背压阀制动的回路。当换向阀 3 左位工作时，马达正常工作，系统工作压力由溢流阀 1 调定，而马达回油经阀 2 流回油箱（此时背压阀 2 的远控口接油箱，阀 2 作卸荷阀用）；当换向阀 3 右位工作时，由于溢流阀 1 的远控口接油箱，所以泵卸荷，背压阀 2 远控口堵死，这时背压阀 2 对马达施加背压，即对马达进行制动，制动力大小由背压阀 2 调节。

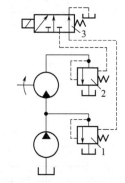

图 7-31　用背压阀制动的回路
1—溢流阀；2—背压阀；3—换向阀

图 7-32 所示为带有补油装置的制动回路。当换向阀从左位换到中位时，由于液压马

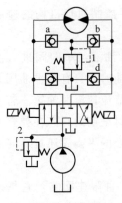

图 7-32 带有补油装置
的制动回路
1,2—溢流阀；
a~d—单向阀

达运动的惯性，不会立即停止运动，由此通过单向阀 c 吸油。马达右腔回油压力达到一定值时，经单向阀 b、溢流阀 1 流回油箱。溢流阀 1 是制动溢流阀，调节其压力的大小，即可调节制动时间。要注意的是，为了使液压马达正常工作，溢流阀 1 的调定压力至少要比溢流阀 2 的调定压力高 5%～10%。

7.2.4 速度换接回路

有些工作机构，要求在工作行程的不同阶段有不同的运动速度，这时可采用速度换接回路。速度换接回路的作用是将一种运动速度转换为另一种运动速度。

图 7-33 所示为用行程阀实现速度换接的回路。在图 7-33 所示位置时，液压缸右腔回油经行程阀 3 流回油箱，活塞快速向右运动；当到达预定位置时，活塞上的挡块压下行程阀 3，使液压缸右腔回油必须通过节流阀 2 流回油箱，活塞慢速向右运动。当换向阀换至左位工作时，压力油经单向阀 1 进入液压缸右腔，活塞向左运动；当活塞挡块脱离行程阀 3 后，压力油经行程阀 3 进入液压缸右腔，活塞快速向左运动。

图 7-34 所示为两调速阀串联两工进速度换接回路，通过控制电磁换向阀实现速度的换接。当 1DT 通电时，活塞向右快进；当 3DT 通电时为一工进，调速阀 1 控制速度；当 4DT 同时也通电时，为二工进，调速阀 2 控制速度。该回路中调速阀 2 的通流面积必须小于调速阀 1 的通流面积。当一工进换接为二工进时，因调速阀 2 中始终有压力油通过，定差减压阀处于工作状态，故执行机构的速度换接平稳性较好。

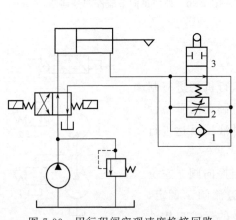

图 7-33 用行程阀实现速度换接回路
1—单向阀；2—节流阀；3—行程阀

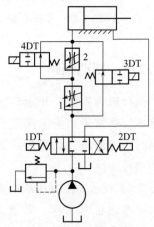

图 7-34 两调速阀串联两工进速度换接回路
1,2—调速阀

7.2.5 同步回路

使两个或两个以上的液压缸（或液压马达）实现同步动作的回路称为同步回路。

图 7-35 所示为串联液压缸同步回路。这种回路要求液压缸有较高的制造精度和密封性，否则同步精度难以保证。该回路中泵的供油压力较高，为两液压缸负载压力之和。

由于液压缸泄漏的存在，所以常用带有补油装置的串联同步回路，如图 7-36 所示。在活塞每一向下行程中，如果其一液压缸的活塞先到达底部，限位开关动作，使电磁铁 1DT 或 2DT 通电，另一液压缸的活塞可完成全行程。例如，在 4DT 通电时，若液压缸 1 的活塞先下行到达底部，则 1DT 通电，使液压缸 2 的活塞下行到位；若液压缸 2 的活塞先下行到达底部，则 2DT 通电，使液压缸 1 的活塞下行到位。

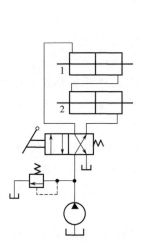

图 7-35 串联液压缸同步回路
1,2—液压缸

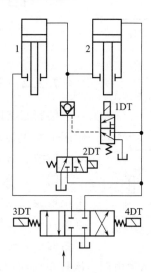

图 7-36 带有补油装置的串联同步回路
1,2—液压缸

7.3 方向控制回路

在液压系统中，执行元件的启动、停止、改变运动方向是通过控制元件对液流实行通、断、改变流向来实现的。这些回路称为方向控制回路，常用的有换向回路、锁紧回路和浮动回路等。

7.3.1 换向回路

如图 7-37 所示回路，用二位二通换向阀控制液流的通与断，以控制执行机构的运动与停止。在图 7-37 所示位置时，油路接通；当电磁铁通电时，油路断开，泵的排油经溢流阀流回油箱。同样，采用 O 型、Y 型、M 型等换向阀也可实现油路的通与断。

图 7-38 所示为换向阀换向回路。当三位四通换向阀左位工作时，液压缸活塞向右运动；当换向阀中位工作时，活塞停止运动；当换向阀右位工作时，活塞向左运动。

图 7-39 所示为差动缸回路。当二位三通换向阀左位工作时，液压缸活塞快速向左移动，构成差动回路；当换向阀右位工作时，活塞向右移动。

以上是由换向阀构成的换向回路，另外也可用双向变量泵来改变液压马达的运转方向。

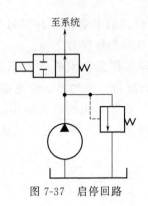
图 7-37 启停回路

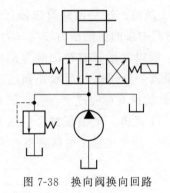
图 7-38 换向阀换向回路

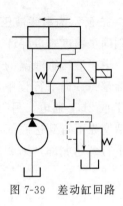
图 7-39 差动缸回路

7.3.2 锁紧回路

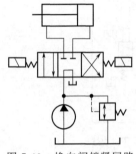
图 7-40 换向阀锁紧回路

锁紧回路用来防止液压缸或液压马达在停止运动时在外力作用下发生运动。锁紧回路一般由 O 型、M 型换向阀或单向阀、液控单向阀构成。

图 7-40 所示为换向阀锁紧回路。它利用 M 型（或 O 型）中位机能三位换向阀，闭锁液压缸两腔的油路，使活塞可在任意位置停止并锁紧。但由于换向阀不可避免地存在泄漏，这种回路的锁紧时间不能保持很长。

图 7-41 所示为由两个液控单向阀组成的锁紧回路。液压缸活塞可在任意位置停止并锁紧。在液压缸本身具有良好的密封性能时，由于液控单向阀的密封性能好，即使在外力作用下，也能使执行机构长时间锁紧。为了使当换向阀中位工作时能够锁紧，应使用 Y 型或 H 型中位机能的换向阀。

7.3.3 浮动回路

浮动回路是指某一执行机构在一定工作条件下处于自由运动状态。图 7-42 所示为利用 Y 型（或 H 型）三位换向阀实现的浮动回路。当换向阀处于中位时，液压缸左右两腔都接油箱，这时若对活塞施加一较小的外力，可以在活塞运动行程内随意改变活塞位置。

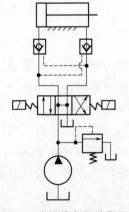
图 7-41 液控单向阀锁紧回路

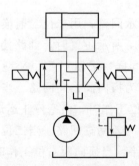
图 7-42 换向阀浮动回路

7.4 气动基本回路

气压传动系统与液压传动系统一样,都是由各种不同的基本功能的回路组成的,而且可以相互参考和借鉴。了解气动系统常用回路的类型和功能,有助于合理选择各种气动元件并根据其功能组合成气动回路,实现预定的方向控制、压力控制、位置控制等功能。

7.4.1 换向控制回路

气动执行元件的换向主要是利用方向控制阀来实现的。如同液压系统一样,方向控制阀按照通路数也分为二通、三通、四通、五通等,利用这些方向控制阀可以构成单作用执行元件和双作用执行元件的各种换向控制回路。

图 7-43 所示为双作用气缸换向回路,在实际中,可以根据执行元件的动作与操作方式等,对这些回路进行灵活选用和组合。图 7-43(a)~(c) 是简单换向回路。图 7-43(d)~(f) 是双稳回路,双稳回路的功用在于其"记忆"机能。当有置位(或复位)信号作用后,输出对应某一工作状态。在该信号取消后,其他复位(或置位)信号作用前,原输出状态一直保持不变。例如图 7-43(d) 所示的二位四通阀的双稳回路,当换向阀左边有置位信号后,缸1右行,即使置位信号消失,在复位信号到来之前,由于双稳型阀切换在右位,所以缸仍处于右行状态,当复位信号作用后,则缸处于左行状态。

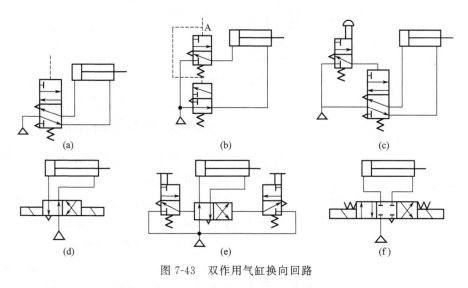

图 7-43 双作用气缸换向回路

7.4.2 压力控制回路

对系统压力进行调节和控制的回路称为压力控制回路。压力控制回路是使气动系统中有关回路的压力保持在一定的范围内,或者根据需要使回路得到高、低不同的空气压力的基本回路。

一般情况下,空气压缩机的出口压力为 0.8MPa 左右,并设置储气罐,储气罐上装有压力表、安全阀等。气源的选取可根据使用单位的具体条件，采用压缩空气站集中供气或小型空气压缩机单独供气，只要它们的储量能够与用气系统压缩空气的消耗量相匹配即可。当空气压缩机的容量选定后，在正常向系统供气时，储气罐中的压缩空气压力由压力表显示，其值一般低于安全阀的调定值，因此安全阀通常处于关闭状态。当系统用气量明显减少，储气罐中的压缩空气过量而使压力升高到超过安全阀的调定值时，安全阀自动开启溢流，使罐中压力迅速下降，当罐中压力降至安全阀的调定值以下时，安全阀自动关闭，使罐中压力保持在规定范围内。可见，安全阀的调定值要适当。若调得过高，则系统不够安全，压力损失和泄漏也要增加；若调得过低，则会使安全阀频繁开启溢流而消耗能量。

安全阀压力的调定值，一般可根据气动系统工作压力范围，调整在 0.7MPa 左右。用于控制空压站气罐使其压力不超过规定压力。如图 7-44 所示，常采用外控式溢流阀 1 来控制，也可用电接点压力表 2 代替溢流阀 1 来控制空压机电机的启、停。

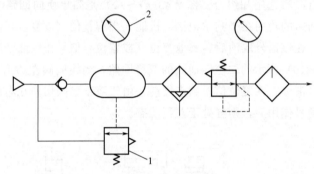

图 7-44 压力控制回路
1—溢流阀；2—电接点压力表

7.4.3 速度控制回路

控制气动执行元件运动速度的一般方法是控制进入或排出执行元件的气流量。因此，利用流量控制阀来改变进气管、排气管的有效截面积，就可以实现速度控制。

7.4.3.1 节流阀调速

如图 7-45(a) 所示，两反向安装的单向节流阀，通过调节其各自的开度大小，调节气体流量，可以分别控制活塞杆伸出和退回的运动速度。该回路的运动平稳性和速度刚度都较差，易受外负载变化的影响，用于对速度稳定性要求不高的场合。

7.4.3.2 快排气阀调速

如图 7-45(b) 所示，气缸活塞杆上升时

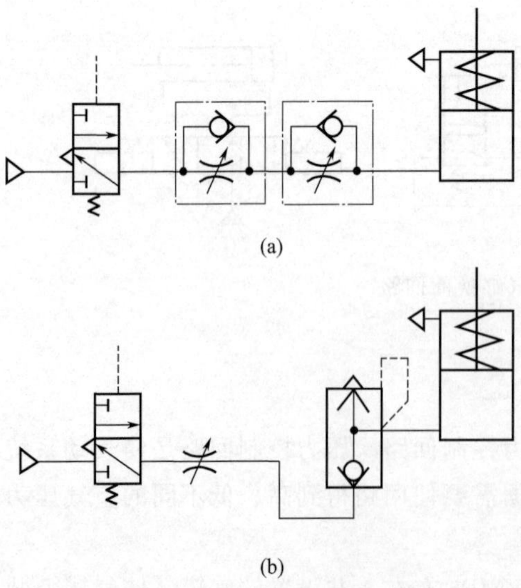

图 7-45 气缸速度控制回路

可以通过节流阀调速，活塞杆下降时通过快排气阀排气，实现快速退回。

习 题

7-1 选择题

(1) 旁路节流调速回路在（　　）时有较高的速度刚度。
A. 重载高速　　　　　　　　B. 重载低速
C. 轻载低速　　　　　　　　D. 轻载高速

(2) 可以承受负值负载的节流调速回路是（　　）。
A. 进油路节流调速回路　　　B. 旁路节流调速回路
C. 回油路节流调速回路　　　D. 三种回路都可以

(3) 在容积调速回路中，（　　）的调速方式为恒转矩调节，（　　）的调速为恒功率调节。
A. 变量泵-变量马达
B. 变量泵-定量马达
C. 定量泵-变量马达

(4) 在定量泵-变量马达容积调速回路中，如果液压马达所驱动的负载转矩变小，若不考虑泄漏的影响，马达转速（　　），泵的输出功率（　　）。
A. 增大　　　　　　　　　　B. 减小
C. 基本不变　　　　　　　　D. 无法判断

(5) 用同样的定量泵、节流阀、溢流阀和液压缸组成下列几种节流调速回路，（　　）能够承受负值负载，（　　）的速度刚度最差而回路效率最高。
A. 进油路节流调速回路
B. 回油路节流调速回路
C. 旁路节流调速回路

7-2 简答题

(1) 调压回路、减压回路和增压回路各用于什么场合？

(2) 容积调速回路与节流调速回路相比有何优缺点？什么情况下采用容积调速回路比较合理？

(3) 题图 7-1(a)、(b) 分别是利用定值减压阀与节流阀串联来代替调速阀，试问能否起到调速阀稳定速度的作用？为什么？

(4) 题图 7-2 所示回路采用先节流后减压的压力补偿原理，能否保持节流阀两端压力差不变，从而使液压缸速度不受负载变化的影响？试分析其工作原理。

7-3 判断题

(1) 容积调速回路既无溢流损失，也无节流损失，故效率高，发热少。但速度稳定性则不如节流调速回路。

(2) 利用液压缸差动连接实现的快速运动回路，一般用于空载。

(3) 利用远程调压阀的远程调压回路中，只有在溢流阀的调定压力高于远程调压阀的

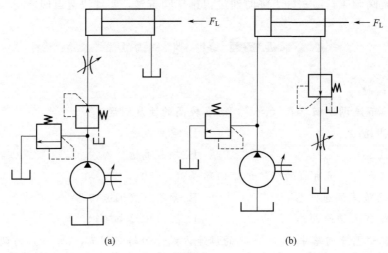

题图 7-1

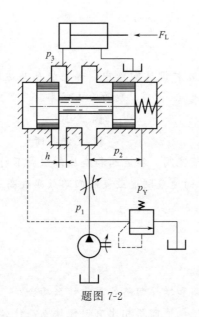

题图 7-2

调定压力时,远程调压阀才能起作用。

(4) 速度调节和速度换接回路是同一回路。

(5) 同步回路能够实现速度和位移的同步。

7-4 计算题

(1) 如题图 7-3 所示的平衡回路,已知液压缸活塞直径 $D=100$ mm,活塞杆直径为 $d=70$ mm,活塞及负载总重 $G=16\times10^3$ N,提升时,要求在 0.1s 内均匀达到上升速度 6m/min,试确定溢流阀和顺序阀的调定压力。

(2) 某液压系统采用限压式变量泵供油,调定后液压泵的特性曲线如题图 7-4 所示。面积 $A_1=5\times10^{-3}$ m²,面积 $A_2=2.5\times10^{-3}$ m²。求:①当负载为 2×10^4 N 时,活塞运动速度为多少?②此时液压缸的输出功率为多少?③活塞快退时的速度是多少?

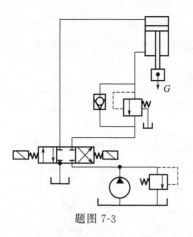

题图 7-3

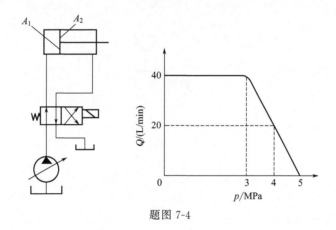

题图 7-4

(3) 如题图 7-5 所示，溢流阀和两减压阀的调定压力分别为 $p_Y=45\times10^5\text{Pa}$，$p_{J1}=35\times10^5\text{Pa}$，$p_{J2}=20\times10^5\text{Pa}$，负载 $F_L=1200\text{N}$，活塞有效工作面积 $A_1=15\text{cm}^2$，减压阀全开口时的局部损失及管路损失忽略不计。①试确定活塞在运动中和到达终点 a、b、c 点处的压力。②当负载加大到 $F_L=4200\text{N}$，这些压力有何变化？

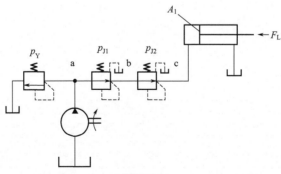

题图 7-5

(4) 在题图 7-6 所示的液压系统中，两缸的有效工作面积 $A_1=A_2=100\text{cm}^2$，泵的流量 $Q_P=40\text{L/min}$，溢流阀的调定压力 $p_Y=4\text{MPa}$，减压阀的调定压力 $p_J=2.5\text{MPa}$，若

作用在液压缸1上的负载F_L分别为0、$15×10^3$N、$43×10^3$N时，不计一切损失，试分别确定两缸在运动时、运动到终端停止时，各缸的压力、运动速度和溢流流量。

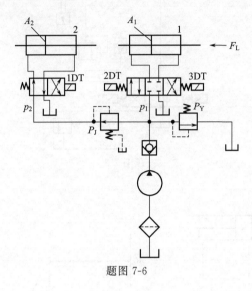

题图 7-6

第 8 章

汽车液压、气动系统及设计

8.1 典型汽车液压、气动系统

8.1.1 汽车气压 ABS 制动系统

为了保证汽车制动时的操纵稳定性,要求汽车紧急制动时必须保证前轴先抱死,这就需要采用制动力分配调节装置。其作用是当前轮制动管路压力增长到一定程度后,自动限制后轮制动管路压力的增长,起限压作用,防止后轮先抱死或减小后轮抱死的概率。汽车气压 ABS 制动系统如图 8-1 所示。

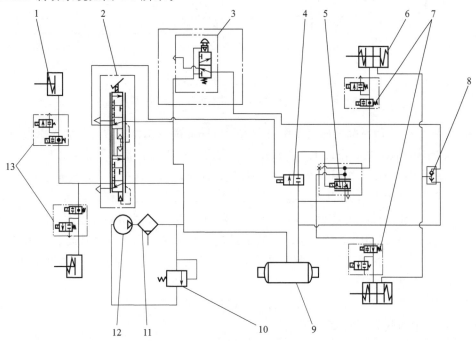

图 8-1 汽车气压 ABS 制动系统

1—前制动轮缸;2—踏板阀;3—手制动阀;4—ASR 控制阀;5—制动力分配阀;
6—后制动轮缸;7—后 ABS 控制阀;8—手制动解除控制阀;9—储气罐;
10—安全阀;11—油水分离器;12—空气泵;13—前 ABS 控制阀

8.1.1.1 制动力比例阀分配特性

比例阀与限压阀的区别在于，比例阀进入工作后，当前、后制动管路压力 p_1 与 p_2 同步增长到拐点（A）压力 p_s 后，即自动对 p_2 的增长加以限制，亦即使 p_2 的增量小于 p_1 的增量。

比例阀阀芯一般为两端承压面积不等的压差滑阀结构，图 8-2(a) 所示为其结构示意。阀门弹簧力作用于滑阀上部，滑阀弹簧力作用于滑阀底部，两弹簧力之差较小，作用方向向上。输入压力 p_1、输出压力 p_2 的作用面积分别为

$$A_1 = \frac{\pi}{4}(D^2 - d^2)$$

$$A_2 = \frac{\pi}{4}D^2$$

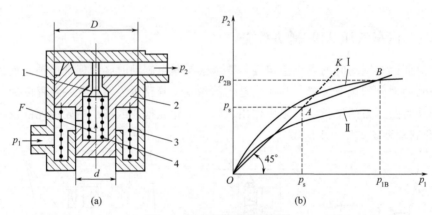

图 8-2 比例阀及其静态特性
1—阀门；2—压差滑阀；3—滑阀弹簧；4—阀门弹簧

由于 $A_1 < A_2$，故滑阀上部液压作用力大于滑阀底部液压作用力。在输入压力 p_1 与输出压力 p_2 同步增长阶段，滑阀上、下液压作用力之差小于两弹簧预紧力之差时，比例阀不工作，压差滑阀在弹簧力作用下处于上极限位置，此时，阀门保持开启，总是 $p_1 = p_2$。

当滑阀上、下液压作用力之差能够克服弹簧力，滑阀开始下移；当 p_1 和 p_2 同步增长到一定值 p_s 时，滑阀内腔的阀门关闭，切断进油腔与出油腔的通路；当进一步提高 p_1，则滑阀将回升，阀门再度开启，油液继续流入出油腔，使 p_2 也升高。但由于 $A_1 < A_2$，p_2 尚未增长到新的 p_1 值，滑阀又下降，企图关闭阀门。在任一平衡状态下，压差滑阀的力平衡方程为

$$A_2 p_2 = A_1 p_1 + F \tag{8-1}$$

式中 F——平衡状态下的弹簧力。

力平衡方程的曲线即图 8-2(b) 中比例阀静态特性曲线 AB。装用比例阀后，实际制动管路压力分配特性为 OAB 折线。由于 AB 的斜率 $A_1/A_2 < 1$，说明 p_2 的增量小于 p_1 的增量。

由于两弹簧力之差很小，阀口的开度变化很小，弹簧力可以忽略不计，则式(8-1) 可写成

$$\frac{p_2}{p_1} = \frac{A_1}{A_2} \tag{8-2}$$

由此可知，只要适当选择滑阀的作用面积 A_1 和 A_2，就可以得到所要求的压力比，且比值近似恒定，这就是比例阀名称的由来。比例阀的工作原理与定比减压阀相同。

8.1.1.2 汽车 ABS 制动系统中的电磁阀特性

汽车 ABS 制动系统的制动力调节是通过制动力调节器（液压调压器）来完成的。制动力调节器根据 ECU（电子控制单元）的指令，通过球阀式电磁阀的动作自动控制制动压力。

循环式制动力调节器中的电磁阀多采用二位二通电磁阀和三位三通电磁阀。

图 8-3 所示为二位二通球阀式电磁阀的结构。该阀有增压（电磁线圈断电）和减压（电磁线圈通电）两个工作位置。工作时，二位二通电磁阀穿梭于这两个工作位置。ECU 采用 PWM（脉宽调制）控制方式控制电磁线圈电流通断的占空比，就可以实现制动力的增压、减压和保压三种状态的控制。

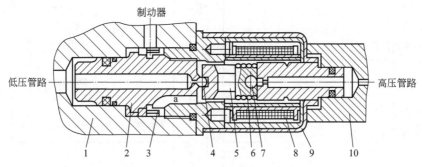

图 8-3　二位二通球阀式电磁阀的结构
1—阀座；2—阀体；3—滤网；4—第二球阀；5—衔铁；6—弹簧；
7—第一球阀；8—电磁线圈；9—保护套；10—密封座

保护套既保护电磁线圈，又起密封作用。在阀未通电时，衔铁处于左端位置，此时第一球阀打开，允许高压制动液通过阀体上的油槽 a，经环形滤网流向制动器，实现增压状态。当阀通电时，衔铁右移，关闭第一球阀，打开第二球阀，制动器压力油流向低压管路，实现减压状态。若阀通断电流的占空比在某一范围内时，制动器的压力增减保持不变，这时实现了保压状态。

8.1.2　特种专用汽车全液压制动系统

制动性能是车辆的重要性能之一，良好的制动性能是汽车安全行驶的重要保障。目前，国内车辆制动系统多采用气压、气顶液的结构形式。近年来，车辆也趋于采用全液压制动的方式，其主要优点是系统的制动压力高，产生的制动力矩大，制动灵敏，且更便于实现电子控制。

全液压制动系统一般由供能装置、传动装置、控制装置和制动执行元件四部分组成。供能装置通过液压泵、充液阀向蓄能器供油，积蓄能量；传动装置将制动踏板控制的动力源传递给制动执行元件；控制装置将驾驶员踩踏板的控制信号传到控制阀上；制动执行元件是装在车轮上的制动器,它将传动装置传来的动力变成摩擦力矩。

图 8-4 所示为典型的特种专用汽车全液压制动系统。制动时,驾驶员踩下制动踏板,制动油液在蓄能器压力的作用下,进入制动油缸,产生制动效果。液压制动系统大多采用钳盘式或全盘式制动器。充液阀可以使蓄能器的内压保持在最低限度。当蓄能器的内压低于最低限度时,充液阀就会使泵向蓄能器充油,直至达到预定的压力上限。

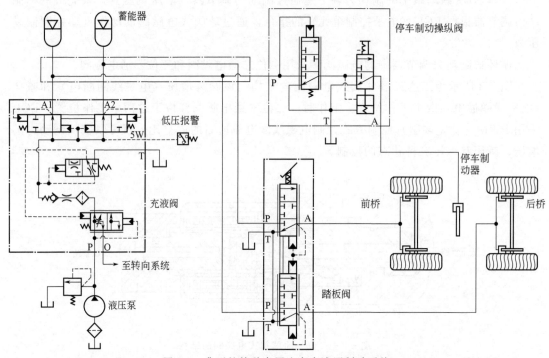

图 8-4 典型的特种专用汽车全液压制动系统

根据执行机构的工作过程,可以将液压制动过程分为两个阶段:活塞运动阶段和制动油压建立阶段。

活塞运动阶段:当踩下踏板阀,油路接通。蓄能器中的油液进入制动油缸,推动活塞移动,迅速消除制动器的制动间隙。整个运动阶段由踩下制动踏板开始,到制动衬块接触制动盘为止。

制动油压建立阶段:制动衬块碰到制动盘瞬间,会导致轮缸中油液冲击,并引起瞬间的压力升高,轮缸中油压在瞬间的压力波动后,会迅速而平稳地增加,直至油压逐渐稳定。

8.1.2.1 充液阀的特性

充液阀的作用是优先给蓄能器回路供油,并将该回路的压力保持在所设定的工作范围内,使制动时有充足的液压力供给,保持行车制动安全可靠,待该系统回路的压力足够高时,充液阀自动换位,主要向二次回路供油。确定充液阀的充液压力下限,主要是根据制动时系统的压力来确定。充液阀的充液压力下限必须保证大于系统制动压力,约大 10% 左右,即

$$p_L \approx (1+10\%)p \tag{8-3}$$

式中 p——系统制动压力，MPa；

p_L——充液阀压力下限，MPa。

确定充液阀压力上限，主要是根据系统安全阀调定的压力，上限压力应略低于安全阀调定压力约 10%，即

$$p_H \approx (1-10\%)p \tag{8-4}$$

式中 p——安全阀调定压力，MPa；

p_H——充液阀压力上限，MPa。

按照 GB 8532 行车制动系统要求，以 4 次/min 的速率制动 n 次，计算充液阀的充液速度。单个制动器充液容积 V_1，共 4 个制动器。所以充液阀的最小充液速度为

$$V = V_1 \times 4n/1000 \text{ (L/min)} \tag{8-5}$$

8.1.2.2 蓄能器容积

蓄能器的容积在液压控制系统中是一个关键性的参数，容积过大导致蓄能时间过长，大大占用了行车动力功率，容积过小，制动压力油就会很快升温，超出温度使用范围。汽车制动需要蓄能器快速排出制动压力油，使蓄能器内的氮气被压或松压时不能与周围的空气快速地交换热量，此时氮气压力和体积改变的过程可以按照隔绝热量的形态来认定。使车辆处于熄火状态，踩下制动踏板 10 次以上，确定蓄能器的容积。同时考虑到连接胶管存在一定的弹性因素，以及布置空间的要求，并应结合蓄能器的选用执行标准。

8.1.3 汽车自动变速器液压系统

自动变速器液压系统一般由吸油滤网、液压泵、滤清器、变速操纵阀、前进和后退缓冲阀、变矩器进口压力阀、变矩器、变矩器出口压力阀、散热器、各挡离合器油缸、管路等元件组成，如图 8-5 所示。

液压泵从变速器的油底壳（油箱）通过吸油滤网吸油，油液经滤清器进入变速操纵阀内的调压阀，当油压达到一定值时，调压阀打开，液力传动油经调压阀进入变矩器，经变矩器出口压力阀、散热器流向变速器各挡离合器等应进行润滑冷却的部位。

变矩器进口压力阀控制变矩器内腔的液力传动油的压力不超过规定值，出口压力阀的作用则保持变矩器内有一定的压力，避免变矩器内产生汽蚀现象，并控制冷却润滑压力，避免损坏变速器。

8.1.3.1 变压式主调压系统

变压式主调压系统由减压阀、先导控制电液比例阀（直动式）、调压阀和主压力阀等组成，如图 8-6 所示。

减压阀的作用是将系统油压降低，向电液比例阀提供稳定的油压，使它控制的油压不受系统压力变化的影响。

电液比例阀采用脉宽调制控制，由微机根据油门开度发出脉宽调制占空比信号，占空比与电磁线圈平均电流成正比，线圈产生的电磁力与平均电流成正比例关系。

通过传感器检测出油门开度变化，微机根据油门开度大小，通过改变脉宽占空比来控制电液比例阀平均电流，使调制压力和主压力等随着平均电流的变化而改变。

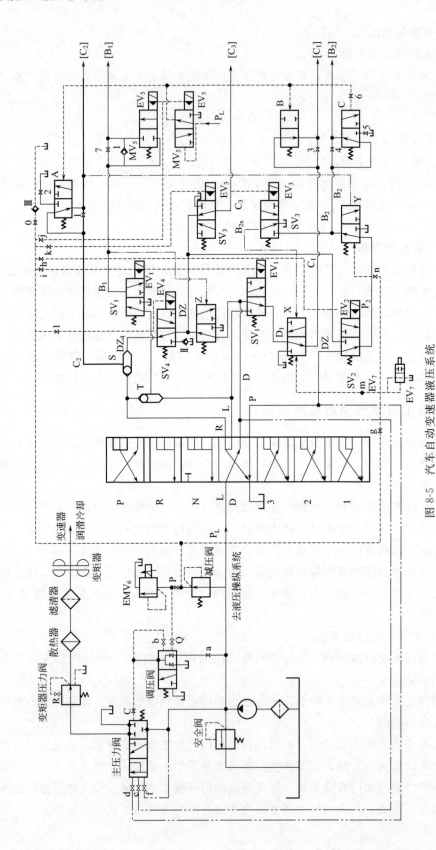

图 8-5 汽车自动变速器液压系统

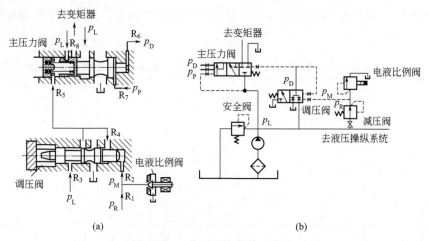

图 8-6 变压式主调压系统

$R_1 \sim R_8$—节流孔；p_L—油泵输出油压；p_D—来自手动阀 D 杆位压力油，$p_D = p_L$；p_P—来自手动阀 P 杆位压力油 $p_P = p_L$；p_M—电液比例阀调制压力；p_R—减压阀来油的压力

8.1.3.2 换挡操纵液压系统

换挡操纵系统如图 8-7 所示主要由以下阀组成：四个换挡电磁阀（$EV_1 \sim EV_4$ 为开关型电磁阀）；四个换挡阀（$SV_1 \sim SV_4$ 和换挡电磁阀连接在一起）；手动操纵阀，和电操纵换挡阀一起实现换挡操纵；三个互锁阀（X、Y、Z），防止相干涉的接合元件接合；两个梭形阀（S、T），两路来油通过梭形阀都能向另一路供油。图 8-7 中 P_L 表示油泵供油线；T 表示回油箱线；C_1、C_2、C_3 和 B_1、B_2 分别表示通往离合器和制动器的供油线。

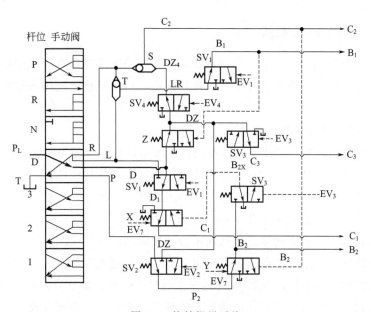

图 8-7 换挡操纵系统

表 8-1 列出了各杆位手动阀输出油路和各杆位及挡位下电磁阀、换挡阀、互锁阀以及各接合元件的位置状态。由于 D 杆位是通过微机控制电磁阀来进行自动换挡，有六个挡

位（六种状态），因此在 D 杆位的 3 挡处设计了三个工作状态，采用了三个电磁阀，实现 3H、3M、3LT 挡。

表 8-1　各杆位手动阀输出油路和各杆位及挡位下电磁阀、换档阀、互锁阀及接合元件的位置状态

杆位	挡位	油路	电磁阀状态				换挡阀				互锁阀			接合元件				
			EV_1	EV_2	EV_3	EV_4	SV_1	SV_2	SV_3	SV_4	X	Y	Z	C_1	C_2	C_3	B_1	B_2
P	P	P	OFF	OFF	OFF	OFF	左	左	左	左	左	左	左					√
R	R	R	OFF	OFF	OFF	OFF	左	左	左	左	左	右	右		√		√	
N	N		OFF	OFF	OFF	OFF	左	左	左	左	左	左	左					
D	1	D	OFF	OFF	OFF	ON	左	左	左	左	左	左	左	√				
D	2	D	OFF	ON	OFF	ON	左	右	左	右	左	左	左	√				√
D	3H	D	OFF	OFF	OFF	OFF	左	右	右	左	右	左	左	√	√			
D	3M	D	OFF	OFF	ON	OFF	左	右	右	左	右	左	左	√	√	√		
D	3LT	D	ON															
D	4	D	ON	ON	ON	ON	右	右	右	右	左	左	左			√		√
3	1	D	OFF	OFF	OFF	ON	左	左	左	左	左	左	左	√				
3	2	D	OFF	ON	OFF	ON	左	右	左	右	左	左	左	√				√
3	3	D	OFF	OFF	OFF	ON	左	右	右	左	右	左	左	√	√			
2	1	D	OFF	OFF	OFF	ON	左	左	左	左	左	左	左	√				
2	2	D	OFF	ON	OFF	ON	左	右	左	右	左	左	左	√				√
1	1	D,L	OFF	OFF	OFF	OFF	左	左	左	左	左	左	左	√			√	

8.1.4　扫路车液压系统

扫路车是一种环卫机械装备，主要用于城市室外路面清扫作业。该扫路车靠三个可分别或同时旋转及伸缩的扫盘来完成路面的清扫工作。扫盘旋转由液压马达完成，扫盘伸缩由液压缸完成。

8.1.4.1　扫路作业装置的驱动

图 8-8 所示为扫路车工作装置液压系统。系统的执行器分别为驱动扫路车三个旋转扫盘的三个液压马达和驱动扫盘实现伸缩动作的三个双作用单杆液压缸。

二位三通液控换向阀 1 与二位三通电磁换向球阀 11 和 12 构成二位三通电液动换向阀，用于控制马达 C 并通过液压锁 7 同时控制其升降缸 c；二位四通液控换向阀 2 与二位三通电磁换向球阀 10 和 13 构成二位四通电液动换向阀，用于控制马达 B 并通过液压锁 6 同时控制其升降缸 b；二位四通液控换向阀 3 与二位三通电磁换向球阀 9 和 14 构成二位四通电液动换向阀，用于控制马达 A 并通过液压锁 5 同时控制其升降缸 a。阀 2 和阀 3 为并联连接，马达 A、B 和 C 可以同时转动，也可以单独转动，以便提高车辆的工作效率。

二位二通液控换向阀 4 与二位三通电磁换向球阀 15 构成电液动换向阀并起卸荷阀作用，用于控制液压泵的卸荷与升压。当电磁铁通电使阀 15 切换至上位时，泵输出压力油，其压力由安全溢流阀 8 设定；当电磁铁断电使阀 15 处于图 8-8 所示下位时，则泵输出的

油液通过阀 4 排回油箱，液压泵卸荷。

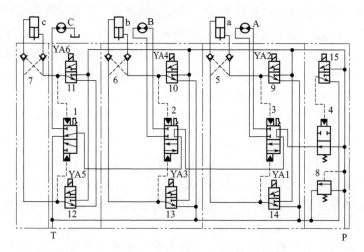

图 8-8　扫路车工作装置液压系统

1—二位三通液控换向阀；2,3—二位四通液控换向阀；4—二位二通液控换向阀（卸荷阀）；5~7—液压锁；8—溢流阀；9~15—二位三通电磁换向球阀；A,B,C—液压马达；a,b,c—液压缸

8.1.4.2　负荷传感转向回路

图 8-9 所示为扫路车采用的全液压转向系统，其为动态信号负荷传感转向回路，它包括一个定量泵、一个负荷传感转向器和一个优先阀（动态信号型）组成了动态负荷传感转向系统。其原理与静态负荷传感转向系统不同之处在于 LS 所取的信号不同，所以系统更加敏感。

优先阀是一个定差减压元件，无论负载压力和油泵供油量如何变化，优先阀均能维持转向器内变节流口 C1 两端的压力差基本不变，保证供给转向器的流量始终等于转向盘转速与转向器排量的乘积。

转向器处于中位时，如果发动机熄火，油泵不供油，优先阀的控制弹簧把阀芯推向右，接通 CF 油路。发动机启动后，优先阀分配给 CF 油路的油液流经转向器内的中位节流口 C0 产生压力降。C0 两端的压力传到优先阀阀芯的两端，由此

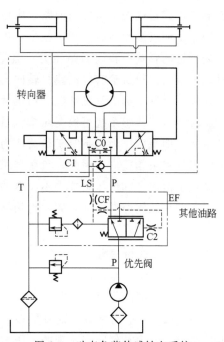

图 8-9　动态负荷传感转向系统

产生的液压力与弹簧力和液动力平衡，使阀芯处于一个平衡位置。由于 C0 的液阻很大，只要流过很小的流量便可以产生足以推动优先阀阀芯左移的压力差，进一步推动阀芯左移，开大 EF 阀口，关小 CF 阀口，所以流过 CF 油路的流量很小。

转动转向盘时，转向器的阀芯与阀套之间产生相对角位移，当角位移达到某值后，中位节流口 C0 完全关闭，油液流经转向器的变节流口 C1 产生压力降，C1 两端的压力传到

优先阀阀芯的两端,迫使阀芯寻找新的平衡位置。如果转向盘的转速提高,在变化的瞬间,流过转向器的流量小于转向盘转速与转向器排量的乘积,计量装置带动阀套的转速低于转向盘带动阀芯的转速,结果阀芯相对阀套的角位移增加,变节流口 C1 的开度增加。这时,只有流过更大的流量才能在 C1 两端产生转速变化前的压力差,以便推动优先阀阀芯左移。因此,优先阀内接通 CF 油路的阀口开度将随转向盘转速的提高而增大。最终,优先阀向转向器的供油量将等于转向盘转速与转向器排量的乘积。转向油缸达到行程终点时,如果继续转动转向盘,油液无法流向转向油缸。这时负载压力迅速上升,变节流口 C1 两端的压力差迅速减小。当转向油路压力超过转向安全阀的调定值时,该阀开启。压力油流经节流口 C2 产生压力降,这个压力降到优先阀阀芯的两端,推动阀芯左移,迫使接通 CF 油路的阀口关小,接通 EF 油路的阀口开大,使转向油路的压力下降。熄火转向时,计量装置起油泵作用,输出的压力油推动转向油缸活塞,油缸回油腔排出的油液经转向器内的单向阀返回变节流口 C1 的上游。

负荷传感转向系统根据所取的信号可分为静态负荷传感系统和动态负荷传感系统,静态信号型负荷传感转向器和静态信号型优先阀产品已经非常成熟,动态负荷传感系统是目前比较先进的转向系统,动态信号型负荷传感转向器和动态信号型优先阀技术水平较高。

转向系统负荷传感的特点:对负荷变化有良好的压力补偿;转向回路与其他回路互不影响,主流量优先供给转向回路,中位时只有微小流量通过转向器,从而消除了由于向转向油路供油过多而造成的功率损失,提高了系统效率,改善了热平衡状况;中位压力特性不受排量的影响;转向回路压力、流量保持优先,转向可靠,在优先保证转向流量的同时,多余的流量供给其他油路;转向灵敏度高,响应快;寒冷条件下的启动性能有了极大的改善;有利于解决系统性能和稳定性的问题。

液压负荷传感系统可根据对泵流量进行相应的调节,使换向阀节流点前后的压力差保持不变,即泵的压力总是等于负荷压力与此节流压力差之和,使泵流量始终与换向阀上调节的流量需求相适应。因此,负荷传感系统不受负载变化的影响,使调速刚度大为提高。它避免了恒流量和恒压系统中不应有的损失,从而提高了系统的效率,改善了控制性能。

负荷传感阀控制的基本原理为伯努利流量方程。

$$Q = KA\sqrt{\Delta p} \tag{8-6}$$

式中　　K——流量常数;
　　　　A——阀口面积;
　　　　Δp——阀口前后压力差。

控制 Δp 的值为常数,则流量 Q 只与阀口面积有关,而与负荷压力无关,而控制 Δp 的值是通过压力补偿阀来实现的,压力补偿阀的弹簧决定了节流口处压力降 Δp 的值。

8.1.5　汽车起重机

8.1.5.1　工作原理

汽车起重机的外形如图 8-10 所示,它由回转机构、支腿、吊臂变幅液压缸、基本臂、吊臂伸缩液压缸和起升机构等组成。汽车起重机机动性好,用途广泛。

汽车起重机需要完成的动作较为简单,位置控制精度也较低,但要保证安全操作是十分重要的问题。汽车起重机进入工作现场后，先将 4 个支腿 5 放下，目的是起吊重物时，重物的重量和车的自重均通过支腿传至地面，而轮胎不再承重。

变幅液压缸缸的活塞杆伸出时，可将伸缩臂顶起，使之和车体形成一定夹角。改变伸缩液压缸活塞杆伸出长度，可改变伸缩臂的长度。伸缩臂的顶端有滑轮组和钢丝绳，以便起吊重物。起升机构 1 是由液压马达带动的鼓轮，其上绕有钢丝绳。鼓轮转动可收放钢丝绳，使重物升降。回转机构 6 是液压马达带动的大齿圈，齿圈转动，则旋转体可作 360°回转。部件 1、2、3、4、7 均固定在旋转台上。

图 8-11 所示为汽车起重机的液压系统，该系统用一个轴向柱塞泵作动力源，由汽车发动机通过传动装置驱动。整个系统由支腿收放、转台回转、吊臂伸缩、吊臂变幅和吊重起升五个支路组成。其中，手动双联多路阀用于支腿收放，手动四联多路阀用于控制其余四个支路的动作。全部油路分上、下两部分布置，上部随转台回转，两部

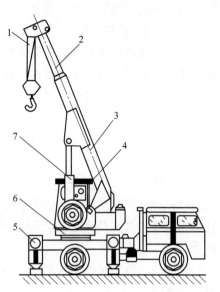

图 8-10 汽车起重机的外形
1—起升机构；2—吊臂伸缩液压缸；3—基本臂；4—起重机驾驶室；5—支腿；6—回转机构；7—吊臂变幅液压缸

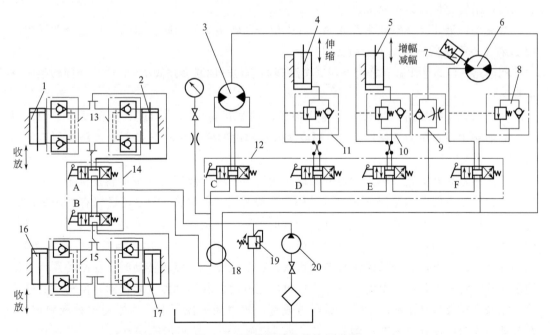

图 8-11 汽车起重机的液压系统
1,2—前支腿液压缸；3—回转液压马达；4—伸缩液压缸；5—变幅液压缸；6—起升液压马达；7—制动器；8—单向平衡阀 3；9—单向节流阀；10—单向平衡阀 2；11—单向平衡阀 1；12—四联多路阀；13—前支腿液压阀；14—双联多路阀；15—后支腿液压阀；16,17—后支腿液压缸；18—回转接头；19—安全溢流阀；20—液压泵

分之间的管路采用回转接头连接。

8.1.5.2 液压回路

(1) 支腿收放支路　汽车起重机作业前必须放下前、后支腿，让汽车轮胎架空，用支腿承重。行驶时又需将支腿收起，轮胎着地。放下支腿时，手动双联多路阀的 A、B 两路至左位，此时，液压缸的主油路如下。

进油路：液压泵→双联多路阀 A 左位→液控单向阀→前支腿液压缸无杆腔。

回油路：前支腿液压缸有杆腔→液控单向阀→双联多路阀 A 左位→阀 B 中位→阀 C 中位→阀 D 中位→阀 E 中位→阀 F 中位→油箱。

后支腿液压缸用阀 B 控制，其油路与前支腿的相同。

(2) 转台回转支路　回转支路的执行元件是一个大转矩双向液压马达，通过蜗轮、蜗杆机构减速，可获得转台 1~3r/min 的低速。马达由手动四联多路阀 C 控制，其油路如下。

进油路：液压泵→双联多路阀 A、B 中位→回转接头→四联多路阀 C 左（或右）位→回转液压马达。

回油路：回转液压马达→四联多路阀 C 左（或右）位→四联多路阀 D、E、F 中位→回转接头→油箱。

(3) 吊臂伸缩支路　吊臂由基本臂和伸缩臂组成，伸缩臂套装在基本臂内，由吊臂伸缩液压缸带动。油路中设置了单向平衡阀 1，保证伸缩臂举重上伸、承重停止和负重下缩三种工况的安全、平稳，四联多路阀 D 则控制三种工况的实施。例如当四联多路阀 D 在右位时，吊臂上伸，其油路如下。

进油路：液压泵→双联多路阀 A、B 中位→回转接头→四联多路阀 C 中位→四联多路阀 D 右位→平衡阀→伸缩液压缸无杆腔。

回油路：伸缩液压缸有杆腔→四联多路阀 D 右位→四联多路阀 E、F 中位→回转接头→油箱。

(4) 吊臂变幅支路　吊臂变幅是用液压缸改变吊臂的起落角度。变幅要求平稳、可靠，故油路中设置单向平衡阀 2。增幅或减幅动作由四联多路阀 E 控制，油路类似于伸缩支路。

(5) 吊重起升支路　吊重的提升和落下由一个大转矩液压马达带动卷扬机来完成。马达的正、反转由四联多路阀 F 控制，油路中既设置有单向平衡阀 3，还设置有液压机械式制动器，保证吊重的提升、落下和静止动作的平稳、安全和可靠。因为液压马达的内泄漏比较大，当重物吊在空中时，重物会缓慢向下滑移。制动器的作用是当起升机构工作时，在系统油压作用下，制动器液压缸使闸块松开；当液压马达停止转动时，在制动器弹簧作用下，闸块将轴抱紧。当重物悬空停止后再次起升时，若制动器立即松闸，但马达的进油路可能未来得及建立足够的油压，就会造成重物短时间失控下滑。为避免这种现象产生，在制动器油路中设置单向节流阀 9，使制动器抱闸迅速，松闸却能缓慢进行（松闸时间由节流阀调节）。动作过程是：四联多路阀 F 左位（或右位）时，马达升压，制动器延时松闸，马达运转（左转或右转）；四联多路阀 F 中位时，马达停止供油，制动器制动，马达停转。

8.1.5.3 系统主要特点

汽车起重机设备以安全、可靠为主,其液压系统的主要特点如下。

① 系统中设置了平衡阀平衡回路、双向液压锁的锁紧回路和液压机械式制动回路,能确保起重机工作平稳、操作安全可靠。

② 采用手动多路换向阀控制各支路的换向动作,不仅操作集中、方便,而且可通过手动控制流量,实现节流调速。

③ 各路换向阀串联组合,既可实现各机构的单独动作,也可实现轻载作业时起升、回转的复合动作,以提高工作效率。还可用控制发动机转速和换向阀节流的方法实现各部分的调速或微速动作。

④ 各换向阀均采用 M 型机能,共处中位时系统卸荷,各工作部件静止,能减少功耗,适用于起重机间歇工作。

8.1.6 客车气动车门控制

图 8-12 所示为汽车车门安全操纵系统。汽车车门的开、关由气动系统来控制。

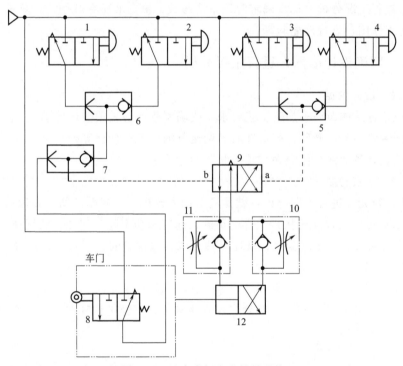

图 8-12 汽车车门安全操纵系统

1~4—按钮式换向阀;5~7—梭阀;8—机动换向阀;9—气动换向阀;10,11—单向节流阀;12—气缸

在车门关闭的过程中,遇到障碍物时,系统能使处于关闭过程中的车门再次自动打开,起安全保护作用。

车门的开、关由气缸12中活塞的往复直线运动来实现,气动换向阀9控制气缸,1、2、3、4 四个按钮式换向阀用于操纵气动换向阀9,单向节流阀10或11用来调节气缸的运动速度。通过操纵阀1或2使车门打开,操纵阀3或4使车门关闭,机动换向阀8安装在车门上，起安全保护作用。

如要开门，操纵阀 1 或 2，压缩空气就经阀 1 或 2 流到梭阀 6 和 7，这样，就把气压信号送到了阀 9 的 b 侧，这时，压缩空气便经阀 9 左位和阀 11 中的单向阀到气缸的有杆腔，推动活塞运动，从而使车门开启。

如要关门，操纵阀 3 或 4，压缩空气就经阀 3 或 4 流到梭阀 5，这样，就把气压信号送到了阀 9 的 a 侧，这时，压缩空气便经阀 9 右位和阀 10 中的单向阀到气缸的无杆腔，从而使车门关闭。

在关门的过程中，如遇到障碍物，便推动阀 8，压缩空气便经阀 8 把控制信号经阀 7 送到阀 9 的 b 侧，车门便重新开启。但是，如果阀 3 或阀 4 仍然保持按下状态，阀 8 则起不到自动开车门的安全作用。

8.2 汽车液压系统设计

在决定采用液压传动方案后，要进行液压系统的设计计算。具体设计步骤如下：明确设计依据，进行工况分析；初步确定液压系统参数；拟定液压系统图；计算液压系统；绘制液压系统工作图，进行性能验算。

8.2.1 明确设计依据，进行工况分析

8.2.1.1 设计依据

① 液压装置总体布局和加工工艺要求，明确哪些运动采用液压传动。
② 液压装置的工作循环、载荷性质、调速范围、工作行程等。
③ 液压装置各部件动作顺序、转换和互锁等要求。

8.2.1.2 工况分析

对液压执行元件进行工况分析，就是进行动力分析（负载循环图）和运动分析（速度循环图），从而可以发现液压执行元件的负载、速度和功率随时间变化的规律。

① 动力分析（以液压缸为例，液压马达可以参照这里的分析）。当液压缸作直线往复运动时，液压缸的负载为

$$F = F_\text{工} + F_\text{摩} + F_\text{惯} + F_\text{重} + F_\text{背}$$

式中　$F_\text{工}$——工作负载，与液压装置工作性质有关，可经过计算或由手册查得；

$F_\text{摩}$——摩擦力；

$F_\text{重}$——移动部件重力；

$F_\text{惯}$——惯性负载，工作部件在启动和制动过程中产生，$F_\text{惯} = \dfrac{F_\text{重}}{g} \times \dfrac{\Delta v}{\Delta t}$；

　　g——重力加速度；

　Δv——速度变化量；

　Δt——启动或制动时间；

$F_\text{背}$——背压阻力，$F_\text{背} = p_\text{背} A$；

　$p_\text{背}$——背压，进油节流调速取 $p_\text{背} = 0.2 \sim 0.5 \text{MPa}$，回油路上有背压阀时 $p_\text{背} =$

$0.5\sim1.5$MPa，闭式回路 $p_{背}=0.8\sim1.0$MPa。

绘制负载循环图，此图表明了液压缸在动作循环内负载的变化规律，图中最大负载值是初选液压缸工作压力和确定液压缸结构尺寸的依据。

② 运动分析。所谓运动分析，就是按工艺要求分析液压系统执行机构（液压缸或液压马达）以怎样的运动规律完成一个工作循环。要绘制速度与位移的循环图或速度与时间的循环图。它是计算执行机构惯性负载和流量的依据。

8.2.2 初步确定液压系统参数

8.2.2.1 初选液压缸的工作压力

液压缸工作压力的确定不仅要考虑负载的要求，还应考虑液压装置的要求和费用。液压缸的工作压力高，则泵、缸、阀和管道尺寸可小些，结构紧凑、轻巧，加速时惯性负载小，容易实现高速运动的要求。但工作压力高，对系统密封性能要求也高，容易产生振动和噪声。

8.2.2.2 选择液压缸直径

① 按最大负载初定液压缸直径；此外，还要考虑往返行程的速比要求，活塞杆受拉或受压的情况以及背压的数值。

② 按液压缸最低运动速度验算其有效工作面积，有效工作面积决定于负载和速度两个因素，用负载和初选压力计算出来的有效工作面积，需按下式检验：

$$A \geqslant \frac{Q_{\min}}{v_{\min}}$$

式中　$v_{\min}$——液压缸的最低工进速度；
　　　A——液压缸的有效工作面积；
　　　$Q_{\min}$——液压缸最小的稳定流量。

节流调速系统中，$Q_{\min}$ 决定于调速阀或节流阀的最小稳定流量。容积调速系统中，液压缸的最小稳定流量决定于变量泵的最小稳定流量。

如有效工作面积 A 不能满足上式时，则需要加大液压缸直径。液压缸的直径和活塞杆直径需圆整为规定的标准值，以便采用标准的密封件和标准工艺装备。

③ 计算液压缸所需流量。液压缸的最大流量为

$$Q_{\max} = A v_{\max}$$

其中　$v_{\max}$——液压缸的最大速度。

8.2.2.3 编制液压缸工况图

图 8-13 所示为某液压系统液压缸的工况图。Q 为流量，p 为压力，N 为功率。通过工况图可找出最大压力点、最大流量点和最大功率点。经过分析后，可用于选择液压元件。工况图可用来验算各工作阶段所确定参数的合理性，如当功率图上各阶段功率相差太大时，可在工艺条件许可的情况下，调整有些阶段的速度，以减小系统所需功率。工况图也可为合理选择系统主要回路、油源形式和油路循环形式等提供参考，如在一个循环内，流量变化很大，则适宜采用双泵供油或限压式变量泵的供油回路。

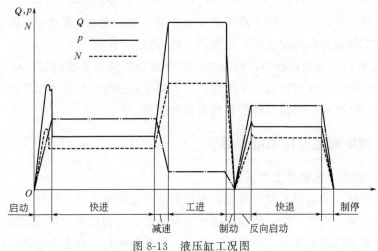

图 8-13 液压缸工况图

8.2.3 计算泵的工作参数

8.2.3.1 选择液压泵的最大工作压力 p_P

$$p_P = p_1 + \sum \Delta p$$

式中 p_1——执行机构在稳定工作条件下的最高工作压力；

$\sum \Delta p$——进油路上沿程和局部损失。

初算时，对管路简单的节流调速系统取 $\sum \Delta p = 0.2 \sim 0.5$ MPa，对复杂管路，进油路调速阀系统，取 $\sum \Delta p = 0.5 \sim 1.5$ MPa。

8.2.3.2 确定液压泵的最大流量 Q_P

① 单泵供给多个执行机构同时工作时为

$$Q_P \geq k (\sum Q)_{max}$$

式中 k——考虑系统泄漏的修正系数，$k = 1.1 \sim 1.3$，大流量时取大值，小流量时取小值；

$(\sum Q)_{max}$——多个执行机构同时工作时系统所需的最大流量。

对于工作过程中采用节流调速的系统，在确定液压泵的流量时，还需要加上溢流阀稳定工作所需的最小溢流量。

$$Q_P = k (\sum Q)_{max} + Q_{min}$$

② 对于差动连接液压缸为

$$Q_P \geq k (A_1 - A_2) v_{max}$$

式中 A_1, A_2——液压缸无杆腔和有杆腔工作面积；

v_{max}——活塞最大移动速度。

③ 系统采用蓄能器储存压力时，液压泵的流量按系统在一个工作周期中的平均流量选择，即

$$Q_P \geq k \sum_{i=1}^{n} \frac{V_i}{T}$$

式中　T——主机工作周期；

V_i——各执行机构在工作周期内的总耗油量；

n——执行机构个数。

8.2.3.3　选择液压泵

考虑系统的动态超调压力，其值总是大于其稳态工作压力 p_P，一般需高 25%～60%，用这个压力和 Q_P 值选择液压泵。

8.2.3.4　计算液压泵功率

① 在工作循环中，当泵的压力和功率比较恒定时，驱动泵的原动机功率 N_P 为

$$N_P = \frac{p_P Q_P}{\eta_P}$$

式中　p_P——液压泵的最高工作压力；

Q_P——液压泵的流量；

η_P——液压泵的总效率，见表 8-2。

表 8-2　液压泵的总效率

液压泵名称	齿轮泵	叶片泵	径向柱塞泵	轴向柱塞泵
总效率 η_P	0.65～0.8	0.75～0.9	0.8～0.92	0.85～0.95

② 限压式变量叶片泵的驱动功率。通常，限压式变量叶片泵在工作时，流量很小，效率低，其功率可用下式估算，即

$$N_P = \frac{\Delta N}{1 - \eta_P}$$

式中　ΔN——常用的限压式变量叶片泵在 p_P 下的功率损耗，见表 8-3。

表 8-3　限压式变量叶片泵的功率损耗

液压泵压力 $p_P/10^5$Pa	7	10	15	20	25	30	35	40	45	50	55	60	65	70
功率损耗 $\Delta N/10^3$W	0.14	0.15	0.17	0.21	0.24	0.30	0.35	0.40	0.44	0.48	0.55	0.58	0.77	0.79

③ 当工作循环过程中，液压泵的工作压力和流量变化大时，液压泵的驱动功率应按各工作阶段的功率进行计算，然后取均值 N_{av}，即

$$N_{av} = \sqrt{\frac{N_1^2 t_1 + N_2^2 t_2 + \cdots + N_n^2 t_n}{t_1 + t_2 + \cdots + t_n}}$$

式中　$t_1, t_2, \cdots, t_n$——整个工作循环中各阶段对应时间；

$N_1, N_2, \cdots, N_n$——整个工作循环中各阶段所需功率。

一般规定电动机在短时间内可超载 25%，如果 N_n 超出超载允许范围，则只能按最大功率选取电动机。

8.2.4　拟定液压系统图

8.2.4.1　选择液压回路

首先要确定基本回路，这是决定主机动作和性能的基础。在基本回路确定的基础上再

设置其他辅助回路，就可以组成完整的液压系统。

液压回路的选择，可从选择调速回路开始，调速方式一经确定，其他回路的形式就基本定下来了。

① 确定调速回路、选择油源类型。节流调速回路适用于执行机构要求变速范围不大、负载变化较小和功率小的场合。调速阀调速回路适用于负载变化较大、速度稳定性要求较高的场合。当系统功率较大（5kW 以上）、调速范围宽、要求温升小而油箱不能加大时，则建议用容积调速回路。容积节流调速回路或双泵供油调速回路适用于系统功率虽然不大，但要求温升小、调速范围宽、工作平稳的场合。

节流调速、容积节流调速通常采用开式油路，容积调速多数采用闭式油路。

② 选择快速回路和速度换接回路。常用的快速回路有差动连接回路、双泵供油回路、增速液压缸快速回路和蓄能器快速回路等。选择快速回路，要考虑使低速工进时的能量损耗尽可能小，因而快速回路和调速回路有密切的关系。选择调速回路时，除了考虑油源形式和系统温升、效率等问题外，还应满足快速运动的要求。

选定调速回路与快速回路后，要选择在工作循环中实现速度换接的回路。它的选择要考虑两个方面的问题，一个是换接的位置精度和平稳性的要求，另一个是换接的控制方式。

8.2.4.2 组合液压回路，绘制系统工作原理图

根据选择的基本回路，加上辅助回路就可以绘制系统工作原理图，但要注意避免回路之间的干扰、液压冲击并保证系统安全可靠，同时使系统尽可能简单，合理分配测压点，以便于调试和寻找故障。

8.2.4.3 选择控制阀

选择控制阀主要依据阀在系统中工作的最大工作压力和通过阀的实际流量，还要考虑阀的动作方式和安装固定方式等。另外还需注意以下问题。

① 尽可能选用标准定型产品。

② 选择溢流阀时，按泵的最大流量选取，使泵的全部流量能回油箱，选择节流阀和调速阀时，要考虑其最小流量满足执行机构低速性能要求。

③ 选择控制阀的公称流量比管路系统实际通过的流量大一些。注意差动液压缸因面积不同形成不同回油量对控制阀的影响。

8.2.4.4 选择辅助元件

油管尺寸一般可根据选定元件的接口尺寸来确定。如需计算，则先按通过管路的最大流量和管内允许的流速选择油管内径，然后按工作压力确定油管的壁厚或外径。

① 油管内径计算。

$$d = \sqrt{\frac{4Q}{\pi v}}$$

式中　Q——通过油管的最小流量；

　　　v——管内允许流速。

② 油管壁厚计算。

$$\delta \geqslant \frac{pd}{2[\sigma]}$$

式中　p——管内最高工作压力；

　　　$[\sigma]$——油管材料许用应力，对于紫铜管 $[\sigma]=2.5\text{MPa}$，对于钢管 $[\sigma]=\sigma_b/n$；

　　　σ_b——抗拉强度；

　　　n——安全系数，$p<7.3\text{MPa}$ 时 n 取 8，$p<16\text{MPa}$ 时 n 取 6，$p\geqslant 16\text{MPa}$ 时，n 取 4。

计算后，要选用标准规格油管。

8.2.5　液压系统性能验算

8.2.5.1　系统压力损失的验算

验算系统压力损失前，要画出液压装置（即液压元件的配置）的结构草图和油管装配草图，然后计算系统的压力损失。

系统总压力损失 Δp 为

$$\Delta p = \sum \Delta p_1 + \sum \Delta p_2$$

式中　$\sum \Delta p_1$——油液经过进油管路和回油管路时的沿程损失之和；

　　　$\sum \Delta p_2$——油液经过管路中的弯头、接头、控制阀和辅助元件时的局部损失之和。

目前，液压系统多采用集成式的液压装置，故一般只需考虑油液流经集成块和阀类的局部压力损失。某些液压元件，如换向阀、顺序阀和滤油器等的实际压力损失 Δp_2 与通过该元件的实际流量 Q 有关，节流阀、背压阀、调速阀等额定压力与实际流量 Q 无关。

$$\Delta p_2 = \Delta p_n \left(\frac{Q}{Q_n}\right)^2$$

式中　Δp_n——液压阀的额定压力；

　　　Q_n——液压阀的额定流量。

另外，液压缸快速运动时的流量大，所以快进和工进时 Δp 应分别计算；液压缸活塞两侧的工作面积不相等时，进油路和回油路的压力损失也应分别计算。

如果计算所得的总压力损失和初步估算的压力损失相差太大时，则应对设计进行必要的修改。

8.2.5.2　系统温升的估算

系统工作时，有能量损失，这些能量损失转化为热量，使系统的油温升高，从而使油液黏度下降，泄漏增加，容积效率下降。油温过高会加速油液氧化变质，产生杂物，导致元件小孔和缝隙堵塞。所以，油温必须控制在允许范围内。

（1）系统发热　液压系统发热主要是由于溢流阀的溢流损失和液压泵、缸等功率损失造成的。管路系统的发热和散热大致平衡，计算时可略去。

① 液压泵和执行机构的发热功率 $N_{h1}(\text{W})$ 为

$$N_{h1} = N_1(1-\eta)$$

式中　N_1——液压泵或执行机构的输入功率；

　　　η——液压泵或执行机构的总效率。

如果在整个工作循环中有功率变化，则按照各工作阶段的发热功率求出总的平均发热功率，即

$$N_{h1} = \frac{1}{T}\sum_{i=1}^{n} N_i(1-\eta_i)t_i$$

式中 T——工作循环的周期；

t_i——某一工作阶段所需时间；

η_i——t_i 所对应工作阶段中液压泵或执行机构的效率；

N_i——t_i 所对应工作阶段中液压泵或执行机构的输入功率。

② 溢流阀的发热功率 $N_{h2}(W)$ 为

$$N_{h2} = Q_e p$$

式中 Q_e——通过溢流阀流回油箱的油液量，m^3/s；

p——溢流阀调整压力，Pa。

系统的总发热功率 N_h 为

$$N_h = N_{h1} + N_{h2}$$

（2）系统的温升 系统主要通过油箱散热。油温升高到一定数值时发热功率等于其散热功率，系统达到热平衡。

$$N_h = C_T A \Delta T$$

式中 A——油箱散热面积，m^2；

ΔT——系统温升，即达到热平衡时油温与环境温度之差，℃；

C——油箱散热系数，通风很差时 $C_T=8.14\sim9.30 W/(m^2 \cdot ℃)$，通风良好时 $C_T=15.72\sim17.44 W/(m^2 \cdot ℃)$，风扇冷却时 $C_T=23.3 W/(m^2 \cdot ℃)$，循环水强制冷却时 $C_T=110.5\sim174.4 W/(m^2 \cdot ℃)$。

油箱三边（长、宽、高）比例为 $(1:1:1)\sim(1:2:3)$，油面高度达油箱高度的 80% 时，油箱散热面积 $A(m^2)$ 近似为

$$A = 0.065\sqrt[3]{V^2}$$

式中 V——油箱有效容积，L。

若计算的温升加上环境温度超过最高允许值时，则要降温，如增加油箱散热面积、加冷却器或修改系统设计。

8.2.6 绘制正式工作图

正式工作图包括液压系统工作原理图、管路装配图。对非标准液压元件则要画出装配图和零件图。另外，还需要编写一些技术文件，如设计任务书、计算书和使用维修说明书。

习 题

8-1 思考题

（1）如何阅读和分析一个液压系统？

（2）液压系统设计一般经过哪些步骤？要经过哪些计算？

8-2 选择题

(1) 有两个调整压力分别为 5MPa 和 10MPa 的溢流阀串联在液压泵的出口，泵的出口压力为（   ），若并联在液压泵的出口，泵的出口压力又为（   ）。

    A. 5MPa   B. 10MPa   C. 15MPa   D. 20MPa

(2) 在下面几种调速回路中，（   ）中的溢流阀是安全阀，（   ）中的溢流阀是稳压阀。

    A. 定量泵和调速阀的进油节流调速回路

    B. 定量泵和旁通型调速阀的节流调速回路

    C. 定量泵和节流阀的旁路节流调速回路

    D. 定量泵和变量马达的闭式调速回路

(3) 要求多路换向阀控制的多个执行元件实现两个以上执行机构的复合动作，多路换向阀的连接方式为（   ），若多个执行元件实现顺序单动，多路换回阀的连接方式为（   ）。

    A. 串联油路   B. 并联油路   C. 串并联油路   D. 其他

(4) 在下列调速回路中，（   ）为流量适应回路，（   ）为功率适应回路。

    A. 限压式变量泵和调速阀组成的调速回路

    B. 差压式变量泵和节流阀组成的调速回路

    C. 定量泵和旁通型调速阀（溢流节流阀）组成的调速回路

    D. 恒功率变量泵调速回路

(5) 容积调速回路中，（   ）的调速方式为恒转矩调节，（   ）的调节为恒功率调节。

    A. 变量泵-变量马达   B. 变量泵-定量马达   C. 定量泵-变量马达

(6) 在减压回路中，减压阀调定压力为 p_j，溢流阀调定压力为 p_y，主油路暂不工作，二次回路的负载压力为 p_L。若 $p_y > p_j > p_L$，减压阀进、出口压力关系为（   ），若 $p_y > p_L > p_j$，减压阀进、出口压力关系为（   ）。

    A. 进口压力 $p_1 = p_y$，出口压力 $p_2 = p_j$

    B. 进口压力 $p_1 = p_y$，出口压力 $p_2 = p_L$

    C. $p_1 = p_2 = p_L$，减压阀的进口压力、出口压力、负载压力基本相等

    D. $p_1 = p_2 = p_j$，减压阀的进口压力、出口压力、调定压力基本相等

(7) 在减压回路中，减压阀调定压力为 p_j，溢压阀调定压力为 p_y，主油路暂不工作，二次回路的负载压力为 p_L。若 $p_y > p_j > p_L$，减压阀阀口状态为（   ），若 $p_y > p_L > p_j$，减压阀阀口状态为（   ）。

    A. 阀口处于小开口的减压工作状态

    B. 阀口处于完全关闭状态，不允许油流通过阀口

    C. 阀口处于基本关闭状态，但仍允许少量的油流通过阀口流至先导阀

    D. 阀口处于全开启状态，减压阀不起减压作用

(8) 系统中采用了内控外泄顺序阀，顺序阀的调定压力为 p_x（阀口全开时损失不计），其出口负载压力为 p_L。当 $p_L > p_x$ 时，顺序阀进、出口压力 p_1 和 p_2 之间的关系

为（　　），当 $p_L < p_x$ 时，顺序阀进出口压力 p_1 和 p_2 之间的关系为（　　）。

A. $p_1 = p_x$，$p_2 = p_L$（$p_1 \neq p_2$）

B. $p_1 = p_2 = p_L$

C. p_1 上升至系统溢流阀调定压力 $p_1 = p_y$，$p_2 = p_L$

D. $p_1 = p_2 = p_x$

8-3　分析题

(1) 题图 8-1 所示液压系统由哪些基本回路组成？说明 A、B、C 三个阀的作用。

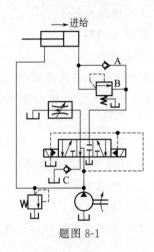

题图 8-1

(2) 题图 8-2 中 A、B、C、D、E 各是什么元件？在系统中起什么作用？

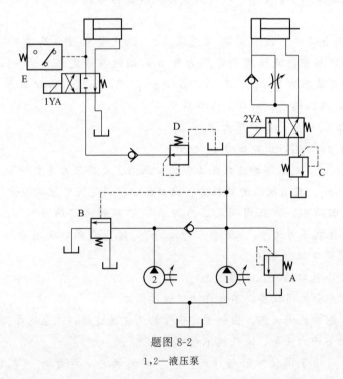

题图 8-2

1,2—液压泵

（3）题图8-3所示为利用先导式溢流阀进行卸荷的回路。溢流阀调定压力 $p = 30 \times 10^5$ Pa。要求考虑阀芯阻尼孔的压力损失，回答下列问题：

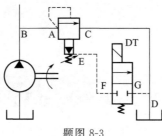

题图 8-3

① 在溢流阀开启或关闭时，控制油路 E、F 段与泵出口处 B 点的油路是否始终是连通的？

② 在电磁铁 DT 断电时，若泵的工作压力 $p_B = 30 \times 10^5$ Pa，B 处和 E 处压力哪个压力大？若泵的工作压力 $p_B = 15 \times 10^5$ Pa，B 处和 E 处哪个压力大？

③ 在电磁铁 DT 吸合时，泵送的液体是如何流到油箱中去的？

（4）绘制回路

① 绘出双泵供油回路，液压缸快进时双泵供油，工进时小泵供油、大泵卸荷。

② 用单向定量泵、溢流阀、节流阀、三位四通电磁换向阀和油缸组成一个双向进油节流调速回路。

第9章 液力传动结构及原理

液力变矩器是汽车自动变速器的核心组成部分之一,其作用是利用液体循环流动过程中动量矩的变化传递动力。

9.1 液力偶合器

为了便于理解液力变矩器的结构和工作原理,必首先介绍液力偶合器。

9.1.1 液力偶合器的组成

液力传动的发展初期,将液力偶合器应用在汽车上。液力偶合器安装在汽车发动机与机械变速器之间,即主离合器的位置上代替主离合器。其主要元件如图 9-1(a) 所示,结构示意如图 9-1(b) 所示。

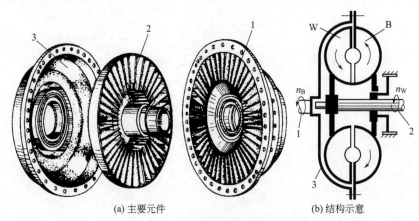

(a) 主要元件　　　　(b) 结构示意

图 9-1　液力偶合器主要元件与结构示意

1—泵轮;2—涡轮;3—壳体

液力偶合器是一种液力传动装置,若忽略机械损失,输出转矩与输入转矩相等。液力偶合器主要由壳体、泵轮、涡轮三个部分组成,壳体与输入轴相连,泵轮与壳体刚性连接在一起,随输入轴一同旋转,是液力偶合器的主动部分,涡轮和输出轴连接在一起,是液力偶合器的从动部分。泵轮和涡轮是两个具有相同内、外径的叶轮(统称为工作轮),相对安装且互不接触,为能量转换和动力传输的基本元件。叶轮内部有许多径向叶片,在各叶片之间充满工作油液,两轮装合后相对端面之间有 3～4mm 的间隙,它们的内腔共同构成圆形或椭圆形的环状空腔，其轴线断面一般为圆形，此环状空腔称为循环圆。

9.1.2 液力偶合器的工作原理

液力偶合器内充满了工作油，当输入轴旋转时，带动液力偶合器的壳体和泵轮一同转动，泵轮叶片内的工作油在泵轮的带动下一同旋转，液体绕泵轮轴线作圆周运动，同时又在离心力作用下从叶片的内缘向外流动。此时外缘的压力较高，而内缘的压力较低，其压力差取决于泵轮的半径和转速，这时涡轮暂时仍处于静止状态，其外缘与中心的压力相同，涡轮外缘的压力低于泵轮外缘的压力，而涡轮中心的压力则高于泵轮中心的压力，由于两个工作轮封闭在一个壳体内，所以这时被甩到外缘的工作油就冲到涡轮的外缘，使涡轮在工作油冲击力的作用下旋转，冲向涡轮叶片的工作油沿涡轮叶片向内缘流动，又返回到泵轮的内缘，被泵轮再次甩向外缘，工作油就这样从泵轮流向涡轮，又从涡轮返回泵轮而形成一轮循环。在循环过程中，输入轴供给泵轮转矩，泵轮使原来静止的工作油获得动能，冲击涡轮时，将工作油的一部分动能传递给涡轮，使涡轮带动从动轴旋转，因此涡轮承担着将工作油大部分动能转换成机械能的任务。

在液力偶合器泵轮和涡轮叶片内循环流动的工作油，从泵轮叶片内缘流向外缘的过程中，泵轮对其做功，其速度和动能逐渐增大；而在从涡轮叶片外缘流向内缘的过程中，工作油对涡轮做功，其速度和动能逐渐减小。因此液力偶合器的传动原理是，输入轴输入的动能通过泵轮传给工作油，工作油在循环流动的过程中又将动能传给涡轮输出，由于在液力偶合器内只有泵轮和涡轮两个工作轮，工作油在循环流动的过程中，除了与泵轮和涡轮之间的作用力之外，没有受到其他任何附加的外力，根据作用力与反作用力相等的原理，工作油作用在涡轮上的力矩应等于泵轮作用在工作油上的力矩，即输入轴传给泵轮的转矩与涡轮上输出的转矩相等，这就是液力偶合器的传动原理（图9-2）。

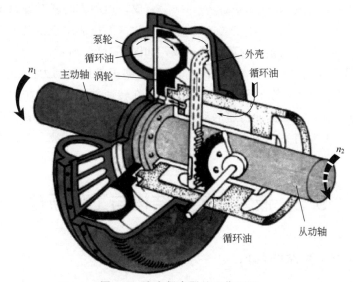

图 9-2 液力偶合器的工作原理

泵轮内的工作油，除了沿循环圆作环流外，还要绕泵轮轴线作圆周运动，故工作油的流动方式（绝对运动）是以上两者的合成，运动方向斜对着涡轮，冲击涡轮的叶片，然后顺着涡轮的叶片再流回泵轮，此时，液压油的路线是一条螺旋环。涡轮旋转后，由于涡轮内的离心力对液体环流的阻碍作用，使工作油的绝对运动方向也要有所改变，此时螺旋线拉长，涡轮的转速越高，液压油的螺旋形路线拉得越长，当涡轮和泵轮转速相同时，两个工作轮的离心力相等，工作油沿循环圆的流动停止，工作油随工作轮绕轴线作圆周运动，这时的液力偶合器便不再有传递动力的作用。

因此，为了使液压油能够传递动力，必须使液压油在泵轮和涡轮之间形成环流运动，为了能形成循环流动，两个工作轮之间必须存在转速差，转速差越大，工作轮之间的压力差越大，工作油所传递的力矩也越大。当然，工作油所能传递给涡轮的力矩，最大只能等于泵轮从输入轴获得的转矩。

由液力偶合器工作原理可知，液体在循环流动过程中，没有受到任何其他附加外力，故输入轴作用于泵轮上的转矩与涡轮所获得并传给从动轴的转矩相等，即液力偶合器只传递转矩，而不改变转矩的大小，这是目前液力偶合器在汽车上不再应用的原因。

从以上分析可以得到如下结论。

① 工作油在液力偶合器中同时具有两种旋转运动。其一，是随同工作轮一起，作绕工作轮轴的圆周运动（牵连运动）。其二，是经泵轮到涡轮，又从涡轮返回泵轮，反复循环，工作油沿工作腔循环圆作环流运动——轴面循环圆运动（相对运动）。如图 9-3（a）所示，工作油的绝对运动是两种旋转运动的合成，运动方向斜对着涡轮，冲击涡轮叶片（工作油质点的绝对运动），这样工作油质点的流线是一条首尾相接的环形螺旋线，如图 9-3（b）所示。

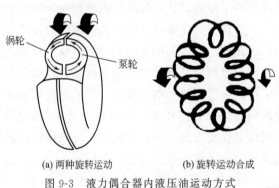

图 9-3 液力偶合器内液压油运动方式
(a) 两种旋转运动　　(b) 旋转运动合成

② 工作油沿循环圆作环流运动是液力偶合器能够正常传递动力的必要条件。为了能形成沿循环圆的环流运动，泵轮和涡轮之间必须存在转速差，转速差越大，泵轮外缘处与涡轮外缘处能量差越大，工作油传递的动力也越大，若泵轮与涡轮两者转速相等，泵轮处与涡轮外缘处的能量差消失，循环圆内工作油的循环流即停止，液力偶合器就不再有传递动力的作用。

9.2 液力变矩器结构与工作原理

9.2.1 液力变矩器的构造

液力变矩器的构造与液力偶合器基本相似，主要区别是在泵轮和涡轮之间加装了一个固定的工作油导向工作轮——导轮，并与泵轮和涡轮保持一定的轴向间隙，通过导轮座固定于变速器壳体。为了使工作油有良好循环以确保液力变矩器的性能，各工作轮都采用了弯曲成一定形状的叶片。图9-4所示为液力变矩器的构造及叶轮简图,主要由可旋转的泵轮和涡轮,以及固定不动的导轮三个组件组成。这些组件的形状如图9-4所示,各工作轮用铝合金精密制造,或用钢板冲压焊接而成,泵轮与液力变矩器壳连成一体,用螺栓固定在发动机曲轴后端的凸缘或飞轮上,壳体做成两半,装配后焊成一体(有的用螺栓连接),涡轮通过从动轴与变速器的其他部件相连,导轮则通过导轮座与变速器的壳体相连,所有工作轮在装配后,形成断面为循环圆的环状体。

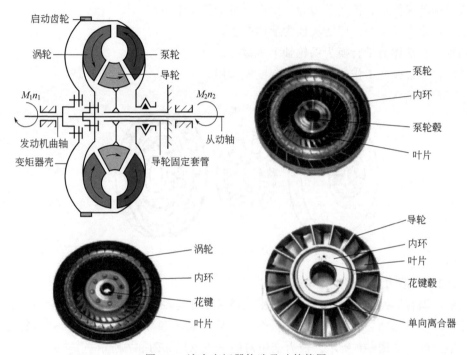

图9-4 液力变矩器构造及叶轮简图

液力变矩器的作用如下。
① 使发动机产生的转矩成倍增长。
② 起到自动离合器的作用,传送(或不传送)发动机转矩至变速器。
③ 缓冲发动机及传动的扭转振动。
④ 起到飞轮的作用,使发动机转动平稳。
⑤ 驱动液压控制系统的油泵。

9.2.2 液力变矩器工作原理

和液力偶合器一样,液力变矩器正常工作时,储存于环形内腔中的工作油,除有绕液力变矩器轴的圆周运动外,还有在循环圆中的循环流动;与液力偶合器的不同是,由于多了一个固定不动的导轮,在液体循环流动的过程中,导轮给涡轮一个反作用转矩,从而使涡轮输出转矩不同于泵轮输入转矩,因而具有"变矩"的功能。液力变矩器不仅传递转矩,且能在泵轮转矩不变的情况下,随着涡轮的转速不同而改变涡轮输出的转矩。发动机运转时带动液力变矩器的壳体和泵轮一同旋转,泵轮内的工作油在离心力的作用下,由泵轮叶片外缘冲向涡轮,并沿涡轮叶片流向导轮,再经导轮叶片流回泵轮叶片内缘,形成循环的工作油,导轮的作用是改变涡轮上的输出转矩,由于从涡轮叶片下缘流向导轮的工作油仍有相当大的冲击力,只要将泵轮、涡轮和导轮的叶片设计成一定的形状和角度,就可以利用上述冲击力来提高涡轮的输出转矩。

9.2.2.1　液力变矩器的组成

液力变矩器由泵轮(主动轮)、涡轮(被动轮)和导轮三个工作轮组成,如图9-5所示。它们是转换能量、传递动力和变矩必不可少的基本组件。

泵轮:使发动机的机械能转换为液体能量。

涡轮:将液体能量转换为涡轮轴上机械能。

导轮:通过改变工作油的方向而起变矩作用。

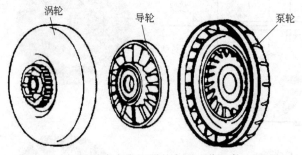

图 9-5　液力变矩器的主要工作组件

9.2.2.2　液力变矩器的运动

与液力偶合器一样,液力变矩器中的液体绕工作轮轴线作旋转运动的同时沿循环圆的轴面作循环旋转运动,轴面循环按先经泵轮,后经涡轮和导轮,最后又回到泵轮的顺序,进行反复循环,如图9-6所示。液力变矩器的工作原理如图9-7所示。

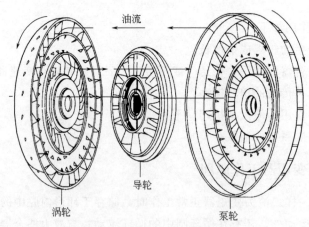

图 9-6　液力变矩器内部的涡流

9.2.2.3　液力变矩器的工作状态

① 当涡轮转速为零时,增矩值最大,涡轮输出转矩 M_T 等于泵轮输入转矩 M_B 与导轮反作用转矩 M_D 之和,即

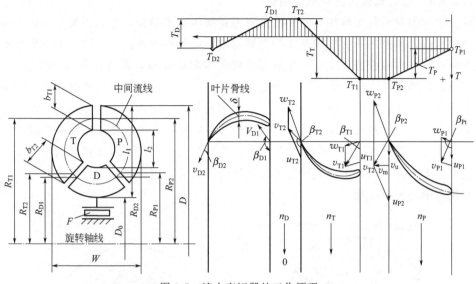

图 9-7 液力变矩器的工作原理

$$M_B + M_T + M_D = 0 \tag{9-1}$$

② 当涡轮转速由零逐渐增大时,增矩值随之逐渐减少。

③ 当涡轮转速达到某一值时,涡轮出口处工作油直接冲向导轮出口处,工作油不改变流向,此时液力变矩器转化为液力偶合器,涡轮输出转矩等于泵轮输入转矩。

④ 当涡轮转速进一步增大时,涡轮出口处工作油冲击导轮叶片背面,此时液力变矩器涡轮输出转矩小于泵轮输入转矩,其值等于泵轮输入转矩与导轮转矩之差。

⑤ 当涡轮转速与泵轮转速相同时,液力变矩器失去传递动力的功能。

9.2.3 综合式液力变矩器

目前液力变矩器的结构形式很多,这一方面反映了它在结构方面的进步与发展,另一方面也反映了不同车辆在使用液力变矩器时对其不同的性能要求。

上面所介绍的液力变矩器,是普通液力变矩器(单相三元件液力变矩器)。它只在一中等转速比范围内具有较高效率,但汽车经常需要在高传动比情况下行驶,此时液力变矩器的效率反而下降,这对于实际使用时是很不利的,为了避免这一缺陷,汽车上通常采用两相液力变矩器,即综合式液力变矩器。

目前用于自动变速器汽车上的液力变矩器都是综合式液力变矩器(图 9-8),它和上述液力变矩器的不同之处在于其导轮不是完全固定不动的,而是通过单向(超越)离合器固定于变速器壳体上,单向离合器使导轮可以顺时针方向旋转(从输入端看),但不能逆时针方向旋转。

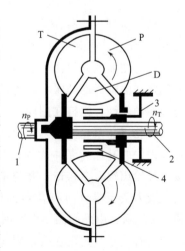

图 9-8 综合式液力变矩器
1—输入轴;2—输出轴;3—导轮轴;
4—单向离合器;P—泵轮;
T—涡轮;D—导轮

9.2.3.1 综合式液力变矩器的结构

综合式液力变矩器与单相三元件液力变矩器结构基本相似，它仍由泵轮、涡轮和导轮三工作轮组成，两者之间的区别是导轮与导轮轴不再是刚性连接为一体，而是在导轮与导轮轴之间装有单向离合器。图 9-9 所示为滚柱式单向离合器，其外座圈与导轮连为一体，内座圈与导轮轴刚性连接。若工作油冲击导轮叶片正面，使外座圈按顺时针方向转动，滚柱将卡死在内、外座圈之间的楔形槽内，形成楔紧状态，使内、外座圈接合，由于导轮轴是固定不动的，故导轮被锁止；若工作油冲击导轮叶片的背面，使外座圈按逆时针方向转动，滚柱便有向楔形槽宽阔部分移动的趋势，使它与内、外座圈表面接触的压力变小，不能楔紧而处于分离状态，于是或导轮可以朝逆时针方向自由地转动。由此可见，单向离合器对导轮有单向锁定作用。

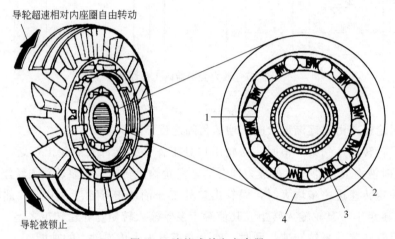

图 9-9　滚柱式单向离合器
1—内座圈；2—滚柱；3—弹簧；4—外座圈

(1) 典型三元件综合式液力变矩器结构　典型轿车用三元件综合式液力变矩器如图 9-10 所示，它由泵轮、涡轮和导轮组成。

液力变换器壳体由前后两半焊接而成，壳体前端连接着装有启动齿圈的飞轮，并用螺钉固定在曲轴后端凸缘上，为了在维修拆装后保持液力变换器与曲轴原有的相对位置，以免破坏动平衡，螺钉在圆周上的分布是不均匀的，只有其位置正确，才能装上。

泵轮焊在泵轮壳上，涡轮叶片与涡轮壳体铆接，以花键与液力变换器输出轴相连，泵轮及涡轮的叶片和壳体均为钢板冲压件，叶片和内环采用点焊连接，与外壳采用铜焊连接，导轮用铝合金铸造，并与单向离合器的外座圈固定连接。

液力变矩器单向离合器的作用是只允许导轮单向旋转，不允许其逆转。其构造如图 9-9 所示，由外座圈、内座圈、滚柱及弹簧组成，导轮用铆钉铆在外座圈上，内座圈与固定套管用半月花键连接，因而内座圈是固定不动的，外座圈的内表面有若干个偏心的圆弧面，滚柱经常被弹簧压向外座圈之间滚道比较狭窄的一端，而将内、外两座圈楔紧。

(2) 四元件综合式液力变矩器结构　某些启动变矩系数大的液力变矩器，若采用上述三元件综合式液力变矩器，则在由最高效率的工作情况到变矩器开始工作的区段上效率显

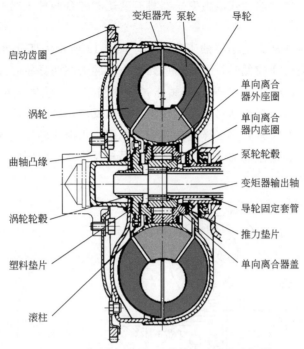

图 9-10　典型轿车用三元件综合式液力变矩器

著下降，为避免这个缺点，可将导轮分割成两个，分别装在各自的自由轮上，而形成四元件综合式液力变矩器（图9-11）。

9.2.3.2　综合式液力变矩器的工作原理

（1）三元件综合式液力变矩器的工作原理　导轮由于单向离合器的作用，只能沿一个方向转动。

当涡轮转速较低、与泵轮转速差较大时，从涡轮出口处流出的工作油冲击导轮叶片正面，迫使导轮顺时针方向旋转，由于滚柱楔紧在滚道的窄端，导轮便和自由转动的外座圈一起被卡紧在内座圈上而固定不动，此时单向离合器处于接合状态，导轮被锁止，此状态与单相液力变矩器相同，液力变矩器起增大转矩的作用；当涡轮转速升高到一定值时，涡轮出口处工作油冲击导轮叶片的背面，即工作油对导轮的冲击力反向，此时单向离合器处于分离状态，于是导轮自由地相对于内座圈与涡轮同向转动，在此状态导轮对工作油作用的力矩等于零，可以把导轮与涡轮合成一个整体来看待，故涡轮转矩基本上与泵轮转矩相等，液力变矩器转化为液力偶合器工作状态。

液力变矩器可能有的工况数称为液力变矩器的相数，在前面所述的液力变矩器只有变矩工况，故称为

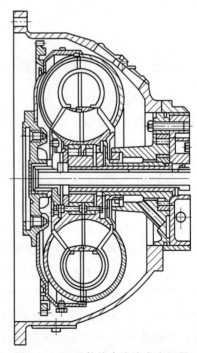

图 9-11　四元件综合式液力变矩器

单相三元件液力变矩器，综合式液力变矩器具有变矩和偶合两种工况，故称为两相三元件液力变矩器。

（2）四元件综合式液力变矩器的工作原理　图 9-12 所示为四元件综合式液力变矩器的工作原理。当涡轮转速较低时，涡轮出口处工作油冲击在两导轮叶片的凹面上，方向如图 9-12 所示，此时两导轮的单向离合器锁止，导轮固定，为液力变矩器工作状态；当涡轮转速增加到一定程度，工作油对第一导轮的冲击力反向，第一导轮便因单向离合器松脱而与涡轮同向旋转，此时只有第二导轮仍起变矩作用；当涡轮转速继续升高到接近泵轮转速时，第二导轮也受到工作油的反向冲击力而与涡轮及第一导轮同向转动，于是液力变矩器转入偶合器工作状态。

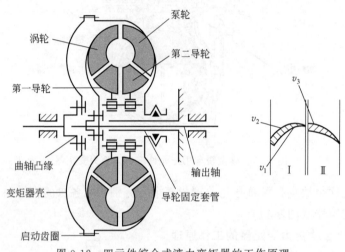

图 9-12　四元件综合式液力变矩器的工作原理

9.2.4　带锁止离合器的综合式液力变矩器

液力变矩器是用工作油来传递动力的，由于液力变矩器的涡轮与泵轮之间存在转速差和工作油的内部摩擦，会造成一定的能量损失，因此传动效率较低，这是液力变矩器的一个主要缺点，因此采用液力变矩器的汽车在正常行驶时的燃料经济性较差。为了充分利用发动机功率，提高汽车在高传动比工况下的传动效率，减少燃油消耗，提高汽车燃油经济性，需要进一步提高液力变矩器的效率，特别是提高高转速比时的效率。为此，在综合式液力变矩器的内部增设一锁止离合器，构成带锁止离合器的综合式液力变矩器，简称锁止综合式液力变矩器。

9.2.4.1　带锁止离合器的综合式液力变矩器的构造

现代轿车自动变速器采用带锁止离合器的综合式液力变矩器，如图 9-13 所示，它是在综合式液力变矩器的基础上增加一个由工作油操纵的锁止离合器，锁止离合器通常采用湿式、片式摩擦离合器。锁止离合器的主动部分即为液力变矩器泵轮壳体，与输入轴相连，被动部分是一个可作轴向移动的压盘，它通过花键套与涡轮输出轴相连。压盘背面（图 9-13 中右侧）的工作油与液力变矩器泵轮、涡轮中的工作油相通，保持一定的油压（该压力称为液力变矩器压力）；压盘左侧（压盘与液力变换器泵轮壳体之间）的工作油通

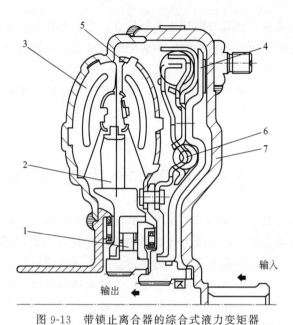

图 9-13 带锁止离合器的综合式液力变矩器
1—单向离合器；2—导轮；3—泵轮；4—锁止离合器；5—涡轮；6—减扭器；7—外壳

过液力变矩器输出轴中间的控制油道与控制阀总成上的锁止控制阀相通。锁止控制阀由自动变速器电控单元通过锁止电磁阀来控制，锁止离合器的接合和分离即由此专门的控制机构来控制。

9.2.4.2 带锁止离合器的综合式液力变矩器的工作原理

当锁止离合器处于分离状态时，与综合式液力变矩器一样，仍具有变矩和偶合两种工况；当锁止离合器处于接合状态时，此时发动机功率经输入轴、液力变矩器壳体和锁止离合器直接传至涡轮输出轴，液力变矩器不起作用，这种工况称为锁止工况。在此工况时，泵轮与涡轮被连接为一体，失去液力传递动力的功能，所有动力均由锁止离合器传递，如图 9-14 所示。

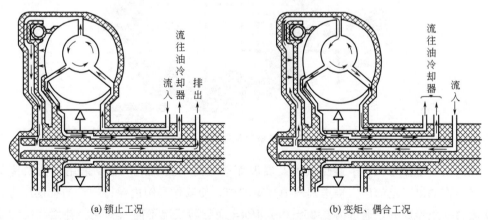

(a) 锁止工况　　　　　　　　　　　　　(b) 变矩、偶合工况

图 9-14 带锁定离合器的综合式液力变矩器动力传递路线

当汽车起步或在上坡路面上行驶时，锁止离合器分离，使液力变矩器起作用，以充分

发挥工作油传动自动适应行驶阻力剧烈变化的优点；当汽车在良好道路上行驶时，接合锁止离合器，使液力变矩器的输入轴和输出轴成为刚性连接，即转为直接机械传动，此时提高了汽车的行驶速度和燃料经济性。

当锁止离合器接合时，单向离合器脱开，导轮在工作油中自由旋转，若取消单向离合器，则当泵轮与涡轮锁成一体旋转时，导轮将仍处于固定状态，将导致工作损失加大，效率下降。

9.3 液力变矩器的补偿及冷却系统

液力变矩器的传动效率总是低于100%，即在传递动力的过程中总有一定的能量损失，这些损失的能量绝大部分都被液力变矩器中的工作油以内部摩擦的形式转化为热量，并使液力变矩器中的工作油的油温升高。为了防止工作油温度过高，必须将受热后的工作油送至冷却器进行冷却，同时不断地向液力变矩器输入冷却后的工作油。该系统可与自动变速器控制系统分开而自成一体，也有与自动变速器控制系统合而为一的。对于小功率车辆多与自动变速器的控制系统合为一体。

液力变矩器的补偿及冷却系统主要由油泵、控制阀、滤油器、冷却器等组成。

液力变矩器中的工作油由油泵提供，从油泵输出的工作油有一部分经过液力变矩器轴套与导轮固定套之间的间隙进入液力变矩器内，受热后的工作油经过导轮固定套与液力变矩器输出轴之间的间隙或中空的液力变矩器输出轴流出液力变矩器，经油管进入安装在发动机水箱附近或水箱内的工作油冷却器，经冷却后流回自动变速器的油底壳（图9-15）。

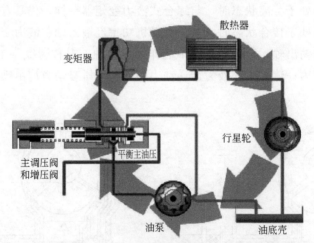

图9-15 变矩器补偿及冷却系统

在液力变矩器中，为了避免汽蚀及高温而造成的不良后果，需要采用补偿及冷却系统，将工作油以一定的压力输送到液力变矩器中，使其循环圆内保持一定的补偿压力，其值视液力变矩器而异，通常为0.25～0.7MPa，而且随工况不同而变化。补偿及冷却系统的另一个作用是不断地将工作油从液力变矩器中引出，送到冷却器或变速器的油底壳中进行冷却。

补偿及冷却系统的作用如下。

① 补偿变矩器的泄漏，保证变矩器始终充满工作液体。系统的压力应调到一定值，以防止产生汽蚀现象和变矩器性能下降。

② 保证变矩器内液体温度正常，持续运转。变矩器在高效范围内持续工作时，有 15%～20% 的传动功率损失而转变成热量，将使液体温度上升。变矩器工作液体的正常工作温度为 80～100℃。若工作液体温度过高，会加速工作液体氧化变质，丧失润滑能力，以及造成橡胶密封、轴承和齿轮的过早损坏。为此，在汽车上常采用齿轮泵，将冷却后的液体送到变矩器，再由其排出口流出，带走因功率损失而产生的热量。这些热量在工作液体-空气冷却器（或工作液体-水热交换器）中传给空气（或水）。

③ 当控制系统和润滑系统与供液系统的回路共用时，能同时向这些系统供液。

变矩器的供液系统随工作机械的类型不同而异。下面以图 9-16 为例，介绍变矩器供液系统的组成。齿轮泵 4 之前有一粗滤器 3，以保证进入齿轮泵和供液系统的工作液体清洁。由供液泵出来的工作液体在冷却器 5 中冷却。溢流阀 2 确定供液系统压力，二位三通阀 6 是为控制是否向变矩器供液设置的。变矩器 10 的排出液体经节流阀（或背压阀）11 流回油箱 1。节流阀的开度和溢流阀的压力通过试验决定。控制系统和润滑系统所用的液体，由齿轮泵 7 经精滤器 8 或单向阀 9 供给。

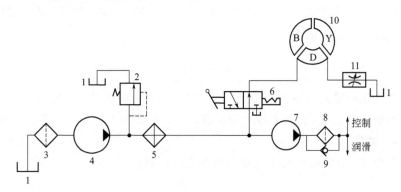

图 9-16 供液系统回路

1—油箱；2—溢流阀；3—粗滤器；4,7—齿轮泵；5—冷却器；6—二位三通阀；
8—精滤器；9—单向阀；10—变矩器；11—节流阀

9.4 液力变矩器的特性

液力变矩器的特性可用特性参数或特性曲线来评定，如图 9-17 所示。

9.4.1 特性参数

9.4.1.1 转速比 i

转速比为涡轮（输出）转速 n_T 与泵轮（输入）转速 n_B 之比，用它来表示液力变矩器的工况。

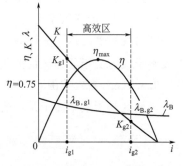

图 9-17 液力变矩器的特性曲线

$$i = \frac{n_T}{n_B} \tag{9-2}$$

涡轮转速为零的工况，即 $i=0$ 的工况，称为零速工况，以 i_0 表示。液力变矩器的启动性能以零速工况的性能来评价。

9.4.1.2 泵轮转矩系数 λ_B

根据相似理论，一系列几何相似的液力变矩器在相似工况（转速比 i 相同）下所传递的转矩的值，与液体重度的一次方、转速的平方和循环圆直径的五次方成正比，即

$$M_B = \gamma \lambda_B n_B^2 D^5 \tag{9-3}$$

$$\lambda_B = \frac{M_B}{\gamma n_B^2 D^5} \tag{9-4}$$

式中　M_B——泵轮转矩，N·m；
　　　λ_B——泵轮转矩系数；
　　　D——循环圆直径，mm。

对于几何相似的液力变矩器，在相同的工况下，λ_B 值相等（实际上由于尺寸、转速的差别略有不同）。λ_B 值一般由试验确定，它标志着液力元件传递转矩的能力。

9.4.1.3 变矩系数 K

变矩系数 K 为涡轮转矩（载荷转矩）M_T 与泵轮转矩（输入转矩）M_B 之比，它表示液力元件改变输入转矩的能力。

$$K = -\frac{M_T}{M_B} \tag{9-5}$$

由于载荷转矩与输入转矩方向相反，故在式(9-5)中加负号，以使 K 为正值。

对于液力偶合器 $K=1$。对于液力变矩器，在转速比低于偶合器工作状态时 $K>1$。

9.4.1.4 效率

效率（总效率）η 为输出功率与输入功率之比，即

$$\eta = \frac{N_T}{N_B} = -\frac{M_T n_T}{M_B n_B} \tag{9-6}$$

液力元件的功率损失为各种机械损失（轴承、密封、圆盘摩擦等损失）及液力损失（液力摩擦损失、流道的转弯、扩散、收缩等局部损失及来流方向与叶片头部骨线方向不一致时的冲击损失）。液力损失占的比重较大，在偏离计算工况时尤甚。

除上述各特性参数外，由于液力变矩器的特殊性，还用到下列特性参数。

9.4.1.5 最高效率 η_{max}

液力变矩器的效率在计算工况附近具有最高值，此效率以 η_{max} 表示。它在一定程度上反映了液力变矩器经济性的优劣。

9.4.1.6 高效范围 G_η

高效区是指效率高于某一规定值的工作范围，用高效范围 G_η 来评价此范围的宽窄。

$$G_\eta = \frac{i_{g2}}{i_{g1}} \tag{9-7}$$

例如，$G_{0.75}=2.2$ 表示效率高于 0.75 的工作范围为 2.2。高效范围也是评价液力变

矩器的经济性指标之一。

9.4.1.7 透穿数 T

$$T = \frac{\lambda_{B0}}{\lambda_{Bi}} \tag{9-8}$$

式中 λ_{B0}——零速工况的 λ_B 值；

λ_{Bi}——视不同使用部门而采用偶合工况的 λ_{Bh} 或最高效率工况的 $\lambda_{B\eta}$ 值。

透穿数标志着载荷力矩的变化对泵轮力矩的影响程度。若 λ_B 不随工况而变化，称为具有不可透穿性（图 9-18）。实际上 λ_B 不可能绝对不变动，一般当 $T=0.9\sim1.1$ 时称为具有不可透穿性。λ_B 随 i 的增大而减小，且 $T>1.1$，则称具有正透穿性。λ_B 随 i 的增大而增大，且 $T<0.9$，则称具有负透穿性。

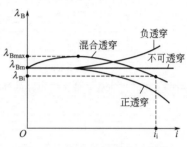

图 9-18 液力变矩器的透穿性

此外，某些液力变矩器具有混合透穿性。即 λ_B 在 i 低时具有负（正）透穿性，当 i 等于某一数值时，λ_B 具有极值 λ_{Bm}，i 大于此值后又具有正（负）透穿性。混合透穿性可分段表示为

$$T_1 = \frac{\lambda_{B0}}{\lambda_{Bm}} \tag{9-9}$$

$$T_2 = \frac{\lambda_{B0}}{\lambda_{Bi}} \tag{9-10}$$

式中，λ_{Bm} 为 λ_{Bmax} 或 λ_{Bmin}。

9.4.2 特性曲线

从特性曲线可以全面了解液力变矩器在各种不同工况时的性能。经常用到的有外特性曲线和原始特性曲线，有时还用到全特性曲线。

9.4.2.1 外特性曲线

外特性曲线表示液力元件的转矩、效率与输出转速的关系，一般由试验得出。通常是在试验时，保持 n_B 为定值，测定 $M_T=f(n_T)$ 及 $M_B=f(n_T)$，然后用式（9-6）计算得 $\eta=f(n_T)$。最后绘成曲线，如图 9-19 所示。

试验时若转速稍有偏离，可按在满足相似条件下将转矩换算成同一转速下的数值，即

$$M_B = M_{BS}\left(\frac{n_B}{n_{BS}}\right)^2 \tag{9-11}$$

$$M_T = M_{TS}\left(\frac{n_B}{n_{BS}}\right)^2 \tag{9-12}$$

式中 M_{BS}, M_{TS}——转速在 n_{BS} 时测得的泵轮、涡轮转矩值；

M_B, M_T——换算到转速在 n_B 的相应转矩值。

液力变矩器的外特性曲线，通常还用另一种表示方法：在试验时保持 M_B 为定值，测定 $M_T=f(n_T)$ 及 $n_B=f(n_T)$，然后用式（9-6）计算得 $\eta=f(n_T)$，最后绘成曲线，如

图 9-20 所示。

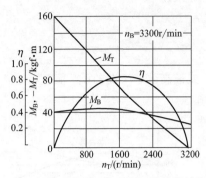

图 9-19 （定转速试验）液力变矩器的外特性曲线

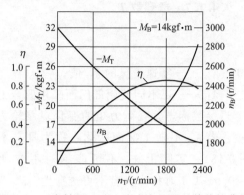

图 9-20 （定转矩试验）液力变矩器的外特性曲线

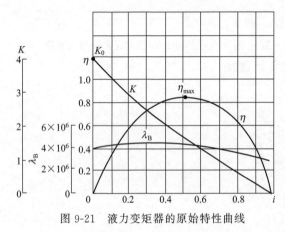

图 9-21 液力变矩器的原始特性曲线

9.4.2.2 原始特性曲线

原始特性曲线是以 $\lambda_B = f(i)$、$\eta = f(i)$、$K = f(i)$ 的形式来表示的特性曲线，它是在外特性曲线的基础上，用式(9-4)～式(9-7) 计算而绘制的，如图 9-21 所示。

上述外特性与原始特性是一般牵引工况的特性曲线，位于直角坐标的第Ⅰ象限内。在某些工作机上由于载荷的特点工作区域超出第Ⅰ象限，此时的特性曲线称全特性曲线。全特性曲线表示的是反传工况、制动工况特性。

9.5 液力变矩器与整车的匹配

机器动力性能和经济性能的好坏，很大程度上决定于液力变矩器与发动机共同工作的性能。只有做到两者间的合理匹配，才能使液力变矩器、机械传动部分和操纵部分相互协调，将发动机的特性良好地转换为工作机的特性。因此，在选用液力变矩器时，匹配是个重要问题。

9.5.1 液力变矩器与发动机的共同工作和动力性能计算

9.5.1.1 液力变矩器与发动机的共同工作

液力变矩器和发动机的共同工作是指两者连接在一起后共同工作的范围和输出特性。共同工作范围是由液力变矩器输入特性曲线与发动机实用外特性曲线所形成的工作范围。在该范围内每一点都表示在一定的转速比 i 时，液力变矩器与发动机共同工作的转矩和转速。共同工作范围的确定通常有两种方法，一种是作图法，另一种是计算法。作图法可按下列步骤进行，计算法可根据作图法的步骤编写程序由计算机求解，这里仅介绍作图法。

(1) 共同工作范围的确定

① 作发动机的实用外特性曲线。实用外特性是指发动机输入到液力变矩器泵轮轴上的转矩和功率外特性，可按下式进行换算，即

$$M_d = M_{dn} - \sum M_f$$
$$N_d = N_{dn} - \sum N_f$$

式中　M_d, N_d——发动机实际输入到液力变矩器泵轮轴上的转矩和功率；

　　　M_{dn}, N_{dn}——发动机的标定转矩和功率；

　　　$\sum M_f, \sum N_f$——消耗在液力变矩器泵轮轴前的转矩和功率，如发动机附件、整机辅助机构和工作机消耗的转矩和功率。

发动机附件的消耗：制造厂给出的内燃机外特性是台架试验特性，但是台架试验时所带附件和使用时往往不同，附件消耗的转矩 M_f 对于特种专用汽车、重型汽车、石油钻机和内燃机车，在缺乏资料的情况下，可大致按下式扣除，即

$$M_f = \frac{716.2 \times (6\% \sim 10\%) N_{dn} n_{dn}^2}{n_{df}^3} \text{ (kgf·m)} \tag{9-13}$$

式中　N_{dn}——内燃机的标定功率，根据机器的使用要求有不同的选择，如汽车以 15min 功率为标定功率；

　　　n_{dn}——内燃机的标定转速，r/min；

　　　n_{df}——内燃机附件的转速，r/min。

整机辅助机构消耗：包括液力传动装置的补偿及动力换挡泵、车辆的转向泵、自卸汽车的举升泵等的消耗，转向泵和举升泵只扣除空转损耗功率补偿及动力换挡泵按实际消耗。

工作机构的消耗：如特种专用汽车的工作装置用泵，功率消耗很大，一般占柴油机标定功率的 30%～50%，对于这类机器，应对整机进行大量试验，方能确定合理的扣除量。

变矩器的原始特性曲线如图 9-22(a) 所示。

② 作液力变矩器的输入特性曲线。液力变矩器的输入特性是指不同转速比 i 时，泵轮轴的转矩 M_B 与其转速 n_B 之间的关系 $M_B = f(n_B)$。对于确定的转速比 i，λ_B 为常数。因此在任一转速比下，由公式 $M_B = \gamma \lambda_B n_B^2 D^5$ 可知，$M_B = f(n_B)$ 的关系曲线是一条通过坐标原点的抛物线 [图 9-22(b) 中的 M_B]。

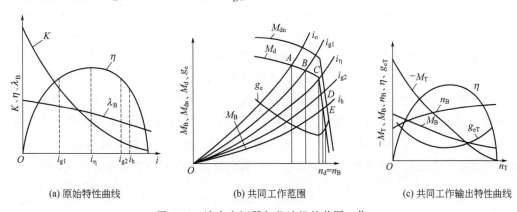

(a) 原始特性曲线　　(b) 共同工作范围　　(c) 共同工作输出特性曲线

图 9-22　液力变矩器与柴油机的共同工作

③ 绘制共同工作范围。给出不同的转速比，在原始特性曲线上查得相应的转矩系数 λ_B。在实际计算中，一般给定工况转速比 i_0、i_{g1}、i_η、i_{g2} 和 i_h。对混合透穿的液力变矩器，还应给出最大转矩系数工况的转速比 $i_{\lambda Bmax}$。对综合式液力变矩器还应给出偶合器工况区最高效率的转速比 $i_{h\eta}$。

④ 在发动机实用外特性图上，以相同的比例作各工况的特性曲线 $M_B = f(n_B)$，它与发动机实用外特性曲线的交点即共同工作点。如图 9-22(b) 中的 A、B、C、D 和 E 点。曲线 $OABCDEO$ 所包含的范围即共同工作范围。

若发动机是内燃机，在共同工作范围图上还应作出该内燃机的油耗曲线（给出全负荷的油耗曲线），如图 9-22(b) 中的 g_e 曲线，以评价共同工作的经济性。

(2) 共同工作的输出特性　是指液力变矩器与发动机共同工作时，液力变矩器涡轮轴的转矩 M_T 与其转速 n_T 间的关系 $M_T = f(n_T)$。作输出特性曲线的目的是为了对整机进行动力性能计算。

绘制共同工作输出特性曲线的方法如下。

① 在共同工作范围图上，根据共同工作点，查出所选转速比下液力变矩器和发动机共同工作的转矩 M_B 和转速 n_B。如发动机为内燃机还应查出相应的比油耗 g_e。

② 在液力变矩器特性曲线上，查出对应于所选转速比的变矩系数 K 和效率 η，如图 9-22(a) 所示。

③ 按表 9-1 计算各项。

表 9-1　工作输出特性计算

项目 转速比 i	K	η	n_B /(r/min)	M_B/N·m	g_e /[g/(kW·h)]	计算值		
						$n_T(=in_B)$ /(r/min)	$M_T(=KM_B)$ /N·m	$g_{eT}(=g_e/\eta)$ /[g/(kW·h)]
i_0								
$i_{\lambda Bmax}$								
i_{g1}								
i_η								
i_{g2}								
i_h								
…								

④ 在 M_T-n_T 图上作 $M_T = f(n_T)$ 曲线。同时根据表 9-1 还要作出 $M_B = f(n_B)$、$\eta = f(n_T)$ 和共同工作比油耗 $g_{eT} = f(n_T)$ 关系曲线，如图 9-22(c) 所示。

(3) 有效直径对共同工作范围的影响　从汽车的使用工况出发，液力变矩器有效直径 D 的确定应满足变矩器能在最高效率 η^* 工况下传递发动机的最大有效功率的要求，这种与最高效率 η^* 相对应的使用工况 i^*，称为最佳工况。液力变矩器有效直径 D 过大或过小，都会使发动机的功率不能充分被利用，并偏离最佳工况而降低效率。由式(9-3)可知

$$D = \sqrt[5]{\frac{M_B}{\lambda_B \rho g n_B^2}} \tag{9-14}$$

根据变矩器的结构特点，泵轮转矩 M_B 等于发动机转矩 M_{qe}，泵轮转速 n_B 等于发动机转速 n_e，按照相似理论，可获得最佳工况 i^* 对应的 λ_B^*，这样便可确定变矩器的有效直径 D 了。

$$D = \frac{1}{\sqrt[5]{\lambda_B^* \rho g}} \sqrt[5]{\frac{M_{qeN}}{(n_{eN})^2}} \tag{9-15}$$

式中 M_{qeN}——与发动机最大有效功率对应的有效转矩；

n_{eN}——与发动机最大有效功率对应的转速。

通过对 D 的选择可以改变柴油机与液力变矩器的共同工作区域，增大 D 可以使共同工作区域向低转速区移动，这对 $i=0$ 的失速工况而言，如图 9-23 所示，可以获得的最大转矩就会增大，动力系统克服最大工作阻力的能力得到加强，可以提高整车的短期超载能力。

(4) 液力变矩器与发动机共同工作范围的分析　液力变矩器 $\lambda_B = f(i)$ 曲线的变化规律不同，输入特性不同，与发动机共同工作范围也不相同。液力变矩器的透穿性对共同工作范围的影响如图 9-24 所示。

在变矩器有效直径一定时，$\lambda_B = f(i)$ 曲线就决定了输入特性的形状和分布规律。由于共同工作范围就是输入特性中相应于 λ_{Bmax} 和 λ_{Bmin} 两条曲线间所包括的发动机的工作范围，所以在共同工作的输出特性图上（图 9-24）可以看到，正透穿性液力变矩器可获得更宽的高效范围和大的启动转矩（曲线 1）；不透穿的液力变矩器可以获得最大的输出功率（曲线 4）；负透穿液力变矩器的上述指标均差（曲线 2）；混合透穿液力变矩器取决于 λ_{B0} 和 λ_{Bmax} 所占转速比范围的大小和负透穿数的大小（曲线 3）。

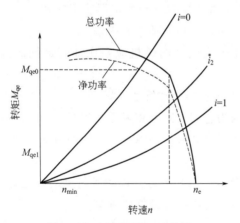

图 9-23　有效直径 D 对共同工作性能的影响

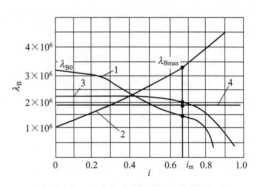

图 9-24　液力变矩器的透穿性对共同工作范围的影响

总之，正确地选择 $\lambda_B = f(i)$ 特性，对满足工作机器对转矩、功率、速度和经济性能的要求是非常重要的。

9.5.1.2　动力性能计算

装有液力传动变速器和装有机械传动变速器的工作机的动力性能计算相似，只是前者在计算中将发动机外特性换成了共同工作输出特性。例如，装有液力传动变速器的车辆的

理论牵引力 P 和速度可由下列公式确定。

$$P = \frac{M_T i_b i_z i_1 \eta_b \eta_z \eta_1}{r_g} \tag{9-16}$$

$$v = 0.377 \frac{n_t r_g}{i_b i_z i_1} \text{ (km/h)} \tag{9-17}$$

式中 i_b, η_b——某挡输入轴与输出轴的转速比和效率；

i_z, η_z——中间传动输入轴与输出轴的转速比和效率；

i_1, η_1——终传动输入轴与输出轴的转速比和效率；

r_g——车轮滚动半径，m；

n_t——涡轮转速，r/min。

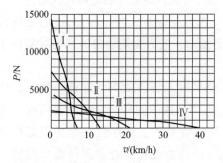

图 9-25 机场专用汽车的牵引特性曲线
Ⅰ~Ⅳ—1~4 挡的特性曲线

图 9-25 是装有四挡液力机械变速器的机场专用汽车的牵引特性曲线。

9.5.2 液力变矩器与发动机匹配

9.5.2.1 液力变矩器与发动机的匹配原则

为使工作机具有良好的动力性能和经济性能，理想的匹配应满足以下几条原则。

① 液力变矩器零速工况的输入特性曲线通过发动机的最大实用转矩点，以使工作机在载荷最大时获得最大输出转矩。

② 液力变矩器最高效率工况的输入特性曲线通过发动机最大实用功率的转矩点，同时高效范围在发动机最大实用功率点附近，以提高发动机的功率利用率。

③ 经济性能好，如电动机应始终在额定工况运转，内燃机应在比油耗最低的区域运转。

④ 满足工作机使用中的特殊要求，如轿车要求噪声小和舒适性好。

实际上，同时满足以上四点是不可能的，因为它们之间互相矛盾和相互制约，所以液力变矩器与发动机的匹配，应根据工作机的具体要求和特点，综合各方面的情况，分清主次进行研究分析。

液力变矩器与发动机匹配方案的确定，一般是给出几个方案同时进行动力性能计算，通过对动力性能和经济性能的全面分析比较，最后选取一种最好的方案。

目前，确定液力变矩器与内燃机最合理的匹配方案应从机器最高生产率和最佳经济性来考虑。在工作范围内，平均输出功率最大和平均燃料消耗最小是最合理的匹配，用功率输出系数 φ_N 和燃料消耗系数 φ_{ge} 来评价。

$$\varphi_N = \frac{N_{TP}}{N_{dn}} \tag{9-18}$$

$$\varphi_{ge} = \frac{g_{eTP}}{g_{en}} \tag{9-19}$$

式中 N_{TP}——涡轮轴平均输出功率，kW；

N_{dn}——内燃机标定功率，kW；

g_{eTP}——共同工作的平均比油耗；

g_{en}——内燃机标定工况的比油耗。

N_{dn} 和 g_{en} 可在内燃机外特性图上查得，N_{TP} 和 g_{eTP} 与涡轮转速 n_T 有关，亦即与载荷的变化情况有关。

$$N_{TP}=\int_{n_{Tmin}}^{n_{Tmax}} f(n_T)N_T(n_T)\mathrm{d}n_T \tag{9-20}$$

$$g_{eTP}=\int_{n_{Tmin}}^{n_{Tmax}} f(n_T)g_{eT}(n_T)\mathrm{d}n_T \tag{9-21}$$

式中　n_{Tmax},n_{Tmin}——涡轮转速的最大值和最小值；

$N_T(n_T)$——共同工作输出特性曲线上，涡轮轴输出功率 N_T 与转速 n_T 的函数关系；

$g_{eT}(n_T)$——共同工作输出特性曲线上，比油耗 g_{eT} 与转速 n_T 的函数关系；

$f(\eta_T)$——机器在使用过程中转速的分布规律，如当按均匀分布时，根据概率论 $f(n_T)=\dfrac{1}{n_{Tmax}-n_{Tmin}}$，常态分布时 $f(n_T)=\dfrac{1}{\sigma\sqrt{2\pi}}\mathrm{e}^{-\dfrac{n_T-n_{TP}}{2\sigma^2}}$；

σ——均方根偏差；

n_{TP}——n_T 的平均值。

N_{TP} 和 $g_{eT}(n_T)$ 可从共同工作的输出特性曲线上求得，$f(n_T)$ 与负荷特性和使用情况有关，如果测得机器的载荷谱，经过分析统计，求得 $f(n_T)$ 即可求得 φ_N 和 φ_{ge}，φ_N 和 φ_{ge} 也往往相互矛盾，只能选择既保证动力性能又兼顾经济性能的折中方案。

9.5.2.2　实现匹配方案的方法

（1）发动机和液力变矩器都已给定　由式 $M_B=\gamma\lambda_B n_B^2 D^5$ 可知，改变 n_B 和 λ_B 都可使输入特性曲线的位置移动。

① 改变 n_B。在发动机和液力变矩器中间加一增速或减速装置。液力变矩器经中间装置吸收的发动机的力矩 M_d 为

$$M_d=\dfrac{\lambda_B}{i_z^3 \eta}\gamma n_d^2 D^5 \tag{9-22}$$

式中　n_d——发动机的转速，r/min。

如图 9-26 所示，中间装置是增速器，即 $i_z<1$ 时，共同工作范围左移；中间装置是减速器，即 $i_z>1$ 时，共同工作范围右移。

② 改变 λ_B。选用具有不同 λ_B 的变矩器，可改变共同工作范围。如采取设计叶片形状、泵轮叶片可旋转、导轮叶片可旋转、双导轮或双涡轮等措施，不仅改变了 λ_B，同时也会改变其他性能参数如 K_0、i、η 等。λ_B 增大时共同工作范围向低转速区移动。

（2）发动机给定但液力变矩器未定　由式 $M_B=\gamma\lambda_B n_B^2 D^5$ 可知，增大 D 共同工作范围左移，减小 D 则右移，如图 9-27 所示。

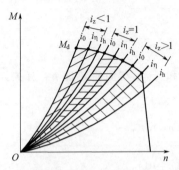
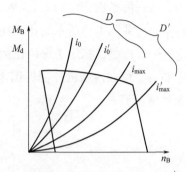

图 9-26 中间装置转速比对共同工作范围的影响　　图 9-27 变矩器有效直径对共同工作范围的影响

9.5.2.3　液力传动变速器挡数和转速比的确定原则

在单液力元件的液力传动装置中,液力变矩器后边一般都装有一个多挡机械变速器。这种液力传动装置也称液力机械变速器。为了使机器具有良好的动力性能和经济性能,不但需要液力变矩器和动力发动机匹配,而且还必须正确地确定机械变速器的挡数和转速比。

确定液力传动变速器挡数和转速比的原则除和机械传动变速器一样外,还要保证各挡下液力变矩器长期运转在高效范围。

液力传动变速器各挡转速比通常按公比为 q 的几何级数考虑。理论上

$$q = \frac{i_{bn}}{i_{b(n+1)}} = \frac{K_{g1}M_{Bg1}}{K_{g2}M_{Bg2}} = \frac{i_{g1}n_{Bg1}}{i_{g2}n_{Bg2}} \tag{9-23}$$

式中　$i_{bn}, i_{b(n+1)}$——第 n 挡和第 $n+1$ 挡的转速比;

M_{Bg1}, n_{Bg1}——液力变矩器在 i_{g1} 工况与内燃机共同工作的转矩和转速;

M_{Bg2}, n_{Bg2}——液力变矩器在 i_{g2} 工况与内燃机共同工作的转矩和转速。

在要求的牵引力范围内的最少挡数 n 为

$$n = \frac{\lg(P_{max}/P_{min})}{\lg q} \tag{9-24}$$

式中　P_{max}——Ⅰ挡在液力变矩器 i_{g1} 工况的牵引力;

P_{min}——最高挡在液力变矩器 i_{g2} 工况的牵引力。

可见,液力机械变速器的挡数和各挡速比公比 q 的确定,与内燃机特性、液力变矩器特性和液力变矩器与内燃机的匹配有关。反之,液力传动变速器的速比划分也影响着各挡实际应用的工作范围。挡数和转速比选取不当,共同工作的输出特性就得不到发挥。

9.6　液力变矩器性能参数设计方法简介

根据原始资料、设计要求和达到目标的不同,设计方法可分为三种。

9.6.1　相似设计法

液力变矩器设计在此主要指变矩器循环圆设计、叶片设计以及一些关键部件的设计。

以某种性能比较理想的液力变矩器作为设计基型,循环圆形状、工作轮布置、叶形等均以其为据。用相似理论确定几何参数。此法也称基型设计法,其性能提高受所选基型限制,因而应用中有局限性。

相似设计法的理论基础是相似原理。根据传递功率的不同,按相似原理计算出液力变矩器的有效直径,根据样机变矩器进行放大或缩小。

要使放大或缩小后的液力变矩器与样机变矩器具有相同的性能,必须保证两液力变矩器中的液体流态和受力情况相似,即符合力学相似原则。

根据相似理论,对于任何一组动力相似的液力变矩器,其原始特性相同,故可以利用相似理论进行两个方面的工作。

9.6.1.1 检测预定性能

对于大型的新设计的液力变矩器,可利用模型试验来检测其预定的性能。大尺寸大功率的液力传动装置进行全负荷试验比较困难,可以采用基型样品的试验来确定其预定性能。

9.6.1.2 放大和缩小尺寸

选取一个比较成熟的性能优良的样机变矩器,用相似理论来放大和缩小尺寸,制造出符合使用要求的新变矩器。这是目前液力变矩器设计和研制中常用的方法。其具体步骤如下。

① 根据车辆或机械对液力变矩器提出的使用要求,利用样机的原始特性,确定新液力变矩器的有效直径 D_S。

② 根据 D_S 与样机变矩器的有效直径 D_M,求出几何相似的线性比例常数 $C=D_M/D_S$。

③ 将样机变矩器的工作轮过流部分的几何尺寸,按照比值 C 进行放大或缩小,并使叶片系统的叶片角保持不变。

这样就可以设计出与样机变矩器性能基本相同的新变矩器。但必须指出,由于这样的设计过程在新机和样机之间还不能达到完全相似,因此对应点上的各种作用力都成比例的动力学相似原则不可能得到完全满足。通常是根据具体的流动性质,找出影响流动规律的主要作用力,使这些主要作用力符合力学相似原则,而次要的作用力则忽略不计。

在液力元件的流场中,考虑的主要作用力为惯性力和黏性力。如果在两个流场中两种流动的雷诺数相同,说明在这两种流动中惯性力和黏性力所占的比例相同,即这两个流场符合动力相似原则。虽然新机和样机之间的性能存在一定的差别,但根据实践经验,根据相似理论制造出的新变矩器,其泵轮转速在不低于样机的 40% 的条件下,其性能与样机的偏差仅为 2%~3%。

9.6.2 传统设计法

以统计资料中所归纳出的规律、图表为基础,运用自身的设计经验进行综合分析,从而确定变矩器的结构与参数。此法对已有变矩器进行改进设计方便,而对全新设计的性能预测精度不高,由于主要依据数据与图表,所以不适于优化设计优选参数,也不便于用计算机进行分析研究。其主要步骤如下。

9.6.2.1 循环圆设计

首先,根据制造和掌握设计资料的情况来选择循环圆形状,循环圆按其外环形状主要分为圆形、扁形、蛋形等,在单级三元件液力变矩器中应用较多的是由三段圆弧构成的近似圆形。其次,根据车辆动力性能以及安装尺寸的要求,计算并确定变矩器的有效直径。然后,确定循环圆的基本尺寸并绘出内环形状,其主要原则是保证循环流动的通流面积处处相等。近年来,随着自动变速器多挡化的趋势,变矩器循环圆逐渐向扁平化发展。

9.6.2.2 叶片角度设计

叶片角度设计的主要依据是经验数据和束流理论。一般程序是首先根据经验规律确定某一角度,如根据启动转矩比确定泵轮出口角,然后按照设计工况下冲击损失最小的条件利用速度三角形确定其他叶片角度。束流理论用于对变矩器外特性进行预测并由此修正角度,在传统设计方法中,束流理论是最主要的理论基础,但是束流理论除了预测精度低的缺点外,还存在一个重大缺陷,即无法考虑叶片形状的影响。

9.6.2.3 叶型设计

传统的叶型设计很大程度上依赖于设计者的经验,尽管有等动量矩分配这一理论,但在某些情况下,等动量矩分配法生成的叶型严重扭曲,明显不合理,因此设计者还需要根据经验进行修正。此外,双扭线设计法和畸形三角形法在叶型设计中也有应用,但这些设计方法均不能直接生成空间三维模型。

根据设计图纸加工试制产品,进行外特性试验。

9.6.2.4 改进设计

将试制产品的性能与设计目标对比,并根据经验规律对变矩器各参数进行改进。改进设计后再次加工试制产品进行试验,重复设计→试制→试验→改进过程,直至符合设计目标。

传统设计法中,试验和改进环节消耗了大量的成本和时间,几乎占据了整个设计开发过程的80%以上。由此可见,传统设计法不仅费时、费力、费财,而且由于众多环节需要经验确定,使设计具有很大的不确定性。

9.6.3 理论设计法

9.6.3.1 相对参数法

相对参数法是考虑到计算工况、启动工况以及偶合工况的要求,综合权衡下列各点性能后确定结构参数。

① 计算工况的最高效率 η^* 和速比 i^*。

② 计算工况的泵轮转矩系数 λ_B^*。

③ 启动工况的启动变矩系数 K_0 和转矩系数 λ_{B0}。

④ 对单级综合式变矩器,要附加考核转入偶合工况的速比 i_M 和偶合工况的最高效率 η_{max}。

⑤ 高效范围尽可能大,一般 $d_p = i_{p2}/i_{p1} > 2$。对综合式变矩器,$i_{p2} = 0.95 \sim 0.97$,希望 i_{p2} 较低。

9.6.3.2 优化设计法

相对参数法从控制一点的设计发展到多点设计，这是很大的进步。但是理论公式冗长、繁杂，且结构参数、性能相互影响与制约，加之分析比较时人的主观因素影响也较大，故难于找到最佳组合，其结果只是相对选优。优化设计法则不然，只要细化所建立的精确数学模型，选择的目标函数正确，约束条件合理，便可方便而迅速地获得保证最好性能的最佳几何参数的组合。

上述两种方法都把确定工作轮几何参数和变矩器特性计算有机地联系起来，避免了有些方法将两阶段截然分开，如特性不符又要返回修改几何参数的不必要的反复。

习 题

9-1 填空题

(1) 液力偶合器是一种液压传动装置，输出力矩与输入力矩（　　　　）。

(2) 液力偶合器主要由（　　　　）、（　　　　）、（　　　　）部分组成。

(3) 由发动机曲轴通过液力偶合器输入轴驱动的叶轮称为（　　　　），另一个与输出轴连接在一起的叶轮称为（　　　　）。

(4) 为了使液压油能够传递动力，必须使液压油在泵轮和涡轮之间造成（　　　　）。

(5) 为了能形成循环流动，两个工作轮之间必须存在（　　　　），转速差越大，工作轮之间的压力差越（　　　　），液压油所传递的动能也越（　　　　）。

(6) （　　　　）只具有传递转矩的作用，而不具有改变转矩大小的作用。

(7) 液压油在液力偶合器中同时具有两种旋转运动，即（　　　　）和（　　　　）。

(8) 液力变矩器的构造与液力偶合器基本相似，主要区别是在泵轮和涡轮之间加装了一个固定的（　　　　）。

(9) 液压油加压过程中，若该处压力下降低于该温度下工作液压油的饱和蒸气压时，液体便开始汽化蒸发，析出气泡，这一现象称为（　　　　）。

(10) 常见的自动变速器油泵有三种类型：（　　　　）、（　　　　）及（　　　　）。

(11) 油泵的理论流量等于油泵（　　　　）与油泵（　　　　）的乘积。

(12) 摆线转子泵的排量取决于内转子的（　　　　）、（　　　　）、（　　　　）及内、外转子的偏心距。

(13) 叶片泵的排量取决于转子直径、转子宽度及转子与定子的（　　　　）。

9-2 简答题

(1) 汽车液力传动的特点是什么？如何匹配特性？

(2) 如何提高液力变矩器的工作效率？

9-3 计算题

(1) 泵轮转速为2300r/min，涡轮转速为2000r/min。求速比及滑差率。

(2) 变矩器特性曲线如题图9-1所示。写出K_0、i^*和最大效率η^*。

(3) 通过计算完成题表9-1。

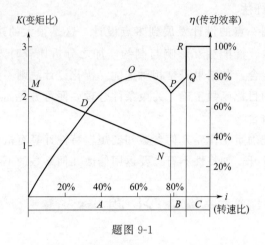

题图 9-1

题表 9-1

项目 转速比	K	η	n_B /(r/min)	M_B /N·m	g_e /[g/(kW·h)]	计算值		
						$n_T(=in_B)$ /(r/min)	$M_T(=KM_B)$ /N·m	$g_{eT}(=g_e/\eta)$ /[g/(kW·h)]
$i_0=0$	3.2	—	500	242.45	—			
$i_{\lambda Bmax}=0.1$	2.5	0.5	730	240.50	0.6			
$i_{g1}=0.3$	1.8	0.56	1000	176.58	0.45			
$i_\eta=0.5$	1.1	0.66	1420	147.15	0.4			
$i_{g2}=0.75$	0.75	0.78	1820	100.56	0.26			
$i_h=0.82$	0	0.7	2000	10	0.2			

(4) 已知油泵排量为 13.5mL/r，发动机最高转速为 5000r/min，怠速为 700r/min，计算两工况下油泵的理论流量。

习题详解

第 1 章

1-1 液压、气压传动是利用液压、气压泵将原动机的机械能转换为流体的压力能，通过流体压力能的变化来传递能量，经过各种控制阀和管路的传递，借助于液压、气压传动的执行元件（液压、气压缸或马达）把流体压力能转换为机械能，从而驱动工作机构，实现直线往复运动和回转运动。

液力传动是以液体为工作介质，既利用压力能变化，又利用其动量矩的变化进行能量传递。

1-2 液压传动的两个工作特性：液压系统的压力大小（在有效承压面积一定的前提下）决定于外界负载；执行元件的速度（在有效承压面积一定的前提下）决定于系统的流量。

1-3 液压传动系统由四个部分组成：能源装置、执行装置、控制调节装置、辅助装置。

1-4 气压传动系统由四个部分组成：气源装置、执行装置、控制调节装置、辅助装置。

1-5 液力变矩器由三个主要元件组成，即泵轮、涡轮和导轮。

第 2 章

2-1 填空题

（1）层流，湍流，雷诺数　（2）没有黏性，不可压缩　（3）黏性，局部压力，沿程压力　（4）截面积，压力差，温度　（5）压力差，间隙量，缝隙

2-2 选择题

（1）C　（2）B　（3）C，A　（4）C　（5）B　（6）B　（7）C

2-3 简答题

（1）在密封管道内作稳定流动的理想液体具有三种形式的能量，即压力能、动能和势能，它们之间可以互相转化，并且液体在管道内任意一处这三种能量的总和是一定的。

（2）在流体流动中，液体质点互不干扰，流体黏性起主要作用，这种流动状态称为层流。

在流体流动中，液体质点运动杂乱无章，流体惯性力起主要作用，这种流动称为湍流。

（3）当在液压缸的排油管路中减小通流截面或关闭排油通路以使高速运动部件制动时，由于运动部件的惯性作用，会引起液压冲击。要减小运动部件制动时所产生的冲击压力 Δp，则应：使运动部件速度的变化比较均匀，这可以用正确设计换向阀的阀口形式来达到；在允许延长制动时间时，可以增大 Δt 以减小冲击压力 Δp；当换向阀移动到中间位置时，可以使液压缸两腔和进回油路瞬时互通，这样也能减小液压冲击。

（4）在液流中，如果某一点的压力低于当时温度下液体的饱和蒸气压时，液体就开始沸腾，原来溶于液体中的空气游离出来，形成气泡。这些气泡混杂在液体中，产生了气穴，使原来充满在管道或元件中的液体成为不连续状态，这种现象一般称为

空穴现象。
2-4 判断题
(1) ×　(2) ×　(3) ×　(4) √　(5) √
2-5 计算题
(1) 根据伯努利方程
$$\frac{p_1}{\gamma}+\frac{\alpha_1 v_1^2}{2g}+z_1=\frac{p_2}{\gamma}+\frac{\alpha_2 v_2^2}{2g}+z_2+h_\delta$$

已知 $v_1=v_2=0$，$z_1=0$。

① $$\frac{0.45\times10^6}{900\times9.8}=\frac{0.4\times10^6}{900\times9.8}+10+h_\delta$$

得 $h_\delta=-4.33$，与假设相反，液流方向从 2 到 1。

② $$\frac{0.45\times10^6}{900\times9.8}=\frac{0.25\times10^6}{900\times9.8}+10+h_\delta$$

得 $h_\delta=12.68$，与假设一致，液流方向从 1 到 2。

(2) 腔内压力
$$p_1=\frac{F}{A}=\frac{3000\times4}{3.14\times0.05^2}=1.53\mathrm{MPa}$$

小孔流量
$$Q_2=C_aA_2\sqrt{\frac{2g}{\gamma}(p_1-p_2)}=0.63\times\frac{3.14\times0.02^2}{4}\times\sqrt{\frac{2\times9.8}{900\times9.8}\times(1.53\times10^6-0)}$$
$$=0.0115\mathrm{m}^3/\mathrm{s}$$

小孔流速
$$v_2=\frac{Q_2}{A_2}=\frac{0.0115\times4}{3.14\times0.02^2}=36.6\mathrm{m/s}$$

根据流量连续方程
$$v_1=v_2\frac{A_2}{A}=36.6\times\frac{0.02^2}{0.05^2}=5.86\mathrm{m/s}$$

根据动量方程缸底受力
$$N=F-\rho Q_2(v_2-v_1)=3000-900\times0.0115\times(36.6-5.86)=2681.8\mathrm{N}$$

(3) 吸油管的流速
$$v_2=\frac{Q}{A}=\frac{4\times16\times10^{-3}}{60\times3.14\times(1.8\times10^{-2})^2}=1.05\mathrm{m/s}$$

判断吸油管中的雷诺数
$$Re=\frac{vd}{v}=\frac{1.05\times1.8\times10^{-2}}{11\times10^{-6}}=1718<2320（层流）$$

吸油管道压力损失
$$\Delta p=\frac{75}{Re}\gamma\frac{lv^2}{2gd}=\frac{75}{1718}\times917\times9.8\times\frac{2\times1.05^2}{2\times9.8\times1.8\times10^{-2}}=2451.7\mathrm{Pa}$$

选择如题图 2-3 的压力断面，根据伯努利方程，计算吸管处绝对压力。

$$\frac{p_1}{\gamma}+\frac{\alpha_1 v_1^2}{2g}+z_1=\frac{p_2}{\gamma}+\frac{\alpha_2 v_2^2}{2g}+z_2+h_1+h_\delta$$

已知 $v_1=0$，$h_\delta=0$，$z_2=0$，$\alpha_1=\alpha_2=0$，$\gamma h_\delta=\Delta p$，大气压力 $p_0=10^5\text{Pa}$。

$$p_2=\gamma z_1-\frac{v_2^2}{2g}-\gamma h_\delta+p_0=917\times 9.8\times 700\times 10^{-2}-\frac{1.05^2}{2\times 9.8}-2451.7+10^5$$
$$=1.6\times 10^5\text{Pa}$$

(4) 根据流量连续方程

$$A_1v_1=A_2v_2=A_3v_3$$

因为 $A_1>A_2>A_3$；$v_1<v_2<v_3$，根据伯努利方程

$$\frac{p_1}{\gamma}+\frac{v_1^2}{2g}+z_1=\frac{p_2}{\gamma}+\frac{v_2^2}{2g}+z_2=\frac{p_3}{\gamma}+\frac{v_3^2}{2g}+z_3$$

已知 $z_1=z_2=z_3=0$，$v_1<v_2<v_3$。

因为

$$\frac{p_1}{\gamma}+\frac{v_1^2}{2g}=\frac{p_2}{\gamma}+\frac{v_2^2}{2g}=\frac{p_3}{\gamma}+\frac{v_3^2}{2g}$$

所以 $p_1>p_2>p_3$。

(5) ① $Q=100\times 10^{-3}/60=0.00167\text{m}^3/\text{s}$
② $q=25\times 10^{-6}\text{m}^3/\text{r}$
③ $p=250\times 9.8\times 10^4=24.5\text{MPa}$
④ $p=0.3\times 9.8\times 10^4=2.94\times 10^4\text{Pa}$
⑤ $N=10200\times 9.8/10^3=100.0\text{kW}$
⑥ $M=20\times 9.8=196\text{N}\cdot\text{m}$
⑦ $F=2000\times 9.8=19600\text{N}$
⑧ $v=20\times 10^{-6}\text{m}^2/\text{s}$

(6) 泵活塞速度 $\quad v_B=\dfrac{Q_B}{A_B}=\dfrac{4\times 0.5\times 10^{-3}}{3.14\times 0.05^{-2}}=0.25\text{m/s}$

液压缸活塞速度 $\quad v_Y=v_B\dfrac{A_B}{A_Y}=0.25\times\dfrac{0.05^2}{0.1^2}=0.0625\text{m/s}$

管道的流速 $\quad v_L=v_B\dfrac{A_B}{A_L}=0.25\times\dfrac{0.05^2}{0.016^2}=2.44\text{m/s}$

B_2 处的局部压力损失 $\quad \Delta p_{B2}=\zeta_1\gamma_g\dfrac{v_B^2}{2g}=0.4\times\dfrac{9\times 10^3}{9.8}\times\dfrac{0.25^2}{2\times 9.8}=1.17\text{Pa}$

管道中的沿程压力损失

$$\Delta p_L=\lambda\gamma_g\frac{l}{d}\times\frac{v_L^2}{2g}=0.05\times\frac{9000}{9.8}\times\frac{2}{0.016}\times\frac{2.44^2}{2\times 9.8}=1743.5\text{Pa}$$

Y_1 处的局部压力损失 $\quad \Delta p_{Y1}=\zeta_2\gamma_g\dfrac{v_Y^2}{2g}=0.9\times\dfrac{9000}{9.8}\times\dfrac{0.0625^2}{2\times 9.8}=0.165\text{Pa}$

① 液压缸压入压力

$$p_{Y1} = p_{B2} - \Delta p_{B2} - \Delta p_L - \Delta p_{Y1} = 20000000 - 1.17 - 1743.5 - 0.165 = 19.998 \text{MPa}$$

② $\dfrac{v_Y}{v_B} = \dfrac{0.0625}{0.25} = 0.25$；其值为该液压系统的传动速比。

③ 不忽略 h_r 时

$$F_{BY} = p_B A_B = 20 \times 10^6 \times \dfrac{3.14 \times 0.05^2}{4} = 39250 \text{N}$$

$$F_{YY} = p_{Y1} A_Y = 19.998 \times 10^6 \times \dfrac{3.14 \times 0.1^2}{4} = 156984.3 \text{N}$$

$$\dfrac{F_{YY}}{F_B} = \dfrac{156984.3}{39250} = 4.0$$

其值为该液压系统的增力比。

④ 忽略 h_r 时

$$F_{YY} = p_B A_Y = 20 \times 10^6 \times \dfrac{3.14 \times 0.1^2}{4} = 157000 \text{N}$$

相对计算误差

$$\dfrac{157000 - 156984.3}{157000} = 0.001 = 0.1\%$$

第 3 章

3-1 选择题

(1) A (2) B (3) D (4) C (5) B，D (6) ①D，A，A，B，C ②A，C
(7) C，B (8) B，A (9) C，A

3-2 简答题

(1) 从能量的观点来看，液压泵是将驱动电机的机械能转换成液压系统中的油液压力能，是液压传动系统的动力元件；而液压马达是将输入的压力能转换为机械能，输出转矩和转速，是液压传动系统的执行元件。它们都是能量转换装置。从结构上来看，它们基本相同，都是靠密封容积的变化来工作的。

(2) 调节弹簧预紧力可以调节限压式变量叶片泵的限定压力，这时 BC 段曲线（详解图 3-1）左右平移；调节流量调节螺钉可以改变流量的大小，AB 段曲线上下平移。

(3) 泵的排量主要取决于泵旋转过程中封闭的变化容积的大小，压力主要取决于密封。

(4) 齿轮泵要平稳地工作，齿轮啮合的重叠系数必须大于 1，即总是有两对齿轮同时啮合。这就有一部分油液被围困在两对轮齿所形成的封闭腔内。这个封闭容积先

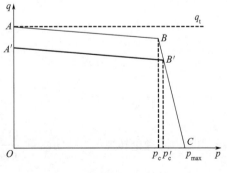

详解图 3-1

随齿轮转动逐渐减小，以后又逐渐增大。封闭容积减小会使被困油液受挤压而产生高压，并从缝隙中流出，导致油液发热，轴承等机件也受到附加的不平衡负载作用。封闭容积增大又会造成局部真空，使油液产生气穴，引起噪声、振动和汽蚀。这就是齿轮泵的困油现象。

（5）齿轮泵工作时有三个主要泄漏途径：齿轮两侧面与端盖间的轴向间隙、泵体孔和齿轮外圆间的径向间隙、两个齿轮的齿面啮合间隙。

（6）柱塞泵分为两种有代表性的结构形式的轴向柱塞泵和径向柱塞泵。改变斜盘的角度，就可以改变柱塞在泵缸内的行程长度，即可改变泵的流量。

3-3 判断题

(1) √ (2) × (3) × (4) √ (5) √ (6) × (7) √ (8) √ (9) √
(10) ×

3-4 计算题

(1) ① 理论流量　　$Q_{理论} = qn = 10 \times 10^{-3} \times 1500 = 15 \text{L/min}$

泄漏流量　　$Q_l = \lambda_b p_工 = 2.5 \times 10^{-6} \times 10^7 \times 10^{-3} \times 60 = 1.5 \text{L/min}$

输出流量　　$Q_{输出} = Q_{理论} - Q_l = 13.5 \text{L/min}$

② 容积效率　　$\eta_v = \dfrac{Q_{输出}}{Q_{理论}} = \dfrac{13.5}{15} = 0.9$

③ 总效率　　$\eta = \eta_v \eta_m = 0.9 \times 0.9 = 0.81$

④ 理论输出功率　　$N_{理论} = p_工 Q_{理论} = \dfrac{10^7 \times 15 \times 10^{-3}}{60} = 2.5 \text{kW}$

输入功率　　$N_{输入} = p_工 \dfrac{Q_{理论}}{\eta} = \dfrac{10^7 \times 15 \times 10^{-3}/60}{0.81} = 3.09 \text{kW}$

⑤ 理论转矩　　$T_{理论} = 9550 \dfrac{N_{理论}}{n} = 9550 \times \dfrac{2.5}{1500} = 15.9 \text{N} \cdot \text{m}$

输入转矩　　$T_{输入} = 9550 \dfrac{N_{输入}}{n} = 9550 \times \dfrac{3.09}{1500} = 19.7 \text{N} \cdot \text{m}$

(2) ① 转速　　$n = \dfrac{Q_{理论}}{q_{几何}} = \dfrac{24 \times 10^3}{12} = 2000 \text{r/min}$

角速度　　$\omega = \dfrac{2\pi n}{60} = \dfrac{2 \times 3.14 \times 2000}{60} = 209.3 \text{s}^{-1}$

② 输出功率　　$N_{输出} = p_工 Q_{理论} = 10^7 \times 24 \times 10^{-3}/60 = 4.0 \text{kW}$

输入功率　　$N_{输入} = p_工 \dfrac{Q_{理论}}{\eta_m \eta_v} = \dfrac{10^7 \times 24 \times 10^{-3}/60}{0.8 \times 0.9} = 5.6 \text{kW}$

③ 输入转矩　　$T_{理论} = 9550 \dfrac{N_{输入}}{n} = 9550 \times \dfrac{5.6}{2000} = 26.7 \text{N} \cdot \text{m}$

(3) ① 理论转速　　$n_{理论} = \dfrac{Q_{输入}}{q_{输入}} = \dfrac{100}{250/10^{-3}} = 400 \text{r/min}$

② 实际输出转速　　$n_{实际} = n_{理论} \eta_v = 400 \times 0.9 = 360 \text{r/min}$

③ 理论转矩　　$T_{理论}=\Delta pq_{输入}/2\pi=\dfrac{(10^7-5\times10^5)\times250\times10^{-6}}{2\times3.14}=378.2\text{N}\cdot\text{m}$

④ 实际输出转矩　　$T_{实际}=T_{理论}\eta_m=378.2\times0.9=340.4\text{N}\cdot\text{m}$

⑤ 输入液压功率　　$N_{输入}=p_{输入}Q_{输入}=10^7\times100\times10^{-3}/60=16.7\text{kW}$

⑥ 理论输出功率　　$N_{理论}=\Delta pQ_{输入}=(10^7-5\times10^5)\times100\times10^{-3}/60=15.8\text{kW}$

⑦ 实际输出功率　　$N_{实际}=N_{理论}\eta_m\eta_v=15.8\times0.9\times0.9=12.8\text{kW}$

(4) ①　　$q=\dfrac{2\pi T}{p\eta_m}=\dfrac{2\times3.14\times25}{5\times10^6\times0.9/10^6}=34.9\text{mL/r}$

$Q_{\max}=\dfrac{qn_{\max}}{\eta_v}=\dfrac{34.9\times2000}{0.9}=77.6\text{L/min}$

$Q_{\min}=\dfrac{qn_{\min}}{\eta_v}=\dfrac{34.9\times500}{0.9}=19.4\text{L/min}$

②　　$N_{\max}=pQ_{\max}=25\times10^6\times77.6\times10^{-3}/60=32.3\text{kW}$

$N_{\min}=pQ_{\min}=25\times10^6\times19.4\times10^{-3}/60=8.1\text{kW}$

(5)　　$q_B=\dfrac{Q_B}{n_B}=\dfrac{25\times10^3}{1800}=13.9\text{mL/r}$

在驱动转速 $n_B=1750\text{r/min}$ 时，泵的理论流量 $Q_B=q_Bn_B=13.9\times1750=24.3\text{L/min}$

容积效率　　$\eta_v=20/24.3=0.823$

总效率　　$\eta=\dfrac{p_{B2}Q_B}{M_Bn_B}=\dfrac{9.8\times10^6\times20\times10^{-3}/60}{24\times1750\times2\times3.14/60}=0.743$

机械效率　　$\eta_m=\dfrac{\eta}{\eta_v}=\dfrac{0.743}{0.823}=0.903$

第 4 章

4-1 填空题

(1) 流量-压力特性，调压偏差，开启压力，闭合压力，调压偏差，开启压力，闭合压力

(2) 入口，闭，出口，开，回油箱

(3) 减压阀，组合，溢流阀，组合

4-2 选择题

(1) B　(2) B　(3) C，B　(4) A，C　(5) C，D　(6) A，C　(7) B，C　(8) A，A

4-3 简答题

(1) 依据控制压力的来源不同，顺序阀有内控式和外控式之分；泄油方式有内泄式和外泄式之分。例如，内控式顺序阀是内部压力控制，外部泄油。外控式顺序阀是外部压力控制，外部泄油。顺序阀作卸压阀用时，外部压力控制，内部泄油。顺序阀作背压阀用时，内部压力控制，内部泄油。

(2) 换向阀是利用阀芯在阀体中的相对运动，使阀体上的各油口的液流通路接通、关断、变换液体的流动方向，从而使执行元件启动、停止或停留、变换运动方向，阀芯在阀体内所处的工作位置称为"位"，阀体上的油口称为"通"。例如，换向阀中，阀芯相对阀体的运动有三个工作位置，换向阀上有四个油口（四条通路），则该换向阀称为三位四通换向阀。

(3) 液压系统的压力在允许的工作压力范围内是由外负载所决定的，负载越大压力也越大；当压力大到与溢流阀（也称安全阀）的调定压力相等时，系统压力便不再增大，恒定在溢流阀的调定压力；而溢流阀的调定压力也一定程度上取决于液压泵能输出的最高压力，因为溢流阀调定压力必须小于液压泵的最大输出压力才能起到安全保护作用。

(4) 液压控制阀是用来控制系统中液体的流动方向或调节其压力或流量的，因此它可以分为方向阀、压力阀和流量阀三大类。一个形状相同的阀，可以因为作用机制的不同而具有不同的功能，即"结构决定功能"。各类液压控制阀具有以下共同之处。

① 在结构上，所有的阀都由阀体、阀芯以及驱动阀芯动作的元、部件（如弹簧、电磁铁等）组成。

② 在工作原理上，所有阀的开口大小，进、出口之间的压力差以及流过阀的流量之间的关系都符合孔口流量公式，仅是各种阀控制的参数各不相同而已。

③ 在做功机理上，所有的液压阀均属于不对内做功的元件。

对控制阀的基本要求有以下几点。

① 动作灵敏，性能好，工作可靠，冲击振动和噪声小。

② 油液通过阀时的损失小。

③ 密封性能好。

④ 结构简单、紧凑、体积小、重量轻。

⑤ 安装、维修、调整方便。

⑥ 成本低廉，通用性好，使用寿命长。

(5) 使用液控单向阀时应注意以下问题。

① 必须保证有足够的控制压力，否则不能打开液控单向阀。

② 液控单向阀阀芯复位时，控制活塞的控制油腔的油液必须流回油箱。

③ 防止空气侵入到液控单向阀的控制油路。

④ 在采用液控单向阀的闭锁回路中，因温度升高往往引起管路内压力上升。为了防止损坏事故，可设置安全阀。

⑤ 作充液阀使用时，应保证开启压力低、通流面积大。

⑥ 在回路和配管设计时，采用内泄式液控单向阀，必须保证液流出口侧不能产生影响活塞动作的高压，否则控制活塞容易反向误动作。如果不能避免这种高压，则采用外泄式液控单向阀。

(6) 选择三位换向阀的中位机能时应考虑以下问题。

① 系统保压：当换向阀的P口被堵塞时，系统保压。这时液压泵能用于多执行元件

液压系统。

② 系统卸载：当油口 P 和 O 相通时，整个系统卸载。

③ 换向平稳性和换向精度：当工作油口 A 和 B 各自堵塞时，换向过程中易产生液压冲击，换向平稳性差，但换向精度高；反之，当油口 A 和 B 都与油口 O 相通时，换向过程中机床工作台不易迅速制动，换向精度低，但换向平稳性好，液压冲击也小。

④ 启动平稳性：换向阀中位，如执行元件某腔接通油箱，则启动时该腔因无油液缓冲而不能保证平稳启动。

⑤ 执行元件在任意位置上停止和浮动：当油口 A 和 B 接通，卧式液压缸和液压马达处于浮动状态，可以通过手动或机械装置改变执行机构位置；立式液压缸则因自重不能停止在任意位置。

(7) 当油压对阀芯的作用力大于弹簧预紧力时，阀芯开启，高压油便通过阀口溢流回油箱。将溢流阀开始溢流时打开阀口的压力称为开启压力。溢流阀开始溢流时，阀的开口较小，溢流量较少。随着阀口的溢流量增加，阀芯升高，弹簧进一步被压缩，油压上升。当溢流量达到额定流量时，阀芯上升到一定高度，这时的压力为调整压力。

(8) 使用顺序阀时应注意以下问题。

① 顺序阀通常采用外泄方式，故必须将泄油口接至油箱，且泄油路背压不能过高，以免影响顺序阀的正常工作。

② 应根据液压系统的具体要求选用顺序阀的控制方式，对于外控式顺序阀应提供适当的控制压力油，以使阀可靠启闭。

③ 启闭特性太差的顺序阀，通过流量较大时会使一次压力过高，导致系统效率降低。

④ 所选用的顺序阀，开启压力不能过低，否则会因泄漏导致执行元件误动作。

⑤ 顺序阀的通过流量不宜小于额定流量过多，否则将产生振动或其他不稳定现象。

(9) 按弹簧腔泄漏油引出方式不同分内泄和外泄。顺序阀的工作原理与溢流阀相似。顺序阀的出口一般接负载（串联），调压弹簧腔有外接泄油口，采用进口测压。可以全部采用外泄。

(10) 调速阀由节流阀和减压阀串联而成。调速阀进口的油液压力为 p_1，经减压阀流到节流阀的入口，这时压力降到 p_2，再经节流阀到调速阀出口，压力由 p_2 又降到 p_3。油液作用在减压阀阀芯左、右两端的作用力为 ($p_3 A + F_t$) 和 $p_2 A$（A 为减压阀阀芯面积，F_t 为弹簧力）。当阀芯处于平衡时（忽略弹簧力），则 $p_2 A = p_3 A + F_t$，$p_2 - p_3 = F_t / A =$ 常数。为了保证节流阀进、出口压力差为常数，则要求 p_2 和 p_3 必须同时升高或降低同样的值。当进油口压力 p_1 升高时，p_2 也升高，则阀芯右端面的作用力增大，使阀芯左移，于是减压阀的开口减小，减压作用增强，使 p_2 又降低到原来的数值；当进口压力 p_1 降低时，p_2 也降低，阀芯向右移动，开口增大，减压作用减弱，使 p_2 升高，仍恢复到原来数值。当出口压力 p_3 升高时，阀芯向右移动，减压阀开口增大，减压作用减弱，p_2 也随之升高；当出口压力 p_3 减小时，阀芯向左移动，减压阀开口减小，减压作用增强，因而使 p_2 降低。这样，不管调速阀进、出口的压力如何变化，调速阀内的节流阀前后的压力差 ($p_2 - p_3$) 始终保持不变，所以通过节流阀的流量基本稳定，从而保证了执行元件运动速度的稳定。

(11) 调速阀与旁通型调速阀都由压力补偿阀与节流阀复合而成，其压力补偿阀都能保证在负载变化时节流阀前后压力差基本不变，使通过阀的流量不随负载的变化而变化。用旁通型调速阀调速时，液压泵的供油压力随负载而变化，负载小时供油压力也低，因此功率损失较小；但是该阀通过的流量是液压泵的全部流量，故阀芯的尺寸要取得大一些；又由于阀芯运动时的摩擦阻力较大，因此它的弹簧一般比调速阀中减压阀的弹簧刚度要大。这使其节流阀前后的压力差值不如调速阀稳定，所以流量稳定性不如调速阀。旁通型调速阀适用于对速度稳定性要求稍低一些而功率较大的节流调速回路中。液压系统中使用调速阀调速时，系统的工作压力由溢流阀根据系统工作压力而调定，基本保持恒定，即使负载较小时，液压泵也按此压力工作，因此功率损失较大；但其减压阀所调定的压力差值波动较小，流量稳定性好，因此适用于对速度稳定性要求较高而功率又不太大的节流调速回路中。旁通型调速阀只能安装在执行元件的进油路上，而调速阀还可以安装在执行元件的回油路、旁油路上。这是因为旁通型调速阀中差压式溢流阀的弹簧是软弹簧，安装在回油路或旁油路时，其中的节流阀进口压力建立不起来，节流阀也就起不到调节流量的作用。

4-4 判断题

(1) √　(2) ×　(3) √　(4) √　(5) √　(6) ×　(7) √　(8) ×　(9) √　(10) √

4-5 分析题

(1) ① 通过一个三位四通的电磁阀实现油缸加压，此时电磁阀在右位，压力大小由溢流阀控制。

② 通过液控单向阀实现离合器执行缸上腔的保压。

③ 此处为 P 型机能，可以用 H 型代替，但不可以用 O 型、M 型代替。

(2) 回路主溢流阀压力设定为 31.5MPa，其为外控溢流阀，远控口由一个三位四通的电磁阀控制，为 M 型中位机能，系统卸荷时，电磁阀在中位；当 1DT 得电，系统压力为 8MPa，当 2DT 得电，系统压力为 16MPa。

第 5 章

5-1 选择题

(1) B　(2) A，C　(3) D

5-2 简答题

(1) 为了避免活塞运动到行程终点时撞击缸盖、产生噪声、影响活塞运动精度甚至损坏机件，常在液压缸两端设置缓冲装置。

液压缸缓冲装置的工作原理是利用活塞在其行程接近终点时，与缸盖之间封闭一部分油液，强迫油液通过一小孔或细缝被挤出，产生很大的阻力，从而使运动部件受到制动逐渐降低速度，达到避免活塞与缸盖相互碰撞的目的。

(2) 单柱塞缸只能实现一个方向运动，反向要靠外力。用两个柱塞缸组合也能用压力油实现往复运动。柱塞运动时，由缸盖上的导向套来导向，因此缸筒内壁不需要精加工。它特别适用于行程较长的场合。柱塞缸又有径向柱塞缸和轴向柱塞缸之分。以一个柱塞为原理介绍，一个柱塞泵上有两个单向阀，并且方向相反，柱塞向一个方向运动时缸内出现负压，这时一个单向阀打开液体被吸入缸内，柱塞向另一个方向运动时，将液体压缩后另一个单向阀被打开，缸内的液体被排出，柱塞连续运动后就形成了连续供油。

特点如下。

① 柱塞缸是一种单作用式液压缸，靠液压力只能实现一个方向的运动，柱塞回程要靠其他外力或柱塞的自重。

② 柱塞只靠缸套支承而不与缸套接触，这样缸套极易加工，故适用于长行程的场合。

③ 工作时柱塞总受压，因而它必须有足够的刚度。

④ 柱塞重量往往较大，水平放置时容易因自重而下垂，造成密封件和导向装置单边磨损，故其垂直使用更有利。

(3) 活塞与缸体；活塞杆与缸体；进油接口。

一般采用密封圈进行密封，活塞与缸体间也会用活塞环进行密封。一般的密封圈有许多种类，各有各的优点，有的比较简单如 O 形密封圈，不过寿命较短。

(4) ①
$$p_L = \frac{F}{A_1} = \frac{2400}{20 \times 10^{-4}} = 1.2 \text{MPa}$$

② 公式二。

5-3 计算题

(1) $F = pA = p \frac{\pi}{4}(D^2 - d^2) = 3.5 \times 10^6 \times \frac{3.14}{4} \times (0.09^2 - 0.04^2) = 17858.8 \text{N}$

$Q = vA = 1.52 \times 10^{-2} \times \frac{3.14}{4} \times (0.09^2 - 0.04^2) = 77.6 \times 10^{-6} \text{m}^3/\text{s} = 4.66 \text{L/min}$

(2) 作用面积 $A = A_1 - A_2 = 50 - 20 = 30 \text{cm}^2 = 30 \times 10^{-4} \text{m}^2$

$$p_2 = \frac{F_2}{A} = \frac{4000}{30 \times 10^{-4}} = 1.3 \text{MPa}$$

$$p_1 = p_2 + \frac{F_1}{A} = 1.3 \times 10^6 + \frac{5000}{30 \times 10^{-4}} = 3.0 \text{MPa}$$

$v_1 = v_2 = q_p A = 3 \times 10^{-3}/60 \times 30 \times 10^{-4} = 1.5 \times 10^{-7} \text{m/s} = 0.9 \times 10^{-3} \text{cm/min}$

(3) 缸筒固定时

$$v_Y = \frac{Q_Y}{A_d} = \frac{Q_Y}{\pi d^2/4} = \frac{4Q_Y}{\pi d^2}$$

$$F_Z = p_{Y1} A_d = \frac{\pi d^2 p_{Y1}}{4}$$

柱塞固定时

$$v_Y = \frac{Q_Y}{A_d} = \frac{Q_Y}{\pi d^2/4} = \frac{4Q_Y}{\pi d^2}$$

$$F_Z = p_{Y1} A_d = \frac{\pi d^2 p_{Y1}}{4}$$

第6章

6-1 简答题

（1）液压系统中除液压泵、液压缸、液压马达、液压阀以外的其他各类组成元件，如油箱、滤油器、蓄能器、压力表、密封件、油管等，统称为辅助装置（元件）。
在气动系统中，常将减压阀和分水滤气器、油雾器组装在一起构成气动三联件。
油箱的作用是保证供给系统充分的工作油液，同时具有沉淀油液中的污物、逸出油中空气和散热作用。
过滤器保证油液的清洁度。
蓄能器的主要作用是吸收冲击压力和压力脉动，维持系统压力，用作辅助和应急动力源。

（2）常用的密封件有O形圈、轴封、唇形圈、格莱圈（斯特封）、组合密封等。需要密封的地方可以分为三种情况：相接的固定件、直线移动件、转动件。固定件间的密封包括管接头处、端盖处、元件与连接板间的密封。

（3）密封装置应该满足以下要求：在一定压力和温度范围内具有良好的密封性；摩擦因数小，摩擦力稳定；耐磨性好，寿命长，磨损后可以自动补偿；耐油性和耐腐蚀性好，不易老化；容易制造，使用方便，成本低。

（4）常用滤油器有网式滤油器、线隙式滤油器、金属烧结式滤油器和纸芯滤油器等。根据安装位置主要有吸油滤油器、压力油路滤油器和回油滤油器等。

（5）蓄能器根据蓄能方式分为重力式、弹簧式、充气式等几种类型，应用最多的是弹簧式、充气式。在充气式蓄能器中，活塞式蓄能器结构简单，油气隔离，油液不易氧化又能防止气体进入，工作可靠，寿命长；缺点是活塞有一定惯量，并在密封处有摩擦阻力，主要用来吸收冲击压力，用来蓄压。气囊式蓄能器的优点是气囊的惯性小，因而反应快，容易维护，重量轻，尺寸小，安装容易；缺点是气囊制造困难。气瓶式蓄能器容量大，体积小，惯性小，反应灵敏；缺点是气体容易混入油液中，使油液的可压缩性增加，并且耗气量大，必须经常补气。

（6）一般根据所选液压泵3～6倍的输出流量确定，要计算液压系统的温升，计算油的冷却效果。

（7）滤油器主要有吸油滤油器、压力油路滤油器和回油滤油器。吸油滤油器往往采用粗滤油器，过滤精度低，通流能力大，减少液压泵的吸油阻力。压力油路滤油器过滤精度较高，保证系统可靠工作。

（8）油箱的作用是保证供给系统充分的工作油液，同时具有沉淀油液中的污物、逸出油中空气和散热作用。

6-2 计算题
根据公式

$$p_0 V_0^n = p_1 V_1^n = p_2 V_2^n = 常数$$

其中，$V_0 = 5\text{L}$，$p_0 = 9\text{MPa}$，$p_1 = 20\text{MPa}$，$p_2 = 10\text{MPa}$。

蓄能器慢速输油时，$n=1$，有
$$V_1 = \frac{p_0 V_0}{p_1} = \frac{5 \times 9}{20} = 2.25\text{L}$$

蓄能器快速输油时，$n=1.4$，有
$$V_2^{1.4} = \frac{p_0 V^{1.4}}{p_2} = \frac{5 \times 9^{1.4}}{10} = 10.84\text{L}$$
$$V_2 = 10.84^{1/1.4} = 5.48\text{L}$$

第7章

7-1 选择题

(1) D　　(2) C　　(3) B，C　　(4) A，C　　(5) B，C

7-2 简答题

(1) 调压回路是利用溢流阀调节液压泵的供油压力大小。减压回路是利用减压阀使某支路的压力小于液压泵的供油压力，调的是支路压力，不是泵的供油压力。增压回路是使液压传动系统某一支路上获得比液压泵的供油压力还高的压力回路，而液压传动系统其他部分仍然在较低的压力下工作。

(2) 容积调速回路就是通过改变变量泵的供油流量和（或）改变变量马达的排量，以实现速度调节。节流调速回路就是利用调速阀控制进或出执行机构的流量来控制执行机构速度的回路。容积调速回路调速效率高，发热少，但成本要高许多，可以应用于高压系统。对于传动精度要求高，负载变化大的恶劣工况多采用容积调速回路。

(3) 回油节流调速时可以用普通的定值减压阀与节流阀串联来代替调速阀，进口节流不可以。

调速阀用于回油节流调速时因其出口直接接回油箱，节流阀出口压力为零，因此只需在节流阀前串联一定值减压阀，保证其进口压力不随负载变化即可保证节流阀前后压力差一定，满足流量稳定要求。进油路用普通的定值减压阀与节流阀串联的方法，节流阀没有流量负反馈功能，不能补偿由负载变化所造成的速度不稳定。

(4) 可以。当负载增大，流量趋向下降，p_3 压力增加，p_2 也增加，p_2 反馈至滑阀的弹簧腔，在弹簧力和 p_2 作用下，推动阀芯左移，阀口开度增大，局部压力损失减少，通过流量增大，达到补偿的作用。

7-3 判断题

(1) ×　　(2) √　　(3) √　　(4) ×　　(5) ×

7-4 计算题

(1) 油缸下腔有效面积
$$A = \frac{\pi(D^2 - d^2)}{4} = \frac{3.14 \times (0.1^2 - 0.07^2)}{4} = 0.004\text{m}^2$$

启动加速度
$$a = \frac{v}{t} = \frac{6/60}{0.1} = 1\text{m/s}$$

根据牛顿第二定律，运动部件受力

$$\frac{G}{g}a = pA - G$$

油缸下腔压力

$$p = \frac{G(a/g+1)}{A} = \frac{16 \times 10^3 \times (1/9.8+1)}{0.004} = 4.4 \text{MPa}$$

此时，油缸下腔压力即为溢流阀调定压力。

顺序阀的调定压力

$$p_1 = \frac{G}{A} = \frac{16 \times 10^3}{0.004} = 4.0 \text{MPa}$$

(2) ① 此时压力为

$$p_1 = \frac{F}{A_1} = \frac{2 \times 10^4}{5 \times 10^{-3}} = 4 \text{MPa}$$

由题图 7-4 $Q = 20 \text{L/min}$。

活塞速度

$$v_1 = \frac{Q}{A_1} = \frac{20 \times 10^{-3}}{5 \times 10^{-3}} = 4 \text{m/min}$$

② $\quad N = pQ = 4 \times 10^6 \times 20 \times 10^{-2}/60 = 1.33 \text{kW}$

③ 由题图 7-4 $Q_{\max} = 40 \text{L/min}$。

$$v_2 = \frac{Q_{\max}}{A_2} = \frac{40 \times 10^{-3}}{2.5 \times 10^{-3}} = 16 \text{m/min}$$

(3) ① $\quad p_L = \frac{F_L}{A_1} = \frac{1200}{15 \times 10^{-4}} = 0.8 \text{MPa}$

运动中：$p_a = 0.8 \text{MPa}$；$p_b = 0.8 \text{MPa}$；$p_c = 0.8 \text{MPa}$。

终点时：$p_a = 4.5 \text{MPa}$；$p_b = 3.5 \text{MPa}$；$p_c = 2.0 \text{MPa}$。

② $\quad p_L = \frac{F_L}{A_1} = \frac{4200}{15 \times 10^{-4}} = 2.8 \text{MPa}$

$p_a = 4.5 \text{MPa}$，$p_b = 2.8 \text{MPa}$，$p_c = 2.0 \text{MPa}$。

(4) ① $F_L = 0$ 时

运动时：$p_1 = 0$，$p_2 = 0$；$v_1 = v_2 = \frac{Q_p/2}{A_1} = \frac{4 \times 10^{-3}/2}{100 \times 10^{-4}} = 0.2 \text{m/min}$；$Q_Y = 0$。

终端时：$p_1 = 4 \text{MPa}$，$p_2 = 2.5 \text{MPa}$；$v_1 = v_2 = 0$；$Q_Y = 40 \text{L/min}$。

② $F_L = 15 \times 10^3 \text{N}$ 时

$$p_1 = \frac{F_L}{A_1} = \frac{15 \times 10^3}{100 \times 10^{-4}} = 1.5 \text{MPa}$$

运动第一阶段：$p_2 = 0$；$v_1 = 0$，$v_2 = \frac{Q_P}{A_1} = \frac{4 \times 10^{-3}}{100 \times 10^{-4}} = 0.4 \text{m/min}$，$Q_Y = 0$。

运动第二阶段：$p_2 = 1.5 \text{MPa}$；$v_1 = \frac{Q_P}{A_1} = \frac{4 \times 10^{-3}}{100 \times 10^{-4}} = 0.4 \text{m/min}$，$v_2 = 0$；$Q_Y = 0$。

终端时：$p_1=4\mathrm{MPa}$；$p_2=2.5\mathrm{MPa}$；$v_1=v_2=0$；$Q_\mathrm{Y}=40\mathrm{L/min}$。

③ $F_\mathrm{L}=43\times10^3\mathrm{N}$ 时

$$p_1=\frac{F_\mathrm{L}}{A_1}=\frac{43\times10^3}{100\times10^{-4}}=4.3\mathrm{MPa}$$

运动时：$p_2=0$；$v_1=0$；$v_2=\dfrac{Q_\mathrm{P}}{A_1}=\dfrac{4\times10^{-3}}{100\times10^{-4}}=0.4\mathrm{m/min}$；$Q_\mathrm{Y}=0$。

终端时：$p_1=4.3\mathrm{MPa}$，$p_2=2.5\mathrm{MPa}$；$v_1=v_2=0$；$Q_\mathrm{Y}=40\mathrm{L/min}$。

第8章

8-1 思考题

（1）阅读液压系统原理图一般可按下列步骤进行。

① 了解液压系统的用途、工作循环、应具有的性能和对液压系统的各种要求等。

② 根据工作循环、工作性能和要求等，分析需要哪些基本回路，并弄清各种液压元件的类型、性能、相互间的联系和功用。为此，首先要弄清用半结构图表示的原件和专用元件的工作原理及性能；其次是读懂液压缸或液压马达；再次是了解各种控制装置及变量机构；最后是掌握辅助装置。在此基础上，根据工作循环和工作性能要求分析必须具有哪些基本回路，并在液压系统原理图上逐一地找出每个回路。

③ 按照工作循环表，仔细分析并依次写出完成各动作的相应油路。为了便于分析，在分析之前最好将液压系统中的每个液压元件和各条油路编上号码。

（2）在明确设计要求之后，大致按如下步骤进行。

① 确定液压执行元件的形式。

② 进行工况分析，确定系统的主要参数。

③ 制定基本方案，拟定液压系统原理图。

④ 选择液压元件。

⑤ 进行液压系统的性能验算。

⑥ 绘制工作图，编制技术元件。

主要计算内容如下。

① 液压驱动机构的运动形式、运动速度。

② 各动作机构的载荷大小及其性质。

③ 对调速范围、运动平稳性、转换精度等性能方面的要求。

④ 液压系统发热计算等。

8-2 选择题

（1）C，A　（2）D，A　（3）A，B　（4）A，D　（5）B，C　（6）C，D　（7）D，A　（8）B，A

8-3 分析题

（1）快进回路、平衡回路、调速回路、调压回路、换向回路等。A是单向阀，保证油缸大腔进油；B是顺序阀，保证油缸大腔回油时受控；C是单向阀，保证回油有一定背压。

(2) A 是溢流阀，调定系统压力；B 是顺序阀，使泵 2 卸荷；C 是溢流阀，使对应的油缸回油有一定背压；D 是减压阀，保证对应的回路压力为低于系统压力的某一定值；E 是压力继电器，将该油路的压力转换成电信号。

(3) ① 始终是通过控制油道（小孔）相通的。

② 若泵的工作压力 $p_B = 30 \times 10^5 \mathrm{Pa}$，B 处压力要略大于和 E 处压力；若泵的工作压力 $p_B = 15 \times 10^5 \mathrm{Pa}$，B 处压力等于 E 处压力。

③ 当电磁铁 DT 吸合，油泵卸荷，液压油通过溢流阀主油道，从 A 到 C，回油箱。

(4) ① 详解图 8-1 双泵供油回路，液压缸快进时双泵供油，工进时小泵 1 供油、大泵 2 卸载。A 溢流阀，B 顺序阀，两泵中间为单向阀。

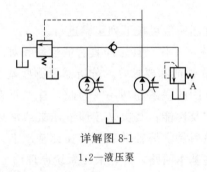

详解图 8-1
1,2—液压泵

② 双向进油节流调速回路如详解图 8-2 所示。

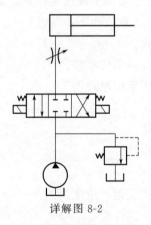

详解图 8-2

第 9 章

9-1 填空题

(1) 相等　(2) 泵轮，涡轮，外壳　(3) 泵轮，涡轮　(4) 液体冲击力　(5) 转速差，大，大　(6) 液力偶合器　(7) 牵连运动，相对运动　(8) 导轮　(9) 汽蚀　(10) 内啮合齿轮泵，转子泵，叶片泵　(11) 排量，转速　(12) 齿数，齿形，齿宽　(13) 偏心距

9-2 简答题

（1）液力变矩器的输出力矩能够随着外负载的增大或减小而自动地增大或减小，转速能自动地相应降低或增高，在较大范围内能实现无级调速，这就是它的自动适应性。自动适应性可使车辆的变速器减少挡位数，简化操作，防止内燃机熄火，改善车辆的通用性能。液力偶合器具有自动变速的特点，但不能自动变矩。

匹配工作主要是确定由液力变矩器输入特性曲线与发动机实用外特性曲线所形成的工作范围。在该范围内每一点都表示在一定的转速比时，液力变矩器与发动机共同工作的转矩和转速。共同工作范围的确定通常有两种方法，即作图法和计算法。

（2）液力元件的功率损失为各种机械损失（轴承、密封、圆盘摩擦等损失）及液力损失（液力摩擦损失及流道的转弯、扩散、收缩等局部损失和来流方向与叶片头部骨线方向不一致时的冲击损失）。目前针对提高液力变矩器的效率问题采用的方法主要有优化液力变矩器的叶栅参数和性能，减少能量损失；在高速区工作时，将泵轮和涡轮闭锁，减少滑摩损失；优化原动机与变矩器的匹配。

9-3 计算题

（1）速比

$$i = \frac{n_\text{泵}}{n_\text{涡}} = \frac{2300}{2000} = 1.15$$

滑差率

$$\delta = \frac{n_\text{泵} - n_\text{涡}}{n_\text{泵}} = \frac{2300 - 2000}{2300} = 0.13$$

（2）$K_0 = 2.1$，$i^* = 0.65$，$\eta^* = 0.82$。

（3）计算结果（详解表 9-1）

详解表 9-1

计算值		
$n_T(=in_B)/(\text{r/min})$	$M_T(=KM_B)/\text{N·m}$	$g_{eT}(=g_e/\eta)/[\text{g/(kW·h)}]$
0	775.84	—
73	601.25	1.20
300	317.84	0.80
710	161.87	0.61
1365	75.42	0.33
1640	0	0.29

（4）最高转速时

$$Q = 13.5 \times 5000 = 67.5 \text{L/min}$$

急速时

$$Q = 13.5 \times 700 = 9.45 \text{L/min}$$

参 考 文 献

[1] 马永辉,徐宝富,刘绍华.工程机械液压系统设计计算 [M].北京:机械工业出版社,1985.
[2] 王意.车辆与行走机械的静液压驱动 [M].北京:化学工业出版社,2014.
[3] 雷天觉.液压工程手册 [M].北京:机械工业出版社,1980.
[4] 容一鸣.汽车液压传动 [M].广州:华南理工大学出版社,2011.
[5] 王增才.汽车液压控制系统 [M].北京:人民交通出版社,2012.
[6] 刘仕平,姚林晓.液压与气压传动 [M].北京:电子工业出版社,2015.